JN320114

現代経営基礎シリーズ
5
現代経営組織論の基礎

佐久間信夫 編著
坪井順一

学文社

執筆者

*坪井　順一	文教大学情報学部教授	（第1, 11章）
井上　善博	淑徳大学国際コミュニケーション学部准教授	（第2章）
*佐久間信夫	創価大学経営学部教授	（第3, 16章）
廣瀬　隆朋	名古屋大学国際開発研究科博士後期課程退学	（第4章）
杉田　　博	石巻専修大学経営学部准教授	（第5, 17章）
西村　　晋	創価大学経営学部助教	（第6, 9章）
犬塚　正智	創価大学経営学部教授	（第7章）
高橋　成夫	新潟産業大学経済学部教授	（第8章）
吉村　泰志	帝塚山大学経営情報学部准教授	（第10章）
西川　耕平	甲南大学EBA総合コース教授	（第13, 14章）
間嶋　　崇	専修大学経営学部准教授	（第12, 15章）
瀬口　毅士	鹿児島県立短期大学商経学科専任講師	（第18章）

（*は編者，執筆順）

はじめに

　本書の校正が終わる頃，東北地方太平洋沖で未曾有の大地震・津波が発生し，東日本大震災に見舞われた．3月11日午後2時46分のことである．ユーラシアプレートで長さおよそ500km，幅200kmに渡って隆起があり，その結果マグニチュード9.0という国内ではかつてない地震とともに，巨大な津波が沿岸各地を襲った．津波の様子はテレビで報道され，多くの人が実態を知ることになった．地震の被害は広範囲に及び，しかも津波は過去にないほどの無情なつめあとを残して去った．さらに，追い打ちを掛けるように原発の惨事が起こった．原発の事故は天災と人災の複合的な事故である．われわれは，原子力発電の安全神話の上に便利さを享受していた感がある．本書でも少し触れたが，原子力は安全なエネルギー源ではない．こういう事態が起こることのリスクを考えるべきであるし，自然をあまりにも安易に考えているとしか言いようがない．

　また，原発被害発生後の東京電力の対応は，判断の遅れとともに組織における意思決定の重要さが改めてクローズアップされたように思う．現場で危険に直面しつつ働く人たちの大変さを考えないではないが，あまりに対応が後手後手で，危機管理が基本的にできていないと言わざるを得ないと思う．関東圏でも地震による被害とともに計画停電という経験したことのない事態に追い込まれている．

　今回の東日本大震災は，執筆者にとっても無関係ではなかった．第5章と第17章を担当した石巻専修大学の杉田先生は，仙台にお住まいで今回の災害にあわれた当事者でもある．また，先生が担当した第17章の事例として扱ったNPO法人「ネットワーク・オレンジ」(p.249)は，このたびの大震災の被災地域にあり，このはしがき執筆現在において未だ安否が確認されておらず，ただただご無事を祈るばかりである．多くのすばらしい人や活動が地震

や津波によって無慈悲に飲み込まれてしまった．被災地の関係者の無事と1日も早い復興を願ってやまない．

　本書全体の構成は4部構成である．第1部は組織の基本的な概念や組織形態について述べている．単なる組織だけではなく，人間の社会的な組織の意味も問うている．第2部では，組織論の発展に寄与したさまざまな理論が紹介されている．通常，経営組織の領域ではまとまった形で取り上げられることの少ないヴェーバーやフォレットを取り上げたことも1つの特徴である．第3部では，組織論の今日に至る分化と深化について，理論的な発展が取り上げられている．行動科学的な理論から発展した動機づけ理論やリーダーシップ理論，さらに組織文化，組織変革論と理論的な深化の過程を示している．第4部は，組織論における新しい問題を取り上げた．組織学習，組織不祥事，コーポレート・ガバナンス，社会ネットワーキング，ポストモダンなど組織論における今日的な課題である．

　経営組織における理論から今日的な課題まで幅広く多面的に検討することが本書の課題である．これを契機として経営学や経営組織に関心を持っていただければ著者一同，この上ない喜びである．

　いつもながら，学文社社長の田中千津子氏には大変お世話になった．ご迷惑をおかけするばかりで心苦しい限りであるが心より御礼申し上げたい．

2011年3月31日

　　　　　　　　　　　　　　　　　　　編著　佐久間信夫・坪井順一

目次

第Ⅰ部　組織の基本

第1章　経営組織の基本概念 …………………………………… 2
1.1　人間と組織　2
1.2　組織の近代化と現代化　3
1.3　組織の概念　10
1.4　組織における個人　12
1.5　経営形態の発展　14

第2章　経営組織の基本形態 …………………………………… 16
2.1　経営組織の基本設計　16
2.2　進化した経営組織　23
2.3　国際的な経営組織　28

第Ⅱ部　組織論の生成と発展

第3章　レスリスバーガーの組織論 …………………………… 34
3.1　はじめに　34
3.2　ホーソン実験と人間関係論　35
3.3　レスリスバーガーの人間関係論　41
3.4　おわりに　44

第4章　ヴェーバーの組織論 …………………………………… 47
4.1　組織論としてのヴェーバー官僚制論　47
4.2　近代官僚制の特徴　49
4.3　近代官僚制成立の基盤　53
4.4　合法的（依法的）支配，伝統的支配，カリスマ的支配　55

4.5 官僚制批判と現代　58
第5章　フォレットの組織論 …………………………………………61
　5.1 はじめに―フォレットの生涯と業績―　61
　5.2 プロセス観の基礎―統合論―　62
　5.3 組織化のプロセス―統一体論―　64
　5.4 組織化のプロセスと管理　66
　5.5 管理者の役割とリーダーシップ　69
　5.6 おわりに―経営組織論史におけるフォレットの位置と意味―　70
第6章　バーナードの組織論 ……………………………………………74
　6.1 はじめに　74
　6.2 バーナード理論における「有効性」と「能率性」　76
　6.3 協働体系　77
　6.4 公式組織　78
　6.5 誘因と説得の方法　81
　6.6 権限受容説　84
第7章　サイモンの組織論 ………………………………………………87
　7.1 サイモン理論の方法論的基礎　87
　7.2 組織影響力の理論　89
　7.3 サイモンの意思決定論　94
　7.4 むすびに―カーネギー・モデル―　101
第8章　行動科学的組織論 ……………………………………………106
　8.1 行動科学の誕生　106
　8.2 アージリスの組織論　108
　8.3 リッカートの組織論　114
　8.4 結び　118

第Ⅲ部　組織論の分化と深化

第9章　動機づけ理論 …………………………………………………122

　9.1　はじめに　122

　9.2　マズローの欲求段階理論　122

　9.3　アルダーファのERG理論　125

　9.4　マグレガーのX理論・Y理論　126

　9.5　ハーズバーグの動機づけ—衛生理論　127

　9.6　期待理論　129

　9.7　モチベーション理論の内容論と過程論の比較　132

　9.8　産業心理学の現代的な問題　133

第10章　リーダーシップ論 ……………………………………………136

　10.1　はじめに　136

　10.2　リーダーシップとは何か　136

　10.3　初期のアプローチ　138

　10.4　リーダーシップの交換理論と認知的アプローチ　141

　10.5　変革的リーダーシップ論　143

　10.6　オーセンティック・リーダーシップ　144

　10.7　おわりに　149

第11章　意思決定論 ……………………………………………………152

　11.1　バーナードの意思決定論　152

　11.2　サイモンの意思決定論　154

　11.3　バーナード理論とサイモン理論　156

　11.4　マーチ＝サイモン理論　160

第12章　組織文化論 ……………………………………………………166

　12.1　はじめに　166

　12.2　組織文化論の登場の背景　166

12.3　2つの組織文化論　170
12.4　おわりに　179
第13章　組織変革論　…………………………………………………181
13.1　はじめに　181
13.2　組織開発の歴史　182
13.3　組織開発の概要　183
13.4　組織開発プロセス　184
13.5　組織開発の介入プロセスと方法　186
13.6　介入プロセスと方法　188
13.7　組織変革論のまとめ　192

第Ⅳ部　組織論の近年の動向

第14章　組織学習論　…………………………………………………198
14.1　はじめに　198
14.2　組織行動論における学習理論　198
14.3　戦略論・経営管理論における学習理論　202
14.4　組織変革における学習理論　207
14.5　組織学習論のまとめ　209
第15章　組織不祥事論　…………………………………………………212
15.1　はじめに　212
15.2　組織不祥事とは？　213
15.3　組織不祥事の発生メカニズム　215
15.4　組織不祥事はいかに防げるのか？　220
15.5　おわりに　222
第16章　コーポレート・ガバナンス論　………………………………225
16.1　はじめに　225
16.2　株式会社の機関設計の多様化　226

16.3　監査役会設置会社　230
  16.4　監査役設置会社における取締役会の問題点とその改革　236
  16.5　委員会設置会社の機関と運営　237
第17章　社会的企業論 …………………………………………………241
  17.1　はじめに―社会的企業の台頭―　241
  17.2　社会的企業とは何か　242
  17.3　社会的企業の組織形態　244
  17.4　社会的企業の事例　247
  17.5　ソーシャル・アントレプレナーの役割―結びに代えて―　252
第18章　ポストモダンの組織論 …………………………………………254
  18.1　ポストモダンとは何か　254
  18.2　組織論におけるポストモダン　257
  18.3　ポストモダン組織論　260
  18.4　ポストモダン組織論の可能性　264

索　引 ……………………………………………………………………266

第Ⅰ部

組織の基本

第1章

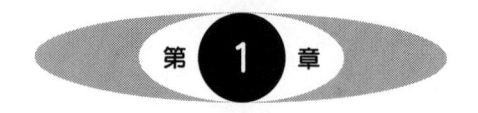

経営組織の基本概念

1.1 人間と組織

　人間をどのように把握するかによって，人間観そのものがかわり，組織における認識もかわってくる．経営学や経営組織論においては，人間は所与のものという前提のもとに論が展開されているが，人間がおかれた歴史的背景を無視することはできない．「奴隷は言葉をしゃべる道具」といわれた古代奴隷制社会における人間観と絶対君主に隷属した中世の絶対主義時代の人間観，さらには現代社会おける人間観とは基本的に異なっている．今日は現代社会という枠のなかで，時代特性を考慮した人間の存在を考えていかなければならない．

　欧米の理論は，基本的に個人主義を前提としている．方法論的に，集団主義的な発想のなかで個人主義的理論を展開しても，日本の社会理論への対応としては，必ずしも合致するわけではない．理論としての示唆，思想・思考方法等は学ぶべきものがあるにしてもである．理論は理論として学ばなければならないが，個人主義的な理論を日本社会に適合するように応用化する努力も必要となる．

　経営学の範疇においても人間観は変遷してきている．周知のように，経済人モデルから始まり，社会人，経営人あるいは全人的モデルへと変化してきた．人間を考察するためには，人間の能力が発揮される前提，動機，意識，あるいは社会的背景などが考慮されなければならない．

　かって，1970年代に日本的経営論が盛んな頃，日本的経営には多くの近代

化・現代化にいたる課題が内包していることが指摘されてきた．しかし，日本経済が好景気による飛躍的な成長を遂げることで日本的経営に内在するさまざまな課題は霧消霧散してしまった．もちろん，課題が解決されたわけではない．日本企業が世界的な企業へと成長した要因は，効率的な生産システムと高い品質の維持にあり，日本的経営そのものが成功したわけではない．今日の経済的先進国としての日本の地位は，第2次世界大戦において，徹底的に破壊された日本の生産設備が，戦後の外国企業との積極的な提携・技術導入によって生産性の高いものに置換され，元来の勤勉な労働力が生産システムを効率的で有効なものにした結果である．企業に内在するさまざまな問題点が，日本経済の成長によって，省みられることなく結果を謳歌したにすぎない．「結果よければすべてよし」と考えただけで，内在する問題を解決したわけではない．現象として現れた表象だけをみるのではなく，そこに内在する基本的な矛盾を解きほぐすことが重要であり，将来の世界的な企業として発展していくためには，根源的に組織における人間の存在が問われることになる．

1.2 組織の近代化と現代化

封建社会が打倒されることで成立したのが，近代市民社会であり，その直接の契機となったのが市民革命である．市民革命は，ルネサンスにおけるヒューマニズムの思想と結びついて，体制の変革を意味するだけではなく，人間という存在を再発見する契機となったのである．市民革命の時期や態様は国によって異なり，内容もさまざまであるが，封建体制が近代社会へ移行する契機となったものとして重要な意味をもっている．ちなみに，各国の市民革命は以下のようなものである．1642年のイギリスのピューリタン革命を初めとして，1688年の名誉革命，1776年アメリカ独立戦争，1789年フランス革命，1868年明治維新，1913年辛亥革命である．市民革命は，市民が封建王制を打倒することにより，さまざまな権利（人権，自由権，生存権など）が獲得

されたことを意味するが，フランスのように財政的に破綻状態にありながらアメリカ独立戦争を支援して，結果として国内に革命を招いてしまった国や，辛亥革命のように王朝は打倒しても国内の民主的な意識の醸成がないままに混乱した状態が続いた国もある．明治維新は，王政復古に表現されるように，他の国とは方向が異なっている．市民革命が封建的な体制を打倒して国民主権を標榜する体制を作り上げる過程であるが，明治維新は天皇主権のもとに，西欧化を急いだという事情がある．その特殊性は，日本資本主義論争によって論じられたとおりであるが，市民意識の欠如が，その後の日本の社会体制のあり方に大きな影響を及ぼしている．国民主権ではなく天皇主権の体制と西欧化との矛盾，さまざまな制度の精神的な背景を理解せずに，形としての制度だけを導入したことの限界性，人権概念の希薄さ，どれを取ってみても，根底は明治維新のあり方にある．

　近代社会とともに，近代化という言葉をよく耳にする．一般的に近代化とは，西欧化，工業化，民主化，あるいは合理化などの意味で用いられている．個々の言葉が近代化の一面をとらえているが，「近代化」という概念の歴史的背景を理解した上での使い方とはいいがたい．近代化は第1に歴史的な概念である．歴史的な過程における思想的な背景を伴って成立する用語であり，近代化の近代とは，もちろん近代社会としての近代を意味している．しかし，今日の社会は当然のことながら近代社会ではない．歴史区分からすれば1914年の第1次世界大戦以降の社会は現代社会である．にもかかわらず，未だに近代化が問題になっている．理由の1つは，近代と現代という用語の明確な区分をするための歴史認識がなされていないこと．2つには，日本の社会が現代社会であると同時に，近代社会としての多くの課題を抱えたままの前近代的な要因を多く残しているからである．今日の日本社会は，封建遺制を克服することにより，真の近代社会を築くとともに，併せて，現代的な課題にも対処していかなければならない社会であるということを認識する必要がある．

近代社会とは何かに関するいくつかの指標がある．

① 人間の解放：近代社会は，古代社会における奴隷制，中世における農奴やギルド的束縛などの身分的・地域的束縛から解放され，自らの意思で自らの労働力を自由に売ることができるようになった社会である．一方で労働力が商品化され，労働力を売らないと生きていけなくなった社会であるが，過去の人間の歴史的存在からすれば大きな進歩である．歴史の進歩とは，人間の存在の認識の過程であり，今日の自由を享受するために多くの犠牲が払われていることを理解しなければならない．形式的ではあるが，さまざまな生存権，自由権が獲得された．

② 個人主義の確立：個人主義とは，「個」が発見され，自我の確立がみられる社会である．近代以前は封建領主や教会の権力の下に，人間は抑圧され，一部を除いて個人の自由権はなかった．全体と個という観点からすれば，近代社会以前の社会は，全体が個に優先する社会であった．この場合の全体とは，国家，教会，村，さまざまな集団，血族や家父長制を含めた人間の支配構造を意味している．たとえば，日本国憲法で保障された両性の合意による結婚は，個が全体に優先することを示しているが，現実には，日本の結婚は家と家の結びつきであり，実質的な個が優先する社会にはなっていない．

③ 基本的人権と平等主義：憲法上は保障されている思想であるが，日本では必ずしも実体的な認識を伴っているとは言い難い．その理由の第1は，こうした諸権利が西欧の市民革命のように，絶対王政との戦いのなかで自ら勝ち取ったものではなく，明治政府の西欧化政策のなかで導入されたものであること．第2に，さまざまな制度や組織は外国から導入したけれど，その背景にある精神や思想を合わせて導入しなかったこと．第3に，法にしてもイギリスのように慣習法を土台とし，マグナカルタ（1215）や権利の章典（1689）のような長い歴史の積み上げとして獲得したものではなく，明治政府が法体系をドイツから輸入し，強く規

範的性格を帯びた制定法として施行したことに由来する．その結果，当然のことながら，法意識の上で「権利」意識が希薄で「義務」の観念が先行することになる．現実的には，紛争解決にも訴訟を起こして権利を主張するよりも当事者間の和解で収拾することが選ばれる．第4に，宗教的背景の違いである．キリスト教では，神の下では人間は皆平等であるという基本概念がある．「神が汝を愛するごとく，汝の隣人を愛せよ」とは，神と人間の関係（縦の関係）を隣人に広げようとする（横の関係）ものであるが，しかし，この思想は日本の宗教のなかには存在しない．日本人にどこまで宗教心があるのか，日本人にとっての宗教とは何か，実のところよくわからない．日本人の神仏詣では，惰性的・形式的慣習か，あるいは苦しいときの神頼み式のご都合主義であり，神との関係も個人のエゴイスティックな祈願やせいぜい家族の無病息災を祈願する程度にすぎないという指摘は[1]，その通りであって，神と人間との縦の関係にとどまり，しかも祈願や願望などの一方通行的な関係にすぎず，人と人との関係への広がりがみられないことが致命的な欠陥である．こうした関わりのなかでは，神の存在が日常生活を律するほどの重みをもち得ない．キリスト教では，たとえばプロテスタントのように，神との関係のなかに自己に対する戒めや自己規制をもつことで，常に神との関わりを身近なものとしてとらえている．職業にしても神が利得の機会を与えてくれたのだから，その機会を誠実・勤勉に実行しないことは神への冒瀆であると考えている．神という存在が個人の精神的・道徳的な面と結びついているといえる．

④ 自由主義：近代社会の指標としての自由主義は，この確立を前提として成立する，制約された自由である．経済思想上は，一切をあるがままに任せることが最良の政策と考える自然法の哲学に基づいていた．「神の見えざる手」によって予定調和（秩序）が導かれるというスミス流の楽天主義は，こうした現れである．しかし，社会思想上は，自由とは決

して自由放任を意味しない．ベンサムは，周知のように社会の幸福は個人の幸福の合計であり，できるだけ多くの人間が最大限の幸福を手に入れることができる社会を理想社会と考えた．彼は，幸福の基準として，それに役立つものは倫理的善であり，役立たないものは倫理的悪であると考え，人間の自由や幸福の妨げとなるような封建的諸制約を破壊する必要を説いた．換言すれば，自由は封建制度を否定することから成り立っている．また，それに加えてこの確立によって成立した個人と個人との相互関係，いわゆる個人主義が利己心や宗教的な自己規制を通して，社会通念上の自制を認識することとなった．個人＝自由意思主体によって構成される近代市民社会は，ある意味では自由主体者による予定調和を期待した社会であった．現代社会においては，国家は人間をさまざまな価値観をもつ社会的存在として認識し，予定調和に期待することなく生活への配慮を行わねばならないという課題を負うている．

⑤ 契約社会：歴史を近代と前近代に区分し，それぞれの特徴を分析した上で，前近代から近代へと歴史が発展するとした多くの発展段階説がある．有名なメーン（Maine, H. J. S., イギリスの法学者，1822-1888）は，もっとも原始的な社会形態である父権的社会において身分的に束縛された家族構成員が，個人として法的に解放されていく社会進化の過程を「身分から契約へ（from status to contract）」と表現した．また，テンニエス（Tonnies, F., ドイツの社会学者，1855-1936）は，メーンの図式に影響を受け，社会の発展は血縁や地縁に基づく共同社会ゲマインシャフト（Gemainschaft）から利益社会であるゲゼルシャフト（Gesellschaft）へと発展することを示した．英語流に表現すれば，community から society への発展である．ゲゼルシャフトは，通常利益社会と訳されることが多いが，内容的には人間が個人と個人との契約によって形成された合理的な社会を意味しており，契約社会と呼ぶ方がふさわしい．近代社会では，すべての人間が自由な主体的意思のもと，商品生産や商品交換，

婚姻などの社会関係を含め，あらゆるものが個と個との契約関係によって成立している．封建社会にも契約関係は存在したが，それは対等・平等な主体者同士の契約ではなく，身分制度などの制約の下にあった．また，個人の存在は共同体のなかに埋没しており，契約関係は成立していなかった．日本の場合，封建遺制の残存により，今日に至ってもなお近代的な契約概念が希薄であり，義理や人情が先行したり，社会的なルールに対しても遵守する意識に欠けるきらいがある．

⑥民主主義：民主主義という言葉は，多様な概念を含んでいる．民主主義における多数決の原理は，1人ひとりの人間が独立した個人として存在し，自我の確立の下に自己主張をし，判断する能力をもっていることを前提として成り立っている．判断能力をもつことを前提として，1人ひとりの意見に重みがあるのであって，地縁・血縁や利害関係だけで多数を占めることは多数決の原理の精神ではない．今日の民主主義は，封建時代よりは発展したが，まだまだ形式的な民主主義にすぎない．近代社会成立期における民主主義に限定していうならば，それは市民的・ブルジョア的民主主義である．民主主義の語源はギリシア語の「人民と権力」が結合した言葉であることはよく知られているが，古代ギリシアの民主政治は，市民政治とはいっても，社会の大多数を占める奴隷は当然のことながら排除されていた．フランス革命は民主主義の発展に大きく貢献したが，その主体は第三身分と呼ばれる中産市民階級であった．シェイエスは，第三身分とは「国民のすべて」であると規定したが，現実には下層市民や農民は主体者にはなり得なかった．民主主義の基本原理は，自由，平等，主権在民であり，こうした形態をどのように実現するかが問題であった．ロックは，この基本原理に人民の利益に反する政府を打倒する革命権の思想を加えている．アメリカの独立宣言やフランスの人権宣言は，ロックの影響のもとに革命権の思想が含まれている．民主主義を口にするのは簡単であるが，何が民主主義であるのかは，今日

の形態も含めて問われなければならない．近代社会の指標としての民主主義は，ブルジョア的であるという制約はあるものの，近代以前からすれば基本原理は一応保障されている．しかし，原理的な解明がなされても現実的な政治形態や主権在民，議会政治，大資本と政党の結びつきなど，多くの課題が残されている．

　一般的に，市民革命によって人間はさまざまな社会的拘束から解放され自由な存在となったが，その程度や認識は国によって異なっている．市民革命によって得られた形式的なさまざまな権利が，より実質的な意味をもつためには現代化が必要となる．現代化の課題は[2]，① 近代社会によって解放された個が，真に主体性をもつこと：人間の疎外をなくすことである．たとえば，労働における単純作業から解放され，人間らしい労働形態を取り戻すことなどがあげられる．② 近代的な自由主義から現代的な自由主義へ転換：古典的な自由奔放な自由は過去のものである．さまざまな自由権が，実質的に自由たり得ること．近代社会では理性による社会契約のもとで自由が容認されたが，現代社会では，場合によっては規制された自由もあり得る．③ 形式的民主主義から実質的民主主義の実現：多数決の原理の前提は個々人が主体的な考えをもち，自らの意思において意見を表明することにある．党利党略や組織優先の多数決は個人の主体性を埋没させる行為である．④ ナショナリズムの変貌：国民とは何かを問い，人類を根底におくナショナリズムを構築する．⑤ 国民国家の終焉：個別の国家の独立性よりも EU におけるような複合的国家，集団的国家の形成による国家群が形成される．⑦ エネルギー革命：産業革命が石炭によるエネルギーが主役を果たしたが，現代の時代においては，クリーン・エネルギーが主役となる．風力発電や太陽光発電など石油や原子力に頼らないエネルギー源が必要となる．原子力はある意味でクリーンであるが，安全性という観点からは信頼に値しないものである．⑧ ロボット化：機械化が手の代置であり，オートメーション化は頭脳の代置であった．現代はロボット化により，手の代置と頭脳の代置を同時に

しかも，より高度に追求していく．人間の労働形態も，近代的な流れ作業から労働の疎外をなくし，人間らしさを取り戻す生産形態に移行すべきである．競争原理や市場原理だけではなく，人間らしさを取り戻せる社会が何であるかが問われるべきである．

こうした政治・社会的な観点は，すべてが経営組織のなかに反映されたわけではない．むしろ，経営組織・経営学という枠のなかでは解決できない多くの課題が含まれている．

1.3 組織の概念

経営組織は，事業目的を達成するための組織であり，国家，政府，地方自治体，企業，労働組合，学校，宗教団体，病院など，個々の組織目的に基づいて社会活動を行うために形成されたものである．今日の組織概念は，バーナード（Barnard, C. I.）の定義した「2人またはそれ以上の人びとの，意識的に調整された諸活動または能力のシステム」が一般的である．組織は，1人では達成不可能な目的を，2人以上の目的を同じくする人間が協働して目

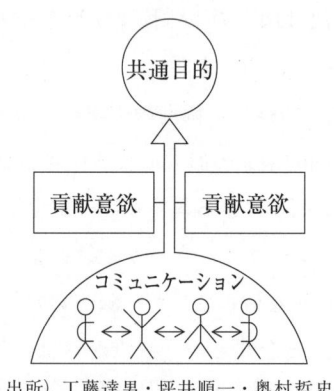

図表 1-1　組織の概念（3要素）の図

出所）工藤達男・坪井順一・奥村哲史
『現代の経営組織論』学文社，
(1994：4)

図表1-2　経営組織の要素と諸問題領域

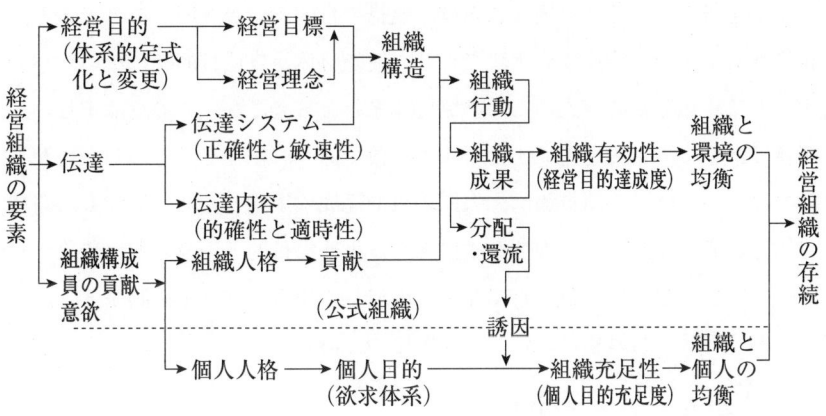

```
                  ┌→経営目的──→経営目標─┐
                  │ (体系的定式       ├→組織
                  │  化と変更) →経営理念 │ 構造→┬→組織          ┌→組織と
経営              │                           │  行動─┐      │  環境の
組織──┤→伝達──┬→伝達システム────┤       ├→組織有効性→均衡    ├→経営
の要素             │ (正確性と敏速性)    │       │→組織  │(経営目的達成度)│     組織の
                  │                           │  成果─┤              │      存続
                  │ →伝達内容─────────┤       │                │
                  │ (的確性と適時性)    │       ↓               │
                  └→組織構成─→組織人格→貢献─┘  分配・還流        │
                    員の貢献                                        │
                    意欲                  (公式組織)    誘因       │
                    - - - - - - - - - - - - - - - - - - - - - - - -│
                    └→個人人格→個人目的────→組織充足性→個人の─┘
                              (欲求体系)      (個人目的充足度) 均衡
```

出所）森本三男編著（1985：7）

的を達成することであり，組織の構成員が共通目的（common purpose）をの達成に向けて，個々の構成員の意思の疎通（communication）を図り，貢献意欲（willingness to serve）を結集して目的を達成するものである．この①共通目的，②コミュニケーション，③貢献意欲を組織の3要素という．

　組織を存続させるためには，組織の構成員が組織目的に貢献しようとする何らかの誘因があり，根底に個人目的をもちながらも組織目的を優先し，共通目的に向けて努力を傾注していかなければならない．組織構成員は，目的を理解し，受容することで共通認識を醸成して，目的の達成に努力を行う．
　森本は，組織の基本課題を組織有効性と組織充足性の相互促進と捉えている[3]．組織有効性とは，バーナードにおける有効性の概念であり，経営目的の達成度をいい，組織構造を基盤とする．組織構造は仕事の分担と伝達システムが合成されたものをいう．コミュニケーションという概念は，伝達や命令だけでなく，意思の疎通を含めて広範に解釈する必要がある．組織充足性とは，成果分配など誘因を満足させる度合いをいう．組織有効性と組織充足性を同時に高められることが望ましいが，組織有効性が高くても組織充足性が低い場合やその逆の場合もありうることは，バーナードの有効性と能率の

概念と同じである．

　組織を考える上で，重要なことは，組織の目的が何かということである．組織はあくまで目的達成の手段であり，組織自体が自己目的ではない．バーナードは組織を目的達成のための協働体系ととらえたが，この点は正しい．組織はあくまで目的を達成するための手段であり，組織そのものの存続が目的ではない．今日の組織論は，人間の目的達成の手段としてではなく，組織目的を達成するために，人間が手段となるような目的と手段の転倒現象が起こっている．組織の一員として組織に従属し，歯車のごとく活動する．こうしたあり方は，組織論における課題の1つである．

1.4　組織における個人

　組織のなかで存在する人間は，個人的な目的や関心から行動する側面と，個人が組織に属して組織の一員として行動する側面とを併せもっている．前者を個人人格といい，後者を組織人格という．人間は，組織において両方の人格を併せもつ存在でありながら，置かれた立場や状況に応じて，どちらかの人格に基づいたり調整して行動している．バーナードは，人格の問題を人間の一般的特性として以下のように4つにまとめている[4]．

① 個人の重要な特徴は活動（容易に観察される側面行動）であり，行動なくして人間はありえない．

② 個人の行動は，環境との関連から個人の現状を決定している物的，生物的，社会的要因の総合的な結果である．これを心理的要因という．

③ 人間は，選択力，決定能力，自由意思をもつ．しかし，選択力には限界があり，また選択には可能性の限界があり，意思決定とは選択を狭める技術を意味している．

④ 意思決定能力を限定することを目的の限定という．組織化された活動においては，目的を設定することにより，個人の自由意思は制約され，組織目的に向かって協働しなければならなくなる．

人間は個人としての人格をもち，自由な意思のもとに行動している．組織に所属するか否かは個人の意思によるものである．しかし，組織は個人を組織に引き入れるか，あるいは組織に継続的に参加させるために，何らかの形で個人が満足できるような誘因（inducement）を提供しなければならない．誘因が個人に満足を与えるものであれば，個人は組織に参加したり，引き続きとどまって組織に対する貢献（contribution）を続けることになる．個人の観点からすれば，個人の満足度と組織の目的が統合されることが望ましい．しかし，それはあくまで必要条件であり，基本的には個人の動機と組織の目的が一致するわけではない．にもかかわらず，人間が組織的な活動を行う理由は，個人では達成できない目的も協働することで達成可能になるからである．こうした意味では，バーナードの誘因―貢献の理論は，組織行動のなかに，いかに個人を引き入れて目的を達成させるかという動機づけ理論にほかならない．

　バーナードは，組織目的と個人目的の動機が一致するものではないことを認める一方で，それらが統一可能であると考えた．個人は人格をもった自律的人間であったが，組織人格として行動するときには，個人人格をもちながらも複数の人間による協働システムのなかで，その構成員として存在しなければいけない側面をもっていた．協働システムとは，組織として達成すべき目的のもとに，個人人格を調和しようとするものであり，そのためには，個人人格はある程度抑制されながらも協働システムに参加させるだけの魅力，すなわち誘因が必要となる．誘因は経済的欲求だけでなく，満足度を基準として個人的に判断されるものである．協働に参加するための誘因が満足いくものであれば，個人は組織に参加し，他の構成員とともに組織目的の達成に向けて努力することになる．また，組織内においては，協働による個人と個人との関係，すなわち社会的関係が生じ，さらに個人間だけでなく，個人と集団，集団と集団，外部組織をも含めて，組織を構成するさまざまな要因が相互に作用しあう状況が形成される．組織人格としての人間は，さまざまな

要因の影響を受けながらも組織的に行動するものとして把握される．

1.5 経営形態の発展

組織の生成は，分業の進化とともに発展していく．具体的には作業工程による分業から，管理機能の分化へと発展する．(a)は，経営＝管理＝作業であり，個人経営のように，経営者が職人として自ら作業もする個人企業の場合である．(b)は，経営＝管理であるが，作業をするための人を雇用する．

図表1-3　組織の分化・発展

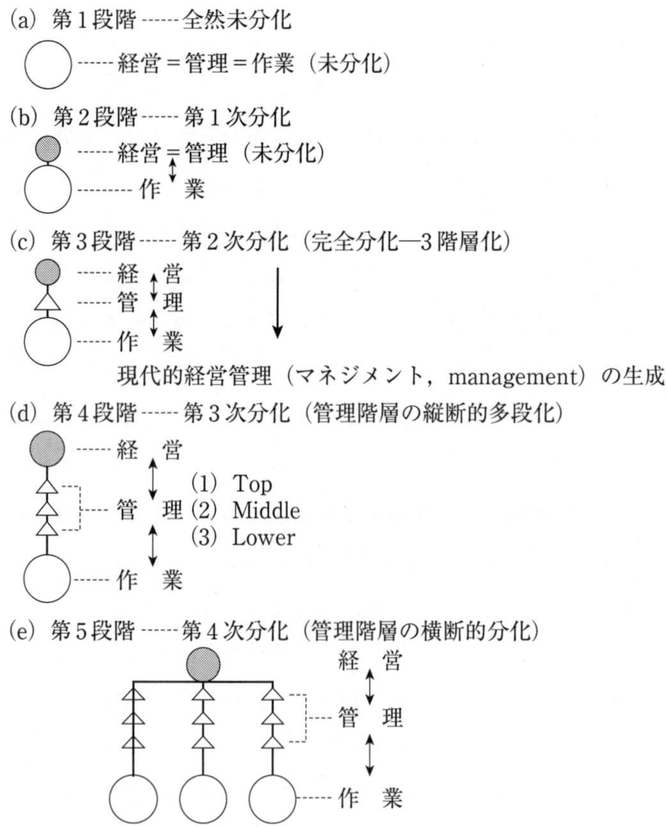

(a) 第1段階 ……全然未分化
　　○ ……経営＝管理＝作業（未分化）

(b) 第2段階 ……第1次分化
　　○ ……経営＝管理（未分化）
　　○ ……作　業

(c) 第3段階 ……第2次分化（完全分化—3階層化）
　　○ ……経　営
　　△ ……管　理
　　○ ……作　業
　　　　　現代的経営管理（マネジメント，management）の生成

(d) 第4段階 ……第3次分化（管理階層の縦断的多段化）
　　○ ……経　営
　　△　　(1) Top
　　△ 管　理 (2) Middle
　　△　　(3) Lower
　　○ ……作　業

(e) 第5段階 ……第4次分化（管理階層の横断的分化）
　　　　　　　　　　経　営
　　　　　　　　　　管　理
　　　　　　　　　　作　業

出所）山田一郎（1972：134）

この段階で，経営＝管理と作業の分化（第1次分化）が行われる．小規模の個人企業で職人・工具としての作業者が雇用される．(c)は，作業を行う人たちを管理する監督者が機能的に分化（第2次分化）することで経営・管理・作業の役割が確立する．当初，経営者は所有者であるが，やがて専門経営者へと置換されていく．組織規模が拡大すると，管理階層が多段化する(d)．top, middle, lower のそれぞれの管理者が階層化され（第3次分化），全般管理，中間管理，作業管理の管理者が任命される．規模の拡大に伴い組織が作業を直接管理する管理者と全体の管理をする管理者が分化する．(e)は管理層の横への広がりである．職能分化により，組織の複雑化や仕事の多様化によって組織は横断的に拡張する（第4次分化）．組織の基本的な形態は，こうした分化とともに発展していく．

注）
1) 山田一郎（1973）『激変する社会環境と経営革新』日本経営出版会：87
2) 高島善哉編著（1968）『近代化の社会経済理論』新評論：160-163
3) 森本三男編著（1985：6）
4) Barnard, C. I. (1938＝1965：13-15)

◆参考文献
佐久間信夫・坪井順一編著（2005）『現代の経営組織論』学文社
田口冬樹・坪井順一（1991）『消費者のための経営学』新評論
森本三男編著（1985）『経営組織』中央経済社
山田一郎（1972）『経営学総論』新評論
Barnard, C. I. (1938) *The Functions of the Executive*.（山本安二郎ほか訳，1965，『経営者の役割』ダイヤモンド社）

第2章 経営組織の基本形態

2.1 経営組織の基本設計

(1) 職能別組織

　経営活動の全体を，原材料の投入から産出の流れという生産過程としてとらえ，この生産過程を形成する部門過程を職能といい，職能別に分権化した組織を職能別組織という．

　職能別組織とは，図表2-1に示すように，開発，製造，販売といった企業内の専門的な職能の役割ごとにセグメンテーションした組織形態である．社長を階層のトップとし，開発部門，製造部門，販売部門といった専門職能によって部門化されている．職能別組織では，作っている製品，ターゲットにする市場が単一で，規模の経済性を獲得する必要があり[1]，社長が強力なリーダーシップを発揮できるような組織で有効に機能する．一方で，職能別組

図表2-1　ライン組織（職能別組織）

```
                     社　長
         ┌────────────┼────────────┐
      開発部長       製造部長       販売部長
      ┌──┴──┐     ┌──┴──┐     ┌──┴──┐
   A開発課長 B開発課長 C工場長 D工場長 E販売課長 F販売課長
```

出所）佐久間信夫・坪井順一編著（2005：30）の図を一部修正

織において，単一製品のみを扱う組織形態が進化して，多製品を扱うことのできる組織形態も考えられている．たとえばパソコンとオーディオ・ビジュアル製品，白物家電を研究開発・生産・販売している企業を想定すると，このように進化した職能別組織の場合，各職能部門が，これらのすべての製品を担当している．研究開発部門は，パソコンの研究開発を行う部門とオーディオ・ビジュアル製品の研究開発を扱う部門，白物家電を研究開発する部門に細分化される．職能別組織は専門的な職能ごとに部門化されており，生産は生産職能，販売は販売職能といったように，専門的職能によって分業が行われている．その過程で，生産の専門家，販売の専門家といった特定の職能に精通した専門家を育成することが可能である．また，各部門が，個々の専門的職能に特化することで，職能部門ごとに規模の経済性を得ることができる．生産設備は固定費であるので，生産を1ヵ所に集中することによって，製品1つあたりの固定費の分散が可能になる．つまり，規模の経済性が機能することとなる．さらに，使用する部品などを共通化することによって，つまり，パソコン，オーディオ・ビジュアル製品，白物家電を製造する際に1つの部品を共通して使用することにより，範囲の経済性[2]が機能することとなる．

職能別組織の長所は，職能ごとに専門の管理者を置くことになるため，個別の管理者の負担が大幅に軽減されること，および，そのために専門管理者の養成が容易になることである．

命令一元化の原則に従いながら，専門家の助言によって，上位の管理者の負担を軽減することができる組織で，職能別組織にスタッフを加えた組織が，ライン・アンド・スタッフ組織である（図表2-2）．

大規模な企業は，法律，会計，技術，情報など，専門領域を担当するスタッフ部門を設け，社長や職能部長に対して助言することにより，彼らの職務を助けるスタッフ部門を設けた．スタッフが助言的立場を超えて行動し，助言を受ける職能部長がこれを命令と受けとるような場合には，命令一元化の

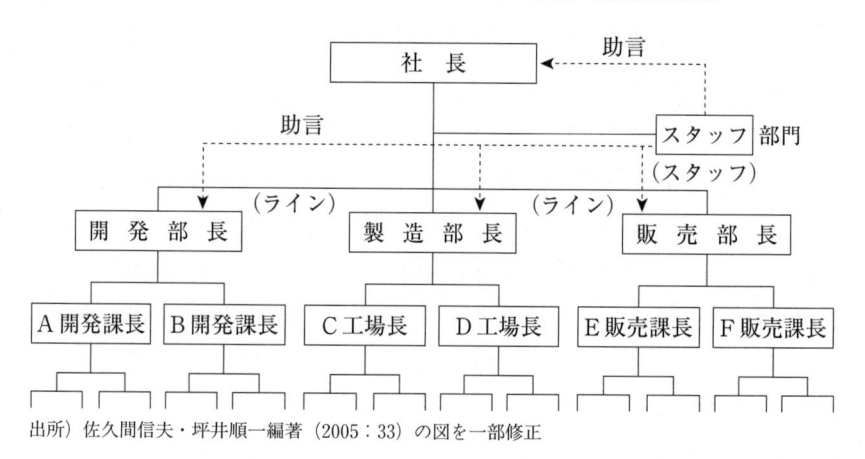

図表2-2　ライン・アンド・スタッフ組織（職能別組織）

```
                        助言
            社　　長  ◀----------┐
     助言       │                │
   ┌─────── ───┼───────── ┬─── スタッフ 部門
   │            │          │   （スタッフ）
   ▼   （ライン） ▼  （ライン） ▼
 開 発 部 長   製 造 部 長   販 売 部 長
   │            │             │
 ┌─┴─┐       ┌─┴─┐         ┌─┴─┐
A開発課長 B開発課長  C工場長 D工場長  E販売課長 F販売課長
```

出所）佐久間信夫・坪井順一編著（2005：33）の図を一部修正

原則に反する事態となり，組織に混乱がもたらされる．しかしライン・アンド・スタッフ組織を組成したからといって，製品の多角化という問題に対処できるわけではない．企業が多様な製品分野に進出していくと，製品ごとに異なった技術開発，販売知識，製造工程を必要とする．スタッフ組織があったとしても，これらの多角化した製品群を1つの職能分野でカバーすることは難しくなってくる．そこで，企業は組織を製品群ごとに分権化することが必要になってくる．それを可能にするのが次に説明する事業部制組織である．

(2) 事業部制組織

　事業部制組織は，多角化戦略と密接な関連をもっている．事業部制組織は，製品を多角化した企業の管理に適した組織形態である．事業部制組織では，製品，地域，顧客別に事業部として独立性の高い組織をつくる点にその特徴がある．図表2-3に示されているように，事業部がABCDEと5つあり，それぞれの事業部に生産職能と販売職能が含まれている．社長と本社スタッフは，事業部のレベルを超えた全社的問題に対処する．

　事業部制組織では，各々の事業部が1つの事業体として，経営における幅

図表 2-3　事業部制組織

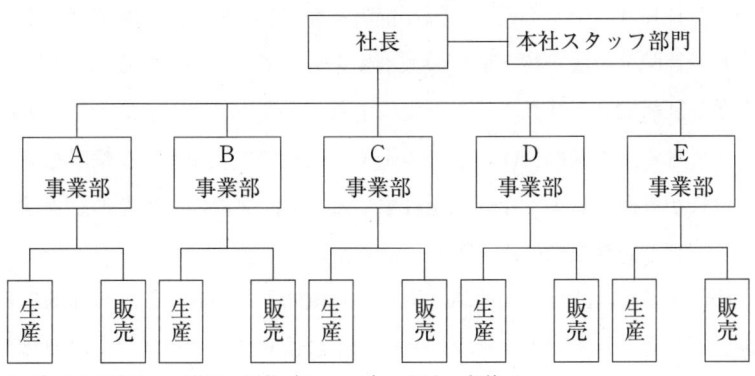

```
              社長 ─── 本社スタッフ部門
   ┌──────┬──────┼──────┬──────┐
   A事業部  B事業部  C事業部  D事業部  E事業部
   ┌─┴─┐  ┌─┴─┐  ┌─┴─┐  ┌─┴─┐  ┌─┴─┐
   生産 販売 生産 販売 生産 販売 生産 販売 生産 販売
```

出所）佐久間信夫・坪井順一編著（2005：36）の図を一部修正

広い権限を与えられ，独立採算的に経営管理責任を負う「プロフィット・センター」つまり，利益責任単位（分権的）として位置づけられる．その結果，各事業部は利益の獲得に熱心になり，事業部間の競争も行われる．各事業部が独立採算であるため，振替価格の導入により，市場原理を組織内に導入することができ，その結果，効率性の向上が期待できる．市場価格を内部取引価格の基準に使うことで，当該事業部の製品コストが，市場価格よりも高い場合，生産コスト削減への圧力が働くことになり，それが一層の効率化につながるようになる．つまり，内部価格が市場価格よりも高い場合は，市場価格が優先され，コストが圧縮される．各事業部の目標が独立採算であるため，業績評価も容易になる．

　事業部制組織のメリットとして，社長の現業的な業務からの解放という点が挙げられる．企業環境が複雑化し，市場の動向やライバル企業の動向などを注視し，戦略的意思決定を行うのが社長の役割であるので，現業的な仕事を部下，つまり事業部長に任せることにより，社長は経営本来の仕事に専念できるようになる．

　事業部長は，独自の製品と市場領域を守備範囲として，生産と販売等を合

理的に行うのに必要な幅広い権限を与えられており，独自の管理者層をもっている．社長は，事業部長に大幅な権限を委譲しており，事業部長は事業部全体の予算配分の決定権と部下の人事権をもっているのである．

　事業部制組織は，社長の後継を育成するという点で，大きな効果を上げることができる．事業部長は，1つの企業の社長のような大きな権限を与えられ，社長が直面するような問題を経験するため，実際の仕事を通じて社長としての教育と訓練を受けることができる．

　事業部制組織は，分権的組織であり，比較的下位の者にも，自律的な職務と権限が与えられるため，モラールの向上に役立つだけではなく，組織下位者の能力を現実の活動のなかで検証することが可能になる．

　逆に事業部制組織にはどのような問題点があるのだろうか．その1つは，事業部門間で賃金格差を設けることができないということである．高い業績を上げた事業部の従業員には高い賃金を，低い業績に終わった事業部の従業員には低い賃金を支給するのが適当ではあるが，事業部は会社全体のなかの1部門であり，労働組合が，全社的に構成されている場合，賃金格差をつけることは困難になる．業績の徹底化の問題を解決するために，より自律性・独立性・分離性の高いカンパニー制を導入することがある．カンパニー制についてはこの項の後段で説明する．

　第2の問題点は，新製品開発や新規事業開拓の阻害である．事業部の自律性が強くなると，自らの独自性を過度に主張するようになる．新製品開発や新規事業開拓には，複数の資源，技術，能力の組み合わせが必要なことが多い．ある事業部が，資源や技術を囲い込んでしまうと，別の事業部との間で相乗効果を生むことができない．このような側面は，事業部間での重複投資という問題にもつながる．同じ新規事業にいくつもの事業部が参入しようとする場合，事業部間で調整がなされない限り，複数の事業部で同じような製品開発が行われることになる．このような資源などの囲い込みや重複投資という問題を解決し，事業部間の事業を整理し，方向付けする事業単位を戦略

事業単位(SBU)という．

　多角化した製品部門をもつ企業において，事業のミッションに沿って複数の製品部門や事業部を横断する自律的組織をSBUという．その結果，企業組織は既存の事業部とSBUが共存するマトリクス組織[3]となる．SBUはミッションを実現するために，必要な資源配分を受け，機動的な戦略行動を展開することができる．社内では異なる事業と認識されているものを組み合わせた方が将来性や投資効率がよくみえるという場合が少なくない．実体的な組織に重ね合わせる形で設定されるのがSBUである．SBUは，管理会計[4]の視点では，投資対収益や事業将来性を集計・検討する責任センターである．SBUは全社レベルで，事業の最適ポートフォリオを目指したプロダクト・ポートフォリオ・マネジメントと結びついて導入されてきた．SBUは，事業やプロジェクトの戦略的調整が必要な時に，事業横断的に，全社的戦略基準に基づいて位置づけられる．しかし，相乗効果が十分でない，事業のスクラップ&ビルドがスムーズに行われない，資源を集中投下できないという問題点がでてきた．

　個々の事業部で多角化が進み，その規模が大きくなると，事業部の規模を小さく維持し，しかも類似の製品・市場分野の事業部が，相互に経営資源を共有できるように組織されるのが，事業本部制である．事業本部制とは社内分社制の一種で，各事業部をあたかも独立した会社のように分け，事業を階層的に運営する仕組みである．ヒト，モノ，カネの経営資源を各事業本部に分配し，独立採算を徹底するとともに，権限も大幅委譲される．とくに権限の大幅委譲という点で，単純なSBUとは異なる．

　図表2-4で示す通り，社長の下に，IT事業本部とAV事業本部の2つが置かれ，さらにその下に3つずつの事業部が置かれている．このように事業部制組織よりも，組織階層が1ランク増えた組織体制が，事業本部制である．

　事業部制組織で事業部の評価では，通常，投下資本収益率(Return on

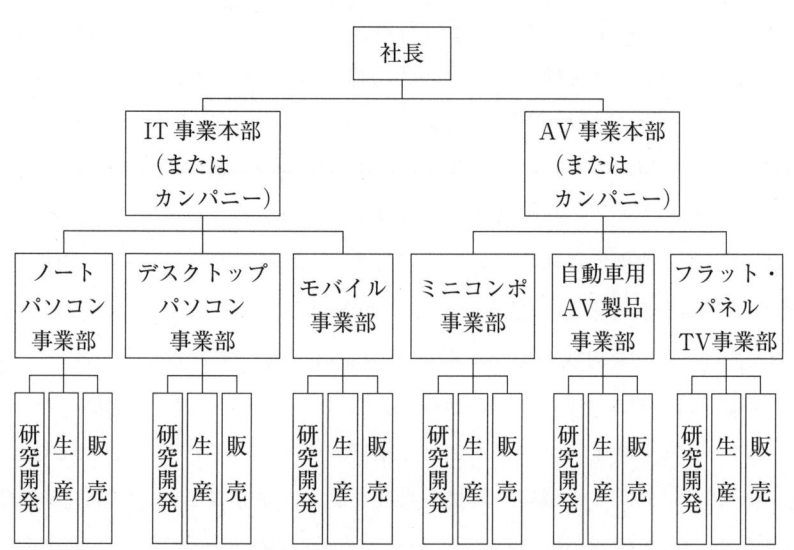

図表 2-4　事業本部制・カンパニー制

```
                            社長
               ┌─────────────┴─────────────┐
         IT事業本部                    AV事業本部
         （または                      （または
         カンパニー）                  カンパニー）
       ┌─────┼─────┐            ┌─────┼─────┐
     ノート  デスクトップ モバイル  ミニコンポ 自動車用   フラット・
     パソコン パソコン   事業部   事業部   AV製品    パネル
     事業部  事業部                      事業部    TV事業部
      │     │      │       │       │        │
    研生販  研生販   研生販    研生販   研生販     研生販
    究産売  究産売   究産売    究産売   究産売     究産売
    開    開      開       開      開        開
    発    発      発       発      発        発
```

出所）沼上幹（2004）『組織デザイン』日経文庫：39の図を一部修正

Investment: ROI) [5] が使われてきた．近年では，個々の組織ユニットに仮想的に資金を分割し，その資産をベースとして経済的付加価値を計算して，各ユニットを評価し，コントロールする方法が普及している．これは，カンパニー制と呼ばれている．

　事業部制組織では，暗黙のうちに多様な資産を事業部間で共有していたが，その共有資産までも，個々の組織ユニットに配分するカンパニー制は，事業部制よりもはるかに組織ユニットの自律性を高めている．カンパニー制はいつの時点でもカンパニーを切り離して売却可能な組織ユニットの独立性を高めた組織形態である．

　さて，職能別組織と事業部制組織を中心に説明してきたが，実際，企業はいずれの組織を選択するべきなのか．単品もしくは単一の事業分野にとどまり，垂直統合を行う場合には，職能別組織が有効であり，多角化戦略をとり異質な製品市場分野に進出する場合には，事業部制組織が有効になる．戦略

が刷新されると，規模の拡大した企業をうまく運営するために組織改編が求められる．事業が成長したとしても，それに伴って組織を改編しないことには，非効率が生じるという結果が導き出される．チャンドラー（Chandler, A. D.）が述べているように，企業の全体戦略が変更されれば，それに応じて組織構造も変革されるといえよう[6]．次には，より複雑な市場環境に応じて戦略策定に基づく組織構造であるマトリクス組織について説明する．

2.2 進化した経営組織

(1) マトリクス組織

現代の企業は，製品群への適応と，職能面への適応のどちらを優先するかという課題に対してどのように対処すべきであろうか．このような場合には，製品群への適応と，職能面への適応という2つの軸を両方盛り込んだ組織形態がつくられる．それが図表2-5に示されているマトリクス組織である．社長の下に各製品事業部長が置かれると同時に，各職能部門長が置かれ

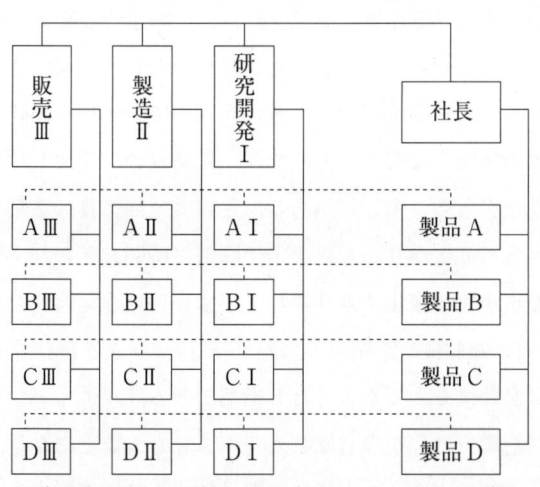

図表2-5　マトリクス組織

	研究開発Ⅰ	製造Ⅱ	販売Ⅲ	社長
	AⅠ	AⅡ	AⅢ	製品A
	BⅠ	BⅡ	BⅢ	製品B
	CⅠ	CⅡ	CⅢ	製品C
	DⅠ	DⅡ	DⅢ	製品D

出所）佐久間信夫・坪井順一編著（2005：38）の図を一部修正

る．図のＡⅠ～ＤⅢの組織は，一方では，個々の製品群への対応を目指す事業部長の管轄下に置かれるとともに，他方では，研究開発，製造，販売という職能別部門長の管轄下に置かれる．

　意思決定のたびに製品群の要求と職能部門の要求が対立する可能性がある．組織内で対立した場合，そのたびごとにより上位の管理者がどちらの軸を優先するかの意思決定を行い，２つの要求をバランスさせるという意図でマトリクス組織は採用される．

　マトリクス組織は，伝統的な「ワンボス原則あるいは一元命令系統のピラミッド組織」ではなく「ツーボスあるいは多元的命令系統」である．このようなマトリクス組織では，職能別，事業別，製品別，顧客別，地域別，時間別，プロジェクト別など多様な組織構造を水平方向にミックスし，命令系統を多元的に設計することができる．

　複雑な経営環境においては，企業は組織形態を複数の焦点に合わせる必要がある．たとえば，組織が専門的な技術知識と製品イノベーションの両方を重視したいとき，職能別と製品別を組み合わせた組織構造が利用され，一方，製品イノベーションと顧客・市場対応の両方を重視するとき，製品別と地域別とを組み合わせる組織が形成される．このような複数の項目に焦点を合わせ，２軸両方の強みを発揮させる組織がマトリクス組織である．しかしながら，２軸で経営組織を管理するという意味でいくつかの問題点もある．従業員を２軸の権限下に置くことになり，従業員のフラストレーションや意思決定の混乱を引き起こすことがある．さらに，従業員は２軸の部門長の管轄下に置かれることとなり，意思決定や稟議に時間をとられ，マトリクス組織は，迅速な市場環境変化に乗り遅れてしまうという危険性をもっている．２軸（たとえば，職能軸と製品軸）とのパワーバランスを維持するために，従業員に努力が必要になってくることも指摘できる．

　マトリクス組織では，担当者は２人のボスをもつことになる．たとえば，一方では，職能軸のボス，一方では，製品軸のボスに直属することになる．

それぞれのボスが，担当者に矛盾する要請を出す場合は，マトリクス組織は機能不全の組織になってしまうかもしれない．しかし，現実的に，2人のボスから矛盾するメッセージを受け取ることがあっても，何とかそれに対応して，担当者が成長する可能性もある．1人の労働者が2つの課題を解決できるとすれば，人員や資源の配置において，重複を回避し，無駄を省くことができる．そして，2軸からの情報収集によって，環境の変化に応じて，組織構造を柔軟に変化させうる，複数の報告関係が公式に存在するため，組織のコミュニケーションが促進されるという利点がある．

　資源の蓄積を優先すれば，短期の市場競争では勝てず，日々の市場競争に熱中しすぎれば，資源の蓄積が不可能になり，長期の市場競争で敗北する．職能軸部門がもつ長期志向の資源蓄積と製品軸部門がもつ短期的志向は，両方とも，ある程度まで適切な志向であり，両方をバランスさせることが，マトリクス組織を採用する企業経営の課題である．このような2軸の課題を組織的に解消できて初めて，マトリクス組織は機能するのである．

(2) フロント・バック組織

　組織が2種類の部門，すなわちフロントエンドとバックエンドに大きく分けられている組織をフロント・バック組織という．図表2-6に示されているように，フロントエンドは，顧客あるいは地域，国に対応する組織構造となっており，バックエンドは，製品機能を中心として組織化されている．

　フロント・バック組織は，多様な販売チャネルや細分化されたマーケティングなど，地域に点在する多様なニーズへの対応を目的とした，顧客重視のフロントエンドと，研究開発や製造の効率化，グローバル効率性の追求など製品に焦点を当てたバックエンドを混成した組織構造である．現代のように企業経営がグローバル化することによって，各地域の市場や顧客のローカルなニーズに対応しつつ，地球規模で，製品・サービス事業を普遍的に展開することによって，企業全体の事業の効率化と規模の経済性を享受することは

図表2-6　グローバル企業のフロント・バック組織

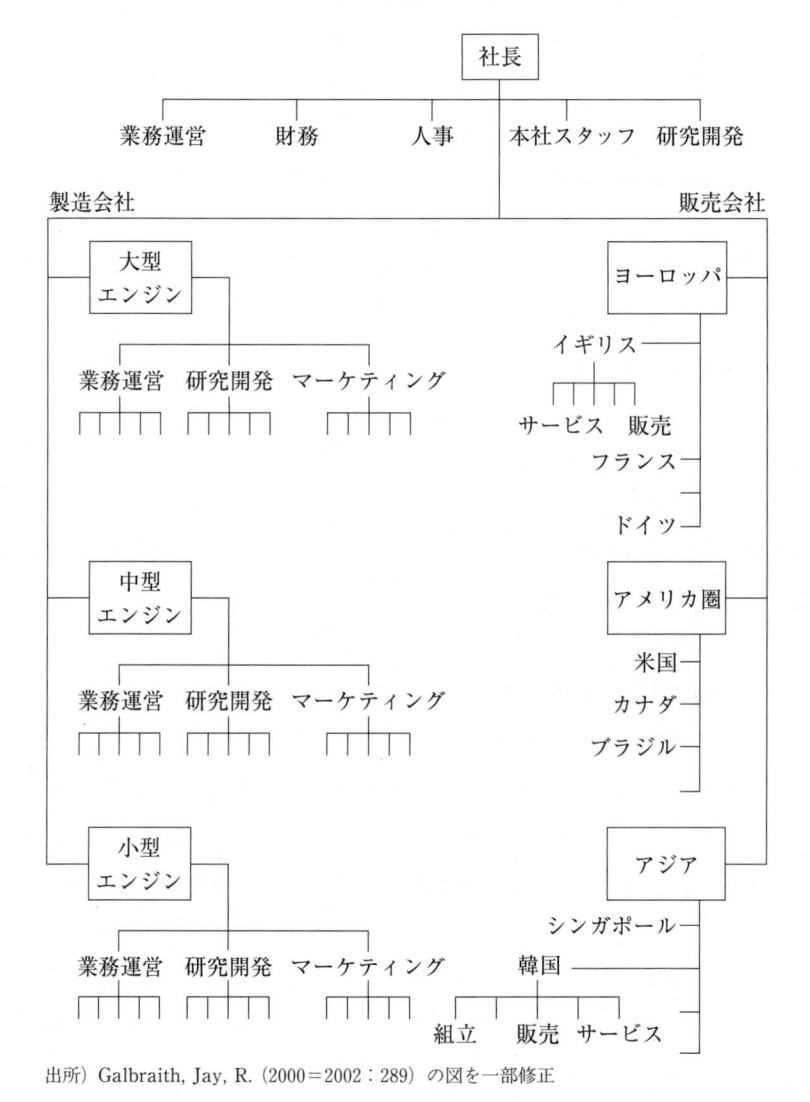

```
                              社長
        ┌──────┬──────┬──────┼──────┐
      業務運営   財務    人事   本社スタッフ 研究開発

      製造会社                                販売会社

  ┌──大型エンジン──┐                    ┌──ヨーロッパ──┐
  │  ┌────┬────┬────┐                    │   イギリス
  │  業務運営 研究開発 マーケティング         │   ┌──┬──┐
  │                                        │   サービス 販売
  │                                        │   フランス
  │                                        │   ドイツ
  │
  ├──中型エンジン──┐                    ├──アメリカ圏──┐
  │  業務運営 研究開発 マーケティング         │   米国
  │                                        │   カナダ
  │                                        │   ブラジル
  │
  └──小型エンジン──┐                    └──アジア──┐
     業務運営 研究開発 マーケティング            シンガポール
                                              韓国
                                              ┌──┬──┐
                                              組立 販売 サービス
```

出所）Galbraith, Jay, R.（2000＝2002：289）の図を一部修正

重要な課題である．しかし，フロント・バック組織にはフロント部門とバック部門とのコンフリクトという問題がある．たとえば，フロント部門とバック部門では同じ製品事業を取り扱っていても，焦点の置き所が異なる場合がある．フロント部門は市場や顧客の視点から事業をとらえ，顧客満足という顧客に提供する特別なサービスを実現したいと考える．一方，バック部門は，製品製造の視点から，開発資金の回収や規模の経済性など，内向的な目標を重視する．こうした場合，フロント部門の顧客志向とバック部門の製品製造志向はコンフリクトを生むことになる．フロント部門が，顧客の要望を十分満たすような製品を提供しようとすれば，自社のバック部門以外，つまり，他社から製品を調達することもできる．それだけ，フロント部門とバック部門は自律性・独立性を前提として存立している．フロント部門が独自のプライベートブランドでの販売を行いたいとする場合にも，他社製品の購入を念頭に置く可能性もある．

　バック部門は，規模の経済性の追求と研究開発費の早期回収のため，フロント部門以外にも製品を供給したいと考えるようになる．販売先が，自社のフロント部門と競合する企業である可能性もある．このような場合，バック部門とフロント部門とのコンフリクトはさらに大きくなることは明らかである．コンフリクトの弊害を回避するために，フロント部門とバック部門が協調し合意を形成するような水平的調整が求められる．たとえば，フロント部門が顧客から注文を受け，その処理はバック部門で行われる．新製品はバック部門で研究開発，生産され，フロント部門で販売チャネルが選択され，販売される．こうした，当たり前のように考えられるバリュー・チェーンの確立がフロント・バック組織の成功要因である．このようなバリュー・チェーンが効果的に機能するためには，フロント部門とバック部門との間で，製品製造部門（バック部門）の管理者と地域あるいは製品の販売部門（フロント部門）の管理者との間で，目標とする売上，コスト，市場占有率，利益，市場成長率を設定して，合意形成プロセスを確立しておくことが非常に重要であ

る．フロント部門とバック部門はそれぞれ事業部のように独立性がある．その独立性の弊害を回避するための部門間のコミュニケーションが必要になる．

このような課題の克服には，高度な調整スキルと専門知識をもった管理者の育成と調整システムの構築が必要になる．このことは，組織としての管理・調整能力を向上させることにつながる．組織の管理・調整能力は競争上の優位に結びつくことはいうまでもない．

以上，フロント・バック組織の特徴と問題点を説明してきた．この組織の説明で強調しておきたいのは，グローバルとローカルの同時達成である．フロントエンドでは，個別市場のローカルな要求に応え，バックエンドでは効率性や規模の経済性を通じてグローバルな要求に応えることができるのである．このように，フロント・バック組織は，現代のグローバル企業に適した組織といえる．

2.3 国際的な経営組織

(1) 地域別事業部制組織

企業の経営が国際的になると，これまで説明してきた組織形態では，企業は対処できず，より国や地域に根差した組織形態をとるようになる．海外販売や海外子会社は主要地域のほとんどで設立され，それらの拠点数が数十ヵ所以上になると，海外事業活動の地位が，国内事業と並ぶ経営規模になる．ここで，企業の海外事業活動は図表2-7に示すような，国際事業部によって統括される．これは，スタッフサービス的な海外事業部とは異なり，利益[7]責任を担った国内の製品事業部と対等の位置に配置される．

海外における経営資源の現地化の要求の度合いが強まるにつれて，現地の市場に適した製品開発の必要性がでてくる．国際事業部が世界的な規模で経営を行う段階になると，販売のテリトリーを中心にヨーロッパ地域事業本部，北米地域事業本部，アジア・オセアニア地域事業本部というような組織

図表2-7　世界的規模の組織・国際事業部（地域別事業部）

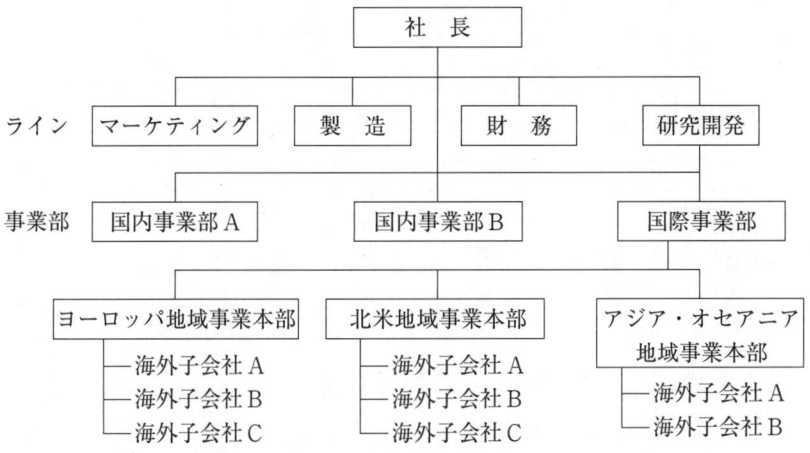

```
                         社　長
        ┌──────────┬──────────┼──────────┬──────────┐
ライン  マーケティング    製　造    財　務    研究開発
        ┌──────────────────┼──────────────────┐
事業部  国内事業部A        国内事業部B        国際事業部
        ┌──────────────────┼──────────────────┐
    ヨーロッパ地域事業本部  北米地域事業本部   アジア・オセアニア
                                              地域事業本部
    ─海外子会社A          ─海外子会社A        ─海外子会社A
    ─海外子会社B          ─海外子会社B        ─海外子会社B
    ─海外子会社C          ─海外子会社C
```

出所）高橋浩夫（1998）『国際経営の組織と実際』同文舘出版：17の図を一部修正

単位が構成されるようになる．それぞれ地域ごとに，現地生産・販売・輸入・ライセンシング等を地域事業本部長が管理する．

　国際的な地域別事業部制には，各地域事業本部が地域中心の経営を志向する結果，各々のテリトリーを超えた相互協力や意思疎通の機能が欠けてくるといった問題点がある．

(2) 地域統括本社制

　国際事業部の地域戦略の不整合や，経営活動の現地化問題を克服する組織として，地域統括本社制が考え出された．図表2-8に示すように地域統括本社制では，欧州・米州・アジアのような市場のニーズが類似している国々を1つの地域として組織を構成し，その地域に共通する意思決定が総合的に行われる．

　先に説明した地域別の国際事業部との違いは，地域統括本社が，企画・人事・経理・法律・広告・宣伝に関する権限をもった統括部門と直結しているうえに，国内の製品別事業部との意思疎通や地域統括本社間の意思疎通が行

図表2-8 地域統括本社の組織

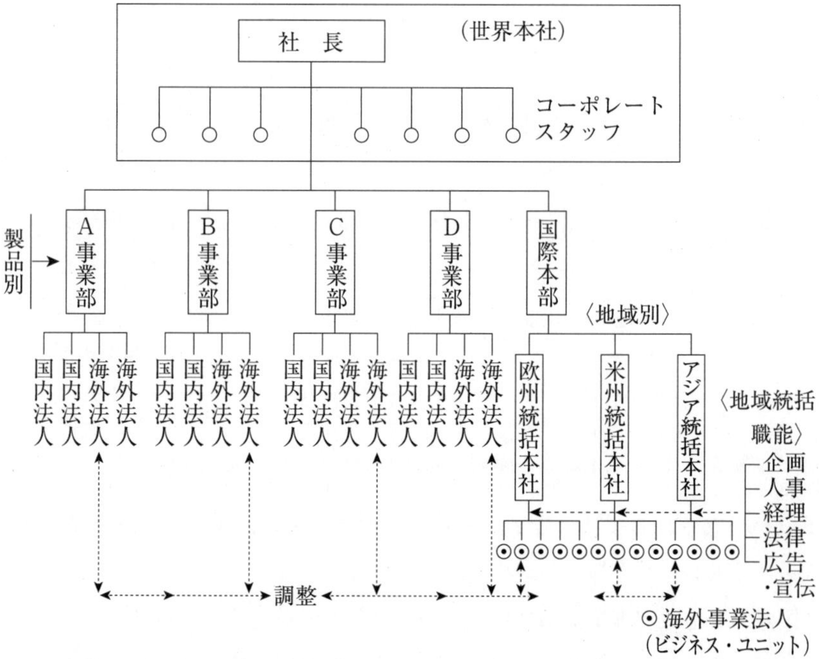

出所）高橋浩夫（1998）『国際経営の組織と実際』同文舘出版：22の図を一部修正

われ，コミュニケーションが重視されているという点である．地域統括本社は傘下企業の株を所有して持株会社の形態をとる場合もある．地域統括本社は，傘下の子会社の所有権を握り，地域戦略の整合性を行使する権限が与えられているという点では，地域別事業部制に比べ格段にその独立性が強い．

地域統括本社の社長には，取締役会メンバーが派遣され，実質的に本社の社長と同じ権限が与えられる．地域統括本社制は，地域別の国際事業部の欠点を補い，また，各組織との連携を保ちながら，複雑なグローバル経営に対処することができる組織形態である．

注)
1) 企業が製品を製造する際に，生産規模を拡大し生産量を上げていけば，固定費が分散され，生産物1単位当たりの平均生産コストが低下して，経済効果が得られるということが規模の経済性である．
2) 同じ生産設備を使って，種類の異なる製品を生産した場合，設備を共有することによる生産コストの低減と同時に，異分野への進出にともなう事業の拡大が期待される．このような展開を範囲の経済性と呼ぶ．多くの製品を売るような多品種少量生産型のビジネスモデルでは，いかに共通のプラットフォームから効率的に多くの種類の製品をつくりだすか，いかに範囲の経済性を高めるかを追求することになる．
3) マトリクス組織については第2節で説明する．
4) 管理会計とは，トップマネジメントを頂点とする企業内部の管理者のために，経営管理に役立つ情報を提供する会計システムであることから，内部報告会計と呼ばれる．経営者や部門管理者は，経営戦略の立案やそれに基づく経営計画，行動指針の策定といった意思決定やプランニングのために，業績評価やコントロールのために，この会計情報を活用している．
5) 投下資本収益率とは，投資額に対して生み出した利益の比率である．投下資本利益率が高ければ，投資効率が高く，有利な投資ということになる．
6) Chandler, A. D. (1962) *Strategic and Structure*, MIT Press.（有賀裕子訳，2004,『組織は戦略に従う』ダイヤモンド社：20）
7) 海外販売子会社や海外生産子会社は各々が本社直轄の販売・生産部門の傘下に入っている．このような場合，海外事業部の役割は，海外販売活動や海外生産活動に伴って起こる海外経営全般に関する本社と子会社との連携調整機能など海外活動のスタッフとしての役割を担う．

◆参考文献
Galbraith, J. R. (2000) *Designing the Global Corporation*, Jossey-Bass Inc., Publishers.（斎藤彰悟監訳・平野和子訳，2002,『グローバル企業の組織設計』春秋社）
金井壽宏（1999）『経営組織』日本経済新聞社
岸田民樹（2005）『現代経営組織論』有斐閣
佐久間信夫・坪井順一編著（2005）『現代の経営組織論』学文社
松崎和久編著（2006）『経営組織』（マネジメント基本全集9）学文社

第II部
組織論の生成と発展

第3章

レスリスバーガーの組織論

3.1 はじめに

　アメリカでは，1920年代の「産業合理化運動」の時期に，工場の作業能率を向上させようという目的で，心理学的研究が盛んに行われるようになった．心理学的研究は，テイラー（Taylor, F.W.）の「科学的管理法」の延長線上に，一流労働者の選択，労働者の作業への適応・順応などを内容とするものであった．1920年代のアメリカの人事管理（personnel management）は，最適な労働者の選抜，温度・湿度などの物理的作業条件が作業能率に与える影響，疲労の原因とその除去などについての心理学的研究に基礎を置いていた．「ホーソン実験」（Hawthorne Studies）はこのような時代背景のなかで行われ，その後の経営学研究と経営実践に大きな影響を与えることになった．

　「ホーソン実験」は，物理的作業条件が，個別労働者の生理や心理にどのような影響を与え，さらにそれが作業能率にどのように影響するのかを解明しようとする目的で始められた．しかし，実験の結果は，研究者たちの仮説をくつがえす意外なものであった．労働者の作業能率に影響を与えているものは，物理的作業条件や賃金でさえなく，労働者集団のなかに形成されている非公式組織であったのである．

　この実験は，テイラー以来の経営学研究の大きな転機となり，これを契機に労働者の社会心理学的側面に大きな関心が向けられるようになった．すなわち，ホーソン実験は「リーダーシップ理論」，「動機づけ理論」（motivation theory）などをはじめとする「行動科学」(behaviaral science) 的研究の大きな流れの源流となったのである．ホーソン実験は，メイヨー（Mayo, E.）をリーダーとするハーバード大学の研究者たちによって遂行されたが，それをいわゆる「人間関係論」(human relations) として理論化したのはレスリスバーガー（Roethlisberger, F. J.）らであった．本章では，ホーソン実験とその実験結果を検討し，レスリスバーガーの人間関係論をみていくことにする．

3.2 ホーソン実験と人間関係論

　ホーソン実験は1924年から1932年まで，アメリカのシカゴ西部に位置するウェスタン・エレクトリック社のホーソン工場において行われた．この調査は，労働者の作業能率とその物理的な作業条件との関係を明らかにしようとする目的で行われた．ホーソン工場は，主にベル式電話装置の部品を製造する，当時としては福祉制度の整った近代的な工場であった．

　アメリカでは，1920年代の産業合理化運動に伴って導入されたベルト・コンベヤー・システム，作業の大幅な細分化，大量生産方式の採用などによって，労働者の不満の増大やモラールの低下といった問題が起こっていた．ホーソン工場においても，こうした労働者の問題に対処するために，能率専門家たちを招いてその解決を図ろうとした．すなわち，作業時間の変更，休暇時間の長さと配分の変化，照明度の調整などによって労働者の不満や緊張を緩和し，それによって作業能率の増進方法を発見しようと試みていたのである．[1]

　しかし，これらの試みからは良い成果を得ることができなかったため，ホーソン工場は1924年に，「全国科学アカデミー調査研究協議会」(The National Research Council of the National Academy of Sciences) の協力を得て，またロックフェラー財団の財政的援助により，ある実験を行った．これは照明の明暗が作業能率に及ぼす影響を明らかにすることを目的とするもの

で「照明実験」と呼ばれ，ウェスタン・エレクトリック社の技師ペンノック (Pennock, G. A.) らが中心となり，1924年11月から1927年4月まで行われた．この実験は，コイル捲きの作業部門において，縦続的に照明度を増減させた作業グループ（実験グループ）と照明度は一定に保ちながら隔離された空間で作業を行ったグループ（コントロールグループ）とを作り，両グループの作業能率を比較しようというものである．その結果，照明度を減少させれば能率は低下するであろうという当初の予測ははずれ，実験グループもコントロールグループも能率は徐々に向上していったのである．つまり「より良き照明はより良き能率を生む」という当初の仮定の証明は失敗に終わったのである．

　ウェスタン・エレクトリック社の技術者による実験は失敗に終わったため，会社はハーバード大学経営大学院の付属機関である産業調査部 (Department of Industrial Research of Harvard Graduate School of Business Administration) に実験の継続を依頼することになった．継電器組立作業実験 (the Relay Assembly Test) と呼ばれるこの実験は，1927年5月から1929年6月まで，ハーバード大学のエルトン・メイヨーが中心となり，レスリスバーガー，ドーナム (Donham, W. B.) などによって遂行された．継電器組立作業の内容は，コイル，誘導子，接触バネ，絶縁体を継電器に組み立て，4個のネジで締めつけるもので，機械的な反復作業であった．この実験の目的は，照明実験と同じ仮定にもとづき，休憩時間，労働時間，などの物理的な作業条件の変化と作業能率の関係を究明することであった．6名の女子工員が選抜され，他の作業員から隔離した部屋で，作業員が親しい雰囲気のなかで作業できる環境を作り，作業の能率に貢献するさまざまな要因の研究が行われた．

　実験は，作業条件の変化が能率に影響を与えるという伝統的な仮説に立ったものであり，疲労および単調に関するものが中心で，以下のような具体的な疑問を解明する目的で行われた．すなわち，①従業員はほんとうに疲労

するか，②休憩時間は望ましいものか，③1日の作業時間は短い方がよいか，④従業員の作業並びに会社に対する態度はどうか，⑤作業設備のタイプを変えるとどんな効果があるか，⑥午前に作業能率の低下があるのはなぜか，などであった．「条件変化としては，集団出来高賃金制，休憩時間の導入，軽食サービス，おやつの提供などを行った．作業条件の改善にともない生産性が上昇し，さらに終業時間の切り上げ，労働時間短縮を施すと，能率が改善されていった．その後，変更前の作業条件に復しても生産性は上昇を続けたのである．その結果，作業条件の変化自体は能率の向上と直接には関係ないことがわかった」．物的作業条件の変化を作業能率と関係づけようという当初の試みは失敗し，物的作業条件の変化にかかわらず作業能率は上昇しつづけたのである．

　メイヨーが1928年春にこの実験に参加する頃には，6人の女子工員の間には新しい社会環境が作られていた．女子工員たちは自由な雰囲気の中で，強要感をもたずに仕事をすることによって，相互に個性ある人格としてとらえられる社会集団を形成していた．女子工員は，実験担当者から実験条件について相談を受け，自分たちの意見が受容されていることを知ることにより，仕事に責任をもつ積極的な態度に変わっていったのである．この実験は，1期から13期まで続けられ，第7，10，13期の作業条件はほぼ同じであったにもかかわらず，生産性はそれぞれ2,500台，2,800台，3,000台と増加しつづけた．作業条件の変化は作業能率の決定要因ではないことが明らかになった．

　1928年8月からは，雲母剝離作業実験（the Mica Splitting Test）が行われた．この実験においても，照明実験と同様，5人の女子工員が選抜され，報酬制度の変更や労働時間の増減が作業能率に与える影響を調査する目的で行われた．その結果，作業の能率に影響を与えているのは報酬制度や労働時間ではなく，職場の人間関係と職場外の個人的な状況という2つの要因であることが明らかになった．これらの実験からわかったことは，作業能率に影響

を与えているのは,物的な作業条件ではなく,作業の心理的な満足感であるということである.女子工員たちは監督方法が改善されたこと,すなわち作業条件の変更について事前に相談を受けたことや作業量や作業方法を自主的に決め,監督者の監視を受けないことなどに満足感を抱いた.また,自分たちが重要問題の解決に協力しているという意識が仕事への責任感や積極的な作業態度という変化をもたらしたのである.

継電器組立作業実験における能率の向上は,監督方法の改善からもたらされ,監督方法の改善は女子工員とのコミュニケーションからもたらされた.この事実に着眼したメイヨーらは,対従業員関係を改善するために大規模な面接を実施した.これは,面接実験 (the Interviewing Program) と呼ばれるもので1928年秋から1929年初めにかけて,ホーソン工場の全従業員4万人のうち,2万1,126人を対象に行われた.面接調査は従業員の労働条件,作業状況,賃金,昇進,クラブ活動,監督者の好き嫌いの6項目について質問をする形で実施された.しかし,従業員は個人的な不満や話題について話すばかりで,監督や人事管理についての従業員の考えを聞き取ろうとする面接担当者の目的は達成されなかった.ところが,この調査からは,個人が感情を述べる背後には社会的背景,すなわち会社の社会的組織,会社内の出来事,職場の人間関係,技術の変化,経営政策,などがあり,従業員の考え方は,かれらの生活全般の状況のなかで理解する必要があることが判明したのである.[5]

つまり,①従業員の行動は彼らの「感情」(sentiments) から切り離しては理解することができない.この感情という用語は日常用いられる言葉より広い意味をもち,「忠誠」「誠実」「連帯」などのニュアンスを含むものである.そして,②こうした「感情」は,そのまま直接に現れないで,容易に偽装されるとともに,無数の異なった形態をとって表現されるのである.[6]

このように,従業員の行動は彼らのおかれている全体的状況との関連においてのみ理解できる.すなわち,従業員の行動は次の2つの感情によって規

図表3-1 変化への行動反応

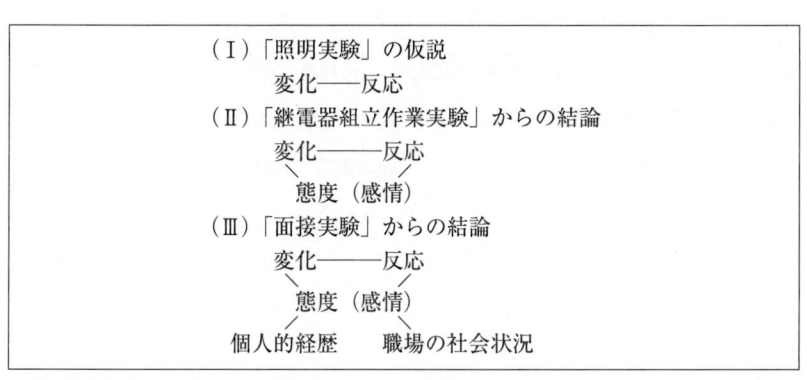

```
（Ⅰ）「照明実験」の仮説
        変化────反応
（Ⅱ）「継電器組立作業実験」からの結論
        変化────反応
         \      /
          態度（感情）
（Ⅲ）「面接実験」からの結論
        変化────反応
         \      /
          態度（感情）
      個人的経歴   職場の社会状況
```

出所）権泰吉（1984）『アメリカ経営学の展開』白桃書房：127

制されるのである[7]．

① その人間の社会的な位置づけ（social conditioning）ないし個人的な経歴（personal history）—過去の家庭生活や社会的交際を通じて個々人が現在の自分の職場に対して抱くに至った価値，希望，恐怖，期待などの感情．

② 作業における社会的状況—その人間が自分の所属している作業集団の同僚や上司との間にもつ感情．

このように，休憩，作業時間や賃金などの作業条件の変化が作業能率にどのような影響を与えるかを知るためには，休憩，作業時間などの個別の要素を孤立的に取り上げるだけでは不十分である．調査員たちの結論は，労働者の生産高の変化は，社会的行動（social behavior）の一形態としてとらえるべきであり，工場の社会的，集団的生活の全体的状況との関連においてとらえなければならない，というものであった[8]．

調査員たちの関心は「面接実験」を契機に，個人的行動から集団的行動に移ることになり，個人心理学的研究から社会・集団心理学的研究に移ることになったのである[9]．面接実験の成果を踏まえて，1931年11月から1932年5月まで，バンク配線作業観察実験（the Bank Wiring Observation）が行われた．

この実験の目的は，①面接実験の成果をさらに発展させること，および②会社の社会的集団に関するより正確な情報を得ること，であった．この実験は，バンク（差し込み式電話交換台）配線作業を行う14名の男子工員に対して行われた観察実験である．配線工9人，ハンダ工3人，検査工2人が選ばれ，集団的出来高払制度の下で，日常的な作業についての観察が行われた．その結果次のような事実が明らかになった．[10]

① 作業集団は会社側が期待するよりもかなり低い自主的な作業基準をもち，労働者たちがその基準に従って「生産高の制限」(restriction of output)を行っている．

② 集団の生産高記録に粉飾がある．

③ 品質記録が作業の実際の品質だけでなく，作業者と検査工との人間関係までも表現している．

④ 各人の生産高の相違が能力や熟練の差を正確に反映していない．

このような事実の背景には，彼らの行動を規制している「掟と規範」(codes and norms)が存在していることが判明した．この作業集団には以下の4つの感情が共有されていたのである．[11]

① 仕事に精を出しすぎてはいけない．さもないと「賃率破り」である．

② 仕事を怠けすぎてもいけない．さもないと「さぼり屋」である．

③ 仲間の誰かが迷惑するようなことを監督者に話してはいけない．さもないと「裏切り者」である．

④ あまりお節介であってはいけない．たとえば検査工であっても，検査工ぶってはいけない．

この集団の「掟と規範」は賃率の切下げを防ぐために，また割当作業量の増大やスピード・アップを防ぐために，そして仕事ののろい同僚を職長の叱責や解雇から守るために必要なものであり，能率の向上によって得られる金銭的利益よりも優先されていたのである．[12]「集団のなかで一番好かれる人物は，集団がきめた生産高を確実に維持していく人であり，そして，その人

は，集団内部において，自然に選ばれた指導者として，経営側から公式に権限を委譲された人よりも，はるかに大きな統制力を発揮していた」[13]のである．すなわち，企業の組織図によって示される公式組織（フォーマル組織）とは別に従業員の非公式な組織（インフォーマル組織）が形成されており，この非公式組織の「掟と規範」が作業能率に大きな影響を与えていたのである．

「バンク配線作業観察実験」の成果を踏まえ，①職場のインフォーマル組織，②インフォーマル組織における掟と規範，③インフォーマル組織の歴史，つまりその発生，成長，発展，消滅，④企業全体の技術的・経済的目的と矛盾するインフォーマル組織，⑤あるインフォーマル組織を全体組織から分離させるような社会的諸条件，などに関心が集まるようになり，研究が進められることになった[14]．

3.3 レスリスバーガーの人間関係論

ホーソン実験はメイヨーとレスリスバーガーによって主導されたが，精神科医であるメイヨーは産業心理学の立場から，その実験結果を「人間関係論」(human realations) の根本思想として提示した．しかし，メイヨーの記述した命題やホーソン実験の内容は，メイヨー自身ではなく，メイヨーの同僚たちによって体系化されていった．

レスリスバーガーは，ドイツの社会学者パレート (Pareto, V.) が提示した「社会システム」(social system) の概念を用いながら理論化を試みた．レスリスバーガーは，企業体を「技術的組織」(technical organization) と「人間的組織」(human organization) とに区分し，両組織が密接な相互作用，相互依存関係にあることを明らかにする．「技術的組織」は物的施設，工具，機械，原材料，製品などの体系であり，「人間的組織」は企業目的に向かって協力している人間関係の複合体であるが，企業を1つの社会的単位として捉える場合には，「人間的組織」の方が重要であると考える．

図表 3-2　レスリスバーガーの組織概念

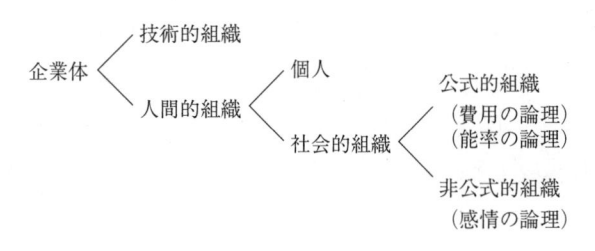

```
                ┌ 技術的組織
         企業体 ┤              ┌ 個人            ┌ 公式的組織
                └ 人間的組織 ┤                 │  （費用の論理）
                              │                 │  （能率の論理）
                              └ 社会的組織 ─┤
                                                │
                                                └ 非公式的組織
                                                    （感情の論理）
```

　レスリスバーガーによれば，「人間的組織」は「個人」(individual) と「社会的組織」(social organization) とに区分される．「社会的組織」は企業のなかで「個人」の日常的な交渉関係にもとづいて形成される組織であるが，これはさらに「公式的組織」(formal organization) と「非公式的組織」(informal organization) とに区分される．

　「公式組織」は企業によって明文化された管理システムであり，企業の経済的な目的を達成することを目指し「費用の論理」(logic of cost) と「能率の論理」(logic of efficiency) によって支配される．「非公式組織」は，企業のなかに自然発生的に形成されてくる組織であり，「感情の論理」(logic of sentiments) によって支配される．

　レスリスバーガーは企業体が「経済的機能」(economic function) と「社会的機能」(social function) の2つの機能をもつと考える．「経済的機能」は商品を生産し販売することによって利潤を得ることができるようにすることであり，価格や競争などに対応することであり，「対外的均衡」(external balance) を図ることである．「社会的機能」は協力する個人や集団の社会的欲求を満たしていくようにすることであり，「対内的均衡」(internal balance) を図っていくことである．「対外的均衡」と「対内的均衡」は，本来相互作用，相互依存の関係にあるが，従来はもっぱら「対外的均衡」に注意が向けられ，能率増進運動などのように，その研究は大きな発展を遂げた．レスリスバーガーは，「対内的均衡」の重要性を指摘し，その研究の必要性

図表 3-3　伝統的管理論と人間関係論の比較

区　分	伝統的管理論	人間関係論
展開された時期	1900年代～1930年代	1930年代～1960年代
人間観	機械的存在（経済人モデル）	感情的存在（社会人モデル）
従業員管理	経営者による徹底的管理	従業員の自発的行動を重視
人間組織	公式組織の重視	非公式組織の重視
価値基準	能率の論理	感情の論理
制度としての具体的成果	タスク管理，職能別組織など	提案制度，カウンセリング制度，福利厚生制度など
問題点	人間性疎外の現象	人間行動の動機への関心が希薄

出所）文載皓「人間関係論」佐久間・坪井編著（2002）『現代の経営管理論』学文社：112

を主張したのである．

　レスリスバーガーは，「技術的組織」と「社会的組織」の変化のスピードが一様でないことを指摘している[15]．「技術的組織」や「公式組織」は「社会的組織」や「非公式組織」よりも変化のスピードが速いのである．新しい機械の導入や新しい組織への移行は直ちに行われるのに対し，従業員によって形成される「感情」の変化は緩慢である．技術革新が行われると，従業員の間に形成されている社会的規範や慣行との間に摩擦が起き，従業員の不信や反対がもたらされることになる．

　人間関係論は，従来の人間や集団についての観念を大きく変えただけでなく，経営実践においても大きな貢献をすることになった．

　①従来の「経済人モデル」にかえて，「社会人モデル」が採用されるようになり，経営における人間的側面に大きな関心が払われるようになった．

　②レスリスバーガーは，人間の協働を確保することの重要性を指摘した．彼はそのための具体的制度については言及していないが，経営実践において，後に，従業員PR，提案制度，従業員参加，態度調査，人事相談制度，福利厚生活動などの人事管理制度が次々と導入されることになった．

3.4 おわりに

「ホーソン実験」は大きな成果をあげ，人間関係論として理論化され，人事管理理論のなかに導入され，実務のなかに適用されていくことになった．一方，人間関係論は行動科学としても発展し，リーダーシップ論などの新しい分野の研究が進められることになったのである．ここでホーソン実験で得られた成果をまとめてみることにしよう．[16)]

① 経営体における人間の生産能率を決定的に左右するものは，作業上の物理的諸条件ではなく，むしろ感情，気分，態度などの非合理的な，人間的な要素である．

② 労働者は安定した地位を見出し，共同の仕事達成に自分が重要であると感じることができるような人間的環境をもちたいと欲求し，これが思うようにいかないと自発的労働意欲を持続することができなくなる．

③ 労働意欲を持続的に高めるためには，人間関係を，内心の満足と安定感を確保できるようにする必要がある．

④ 労働者は職場における日々の協働において，互いに影響され合い，仲間意識を作り上げる傾向がある．

⑤ 労働者はこの仲間意識に規制されて，資本家にとっては非論理的，非合理的に見える行動をとる場合がある．

⑥ そこで，労働者集団のなかに形成されている，インフォーマル組織をとらえなければ，生産能率の向上は達成できない．

⑦ 科学的管理法の流れをくむ労働生理学者や産業心理学者は，この点を閑却して，生産能率の向上を物的なもののみに求めたため，産業不安を助長する結果になった．

人間関係論の成果は，実務の領域において，人事管理に応用されていくことになった．すなわち，職場におけるインフォーマル組織を認識し，そこにおける感情を把握し，そこに働きかけることによってモラール（勤労意欲）

を向上させ，能率の向上と利潤の増加を実現しようとした．そのための管理技術や管理制度として，勤労意欲調査，職場人事相談，提案制度，従業員PR活動，個人接触制度などが考案され，発展していったのである．[17]

人間関係論の研究成果は，1950年代以降，「後期人間関係論」ないし「新人間関係論」と呼ばれる研究領域へと発展継承されていった．グループ・ダイナミックス理論を確立したレヴィン（Lewin, K.）やリッカート（Likert, R.），アージリス（Argyris, C.）らは，リーダーシップ理論を発展させた．また，人間関係論は，いわゆる「経済人」モデルを否定し，人間の内的・心理的要因を重視したが，マズロー（Maslow, A.），マグレガー（McGregor, D.），ハーズバーグ（Herzberg, F.）らは，人間関係論のこの視点を重視し動機づけ理論を展開していくことになった．

注）
1) 権泰吉（1984：124）
2) 岡田和秀「メイヨー」車戸實編著（1987）『新版 経営管理の思想家たち』早稲田大学出版部：61
3) 三浦庸男「人間関係論と行動科学」佐久間信夫・大平義隆編著（2008）『改訂版 現代経営学』学文社：185
4) 同上稿：185
5) 同上稿：187
6) 篠原三郎（1978：26）
7) Roethlisberger, F. J.（1941：19-20＝1957：24-26）
8) 権，前掲書：127
9) 同上書：128
10) Roethlisberger, F. J. and Dickson, W. J.（1939：6-14）
11) *Ibid.*：522
12) Roethlisberger, *op. cit.*：82（前掲訳書：101）
13) 権，前掲書：129
14) 同上書：129
15) 篠原，前掲稿：30
16) 稲葉襄（1991）『企業経営要論』中央経済社：266-267
17) 同上書：268

◆参考文献

Roethlisberger, F. J. (1941) *Management and Morale*, Harvard University Press. (野田一夫・川村欣也訳, 1957, 『経営と労働意欲』ダイヤモンド社)

Roethlisberger, F. J. and Dickson, W. J. (1939) *Management and the Worker*, Harvard University Press.

稲葉襄 (1991)『企業経営要論』中央経済社

権泰吉 (1984)『アメリカ経営学の展開』白桃書房

篠原三郎「大恐慌と『人間関係論』」川崎文治・橘博・吉田和夫編著 (1978)『現代資本主義と経営学説』ミネルヴァ書房

第4章

ヴェーバーの組織論

4.1 組織論としてのヴェーバー官僚制論

(1) ヴェーバーにおける組織

 ヴェーバー（Weber, Max）はドイツの社会科学者であり，経済，社会，宗教，法，政治，方法論など幅広い分野にわたり多くの研究を残した．本章では，多岐にわたるヴェーバーの業績のうち，組織に関する研究を取り上げるが，それに先立ち，ヴェーバーが組織をどのような文脈で取り扱っていたかを確認しておく．

 第1に，ヴェーバーは，組織を単独の主題として研究したのではなく，経済，政治，宗教など，さまざまな領域に横断する現象として考察している．したがって，ヴェーバーにおける組織研究は，経済の分野における企業を典型とする組織ばかりでなく，国家機関，教会，軍隊，政党，研究機関など幅広い範囲に考察が及んでいる．

 第2に，組織を含むあらゆる主題が，比較文明史的に考察されている．すなわち，一方では，古代史，中世史にまでさかのぼりながら歴史的に考察され，他方では，西欧のみならず，アメリカやロシア，インドや中国などの東洋にいたるまで考察が及んでいる．組織の問題もそのなかでとらえられており，たとえば，近代的組織の比較対象として，前近代における政治組織や封建制における組織などが取り扱われている．

 第3に，上記2点とも関係することであるが，ヴェーバーにおける組織の考察は，近代的な構造を備えた組織だけでなく，組織に先立つ前組織的な社

会状態の考察も含むものである．いわば両者の連続的な把握といってもよい．そのため，組織という概念よりも，団体という概念をより多く用いている．そこにおいては経営（Betrieb）が中心的な概念としての役割を担っている．ヴェーバーにおいて経営とは，一定種類の継続的な目的行為を意味している．したがって，国家行政，宗教，研究活動，慈善活動などであっても，合目的な継続性という標識が当てはまる限り経営という概念に含まれる[1]．

なお，ヴェーバーにおいて組織（Organization）とは，団体の管理職が存在しており，秩序の実施と強制とを目指して継続的に行為している場合，団体の機関としてこのような行為が存在する事態を表しているとされる[2]．もっとも，ヴェーバーにおいて組織概念が用いられることはほとんどない．

(2) 組織論としての官僚制研究

ヴェーバーの組織論的研究は，官僚制研究が中心であり，主に，『経済と社会』の第1部第1章「支配の諸類型」および同書の第2部9章「支配の社会学」において論じられている[3]．『経済と社会』はヴェーバーが刊行を予定していた未定稿の遺稿集であり，ヴェーバー自身の手になる編成ではないため，その編成については議論のあるところである．いずれにせよ，第2部9章「支配の社会学」の方が古くに書かれた部分であり，第1部第1章「支配の諸類型」の方が新しく書かれた部分であることが知られている．それ以外に，『宗教社会学論集』第1巻「世界宗教の経済倫理・序論」において，官僚制を含むヴェーバーの理論構成の大枠が示されている．また，1918年の講演「社会主義」のなかでも社会主義との関係で官僚制が論じられている．

ヴェーバーの官僚制研究は，官僚制的組織のあり方に関する考察，および官僚制的組織と外部環境との考察の2つの部分からなっている．また，官僚制研究の全体は，さまざまな支配の比較文明史的研究という大枠のなかで構想されているものである．以上の順番で，次節以下，ヴェーバーの議論を見

てゆくことにする.

　官僚制（Bürokratie）という言葉は，普通の使い方としては，国家・行政における官僚制を指すのが通例である．しかし，ヴェーバーにおいて官僚制という用語は，国家や行政に限定されるものではなく，企業，政党，教会，病院，軍隊，研究機関，慈善事業なども，後述する特徴を備えてさえいれば，それは官僚制的組織として理解される．とりわけ，近代資本主義的大企業は，厳格な官僚制的組織の無比の模範であると理解されている．ヴェーバーにおいては，通常は公の官僚制的組織の構成員を示す官僚あるいは官吏という用語が，公的な官僚制的組織に限定されずに，民間の官僚制的組織も含めて用いられている．本章においても官僚制をそのような意味で用いている．

4.2 近代官僚制の特徴

　ヴェーバーは，最も合理的であり，身近で理解が容易な，近代官僚制から議論をはじめて，この近代官僚制と比較する形で他の形態の特徴を明らかにするという研究手法をとっている．また逆に，近代官僚制の特徴を描き出すために，随所で，前近代的な家産官僚制との対比を行っている．家産官僚制とは，形式的には近代官僚制と同様に階層制などの特徴を備えているが，自由な契約により任用される官僚によってではなく，身分的に非自由人たる隷属的家臣（家産官僚）によって編成されている場合をさしている．以下のヴェーバーによる近代官僚制の分析のなかには，現代社会からみると一見不必要に思われる議論があるが，それは比較文明史的方法によって「近代」官僚制の特徴を一層明らかにするためのものである．

　ヴェーバーは近代官僚制の特徴として主に以下の点をあげている．
　① 規則による権限＝職務の明確化の原則：権限（管轄）＝職務の範囲が規則によって定まっているという原則である．近代官僚制組織における通常活動は，職務上の義務（職責）として定まった形で割り振られ，義務

を果たすために必要な指揮命令権は同様に定まった形で配分され，この指揮命令権に伴い付与される強制手段も規則により限定されているという特徴を有している．

② 職務権限にしたがった業務の継続的経営：配分された職責が規則的かつ継続的に遂行され，これに対応する権限が行使される．そのために，職務内容に習熟した有資格者を任用するなど計画的な配慮がなされる．

　この2つの特徴的契機をもって，ヴェーバーは，近代官僚制の第一義的な成立とみている．定まった権限をもつ継続的な経営というものは，古代の政治組織や前近代の封建的国家組織においては，普通のことではなく，むしろ例外である．そこでは，重要な施策が個人的腹心や廷臣などを通じて行われたが，これらの者が受けた委任や権能は，明確に限定されておらず，個々のケースについて一時的に与えられるものであった．

　定まった権限をもつ継続的な経営という意味での官僚制組織は，政治的領域においては近代国家に至って初めて，経済の分野においては，資本主義の最も進歩した組織において初めて，完全な発展を遂げたのである．

③ 階層制および審級制の原則：階層性は，上級機関による下級機関の監督という形で秩序づけられた上下関係の体系が存在する．同時に，下級機関の行為や決定に不服のある者が，規定された形で上級機関に訴える可能性を提供するものでもある．この階層制的審級制の原則は，企業，政党，国家，教会など，あらゆる官僚制的団体においてみられる．この階層制が完全な発展をとげるとき，それは「独任制的」に秩序づけられることになる．独任制とは，合議制に対する概念であり，各機関が単独の者により構成されており，その1人の決定に基づき職務が遂行される場合をいう．権限に関する原則が貫徹されている場合，階層制的従属は，上級機関が下級機関の業務を単純に自己の手に移す権限をもつこと

を意味しない．上級機関は下級機関の業務を直接に担うことはなく，下級機関の権限に割り当てられている業務は，その機関を通じて遂行されなければならない．そのため，階層制のなかである機関が設置され，欠員が生じた場合は，あらたに誰かが任命される必要がある．

④ 専門性と専門資格による任用：職務の専門化は近代に特有なものであり，そのような専門化された職務の遂行には専門的教育ないし専門的訓練が前提とされる．そのため，近代官僚制において，官僚は試験または教育免状によって認定される専門資格にもとづいて任用される．試験または教育免状によって専門的訓練を受けたことを証明できる者だけが，官僚となりうる資格を有する者と認められ，官僚として任用されうるのである．したがって，選挙や輪番制や抽選という方法による任用は，近代官僚制的なあり方ではない．専門資格の範囲は，官僚制において拡大傾向にあるとされる．このような専門化の傾向が十分に発達するとき，文化的には，教養人から専門人へ移行すると見なされる．

⑤ 公私分離の原則：近代的な官僚制においては，職務活動の領域と，私生活の領域とが明確に分離される．すなわち，職務上の金銭・備品（資本）と官僚の私的財産（家計）とが原理的に分離される．また職場（事務所ないし役所）と私宅とが分離される．この場所の分離ということは，近代官僚制の成立において重要な役割を果たしている．さらに，管理職（官僚）およびその他の組織構成員は管理手段から完全に分離されるという原則が行われる．管理職は，現物の形にせよ貨幣の形にせよ，物的な行政手段を自分で所有してはおらず，必要なものは組織によって現物または貨幣の形で支給される．

⑥ 職位専有の排除：近代官僚制においては，世襲や売買による譲渡を許す職位の私物化（職位の「専有」）は行われない．したがって，世襲や売買による職位の獲得は認められない．

⑦ 文書主義の原則：審議や最終的な決定，あらゆる種類の処分や指令は

文書の形で行われ，記録・保管される．この文書と官僚による継続的経営とが合わさってオフィス（事務所・役所）が形成される．

⑧ 専業制，職業官僚：職務が完全な発展をとげるときは，職務活動は官僚の全労働力を要求するようになる（その場合も，拘束労働時間が限定されることはある）．典型的に官僚制的である官僚は，唯一のまたは主たる職業としての官僚，本職官僚なのである．かつては，業務を「兼職的」に処理するのが普通であった．

⑨ 任命制：純粋な型の官僚制的官僚は，上級機関によって任命される．選挙により選出された官僚から構成される階層制は，任命制と同じ意味での階層制としては存在しえない．選挙による官僚は，その地位を上級機関の判断に依存してはおらず，階層性的従属関係の厳格さが弱められるためである．

　また，選挙による官僚は，技術的側面からみて，官僚制機構の精確さを妨げるおそれがある．それというのも，任命による官僚に較べると，専門的な見地や資格によって選出される見込みが相対的に低いからである．そのようなことから，選挙による選出は，純粋に官僚制的な姿ではない．

⑩ 契約制：近代官僚制において，官僚は，自由な選択の結果，契約による任用を本質とする．前近代の家父長制において典型的にみられるように，身分的に非自由人たる隷属的家臣が，階層制的に編成されるなど形式的には近代官僚制と同様の仕方で機能しているような場合，ヴェーバーは「家産制的官僚制」と呼んで近代官僚制から区別している．

⑪ 貨幣定額俸給：官僚は，定額の貨幣俸給を受けるのが普通である．俸給は，労働者の賃金のように仕事量に応じて決まるのではなく，身分に応じて，つまり，階層制上での地位，責任の重さ，さらに時としては勤続年数に応じて決まる．　近代官僚制以前は，官僚への報酬は，実物給与や実物用益や課税権譲与という形がとられることが普通であった．

各々の特徴の間には次のような連関がある．①権限＝職務が定まっていること，②継続的経営，および③階層制が，近代官僚制的組織の中心的な原理である．①は専門化を意味し，④専門資格任用，および⑨任命制を要求する．②のためには，⑧専業性が要求され，それを達成するため⑤公私分離，⑥職位専有の排除，⑪貨幣定額俸給が要求される．また，②は⑦文書主義を相伴うものである．③にとっては，とりわけ⑨任命制が重要であり，また④専門資格任用や⑧専業性も要求される．現実の近代官僚制がすべての特徴を完全に備えているとは限らず，その達成度合いは相対的なものである．

4.3 近代官僚制成立の基盤

(1) 近代官僚制成立の社会的・経済的な背景

ヴェーバーは，近代官僚制が成立した社会的・経済的な背景に関して随所で考察を行っているが，本節では，管理業務の量的発達，管理業務の質的変化，物的経営手段の集中，官僚制的組織の技術的優越についてみておこう．

ヴェーバーによると，官僚制化の基盤は，何よりもまず，管理業務の量的発達にある．しかし，官僚制化の基盤として，それよりも重要なのは，単なる量的増大以上の，管理業務の質的変化である．すなわち，大規模事業の出現，および専門官僚を必要とする質的高度化である．たとえば，治水や通信・交通などの大規模事業は，精確性，統一性，継続性，専門性を備えた官僚制的組織による運用がなければ，大規模事業の成立もその維持もきわめて困難である．

次に，物的経営手段の集中＝官僚と管理手段との分離である．近代官僚制は，〈長〉の手中への物的経営手段の集中と相携えて発展する．これは，資本主義的経営の発展における，物的経営手段の集中と同様の現象である．経済の分野をみると，手工業時代には，生産者は原材料や道具という生産手段を自ら所有していたが，これが生産の機械化が進み資本主義的生産の時代に

入ると，各人が生産手段を所有するのは困難となる．いわゆる労働者と生産手段との分離である．これと同様のことが，近代において経済以外の分野でも進行する．国家行政，軍隊，研究機関，病院においても，構成員がその物的な経営手段を自ら所有することはなくなり，手段からの分離という現象が生じるようになる．典型的な官僚制的組織である軍隊においても前近代では武器装備は自弁であったが，機械戦という技術的必要から，近代的軍隊では武器装備は支給されるものとなる．

(2) 官僚制的＝独任制的な管理の技術的優越

官僚制的組織が進出する決定的な理由は，他のあらゆる形態に較べて，それが純技術的にみて優越しているという点にある．このことをヴェーバーは，機械による生産と機械によらない生産に例えている．

純粋に官僚制的な管理，すなわち官僚制的＝独任制的な管理は，合議制的または名誉職的・兼職的形態に較べると，精確性・迅速性・明確性・継続性・統一性などの点で，また計算可能性を備えている点で，最も合理的な支配行使の形態である．名誉職的兼職的形態の場合は，形式的には無償であるが，緩慢で不精確で不統一のため，任務が複雑なときは結果として費用が高くつき，任務が質的に高度化するとき処理能力の限界に達する．合議制的形態の場合は，意見の摩擦や妥協，多数派意見の急変や遅延が生じるため，できる限り迅速で，かつ，精確で一義的で継続的な職務処理への要求が高まるにしたがって，合議制は，独任制的な官僚制による管理に道を譲って急速に衰退していくとされる．

技術的優越性のうちでも特に重要な点は，職業的専門官僚による近代官僚制が，計算可能な規則にしたがって，「人物のいかんを問うことなく」，公正無私な (sachlich) 職務処理を可能とする点である．理想的な官僚は，怒りや興奮，憎しみや情熱など，個人的な動機や感情的な影響を排して，職責に基づいて，何人に対しても形式上平等に，その職務を遂行するものとされ

る.

　近代官僚制にとって,「計算可能性」は重要な概念である．完全な発展をとげた官僚制は，公正無私の原理の支配下にあるが，官僚制が「非人間化」されればされるほど，換言すれば，愛や憎しみ，および一切の純個人的な感情的要素，一般に計算不能なあらゆる非合理的な感情的要素が，職務の処理から排除されればされるほど，官僚は公平・中立な専門家となり，官僚制は相手により差別が生じることなく，ますます高い計算可能性を備えるに至るのである．

　最後に，近代官僚制が優越性を獲得した重要な手段として専門知識があげられる．官僚制的管理は知識に基づく支配を意味し，これこそが官僚制に特有な合理的な性格をなしている．また，官僚制が秘密主義となる傾向が含まれてもいるが，それは秘密のための秘密というよりは，むしろ知識を利用して勢力を高めたいという官僚制の勢力欲に由来するものである．

4.4 合法的（依法的）支配，伝統的支配，カリスマ的支配

　ヴェーバーは，支配の3類型として，合法的（依法的）支配，伝統的支配，およびカリスマ的支配をあげているが，近代官僚制は合法的支配の純粋な型であるとされている．そこで本節では，ヴェーバーにおける官僚制の位置づけを支配の3類型のなかで見てゆくことにする．

(1)「支配」概念

　ヴェーバーは，先ず，「支配 Herrschaft」の概念から説き起こしている．日本語で「支配」と訳し慣わされているドイツ語の Herrschaft は，日本語の通常の意味内容とは概念的に多少の違いがあるので注意すべきである．ヴェーバーによると，支配とは，「権威ある命令権力」あるいは「一定の命令に対して服従を見いだしうる見込み」と理解される．命令が事実上遵守されるという単に外形的な結果だけが問題なのではない．支配は，さまざまな動

機に基づいたものでありうるが，最小限の服従意欲があることが，あらゆる真性の支配関係の要件である．したがって，ヴェーバーにおける支配の概念は，「統治」に近い意味内容を含む「支配」としてみると理解しやすいだろう．

(2) 支配の構造

ヴェーバーによると支配は3種類の人びとから成り立っている．第1に，自らが最終的な命令権力をもつ単数または複数の〈長（Herr）〉，第2に，〈長〉の命令に服従し，支配の存立に個人としてみずからも利益を感じている一群の人びと（〈長〉の「装置」），第3に，被支配者である．支配の構造は，〈長〉の装置に対する関係，および，この両者の被支配者に対する関係，という2つの関係から成り立っている．〈長〉に対する装置の服従，および，この両者に対する被支配者の服従は，いかなる正当性の信念によって内面的に支えられているのかが問題となる．個々の動機に基づく服従，たとえば，利害計算に基づく服従は，比較的不安定なものだからである．ヴェーバーによると，命令が命令であること自体のために服従が行われる場合，服従を内面で支える正当性の原理は3つあると考えられる．

(3) 正当的支配の3類型

① 第1に，合法的（依法的）支配は，制定された規則の合法性，およびその規則によって支配の行使の任務を与えられた者の命令権の合法性に対する信念に基づいたものである．合法的（依法的）に制定された客観的で非人格的な秩序に対して，命令が形式的に合法である場合に，その範囲内において服従がなされる．服従は，規則（非人格的秩序）に対して行われ，〈長〉の人格に対したものではない．ヴェーバーはこの支配を合理的な性格のものであるとする．合法的支配は，国家・行政の領域に限られるものではなく，私企業にも当てはまることは，すでにみた通り

である．

② 第2に，伝統的支配は，昔から妥当してきた伝統の神聖性と，伝統によって権威を与えられた者の正当性に対する信念に基づいたものである．この場合，伝統によって与えられる〈長〉の権威に対して，服従がなされる．

③ 第3に，カリスマ的支配は，非日常的なものへの帰依，カリスマに対する信仰，すなわち現実の啓示やある人間のもつ天与の資質に対する信仰，あらゆる種類の救世主・預言者・英雄に対する信仰に基づくものである．この場合，カリスマ的な資格をもった指導者その人に対して，服従がなされる．

正当的支配の3類型は絶対的なものではなく，各々の間で多数の移行形態が認められる．カリスマ的支配は非日常性を基礎とするものであり，日常化すると伝統的支配または合法的支配へと移行することになる．この3類型の図式において，近代は伝統的支配から合法的支配への移行と理解することができる．

(4) 合法的支配の純粋型としての官僚制

官僚制的管理職による支配は，技術的にみて合法的支配の最も純粋な型である．もっとも，官僚制が，合法的支配の唯一の型であるというわけではない．輪番制・抽選制・選挙制の管理職制度，議会や委員会などあらゆる種類の合議制も，権限が制定された規則に基づいており，支配権の行使が合法的であるときは，合法的支配に属する．最も純粋な類型においては，管理職の全体は，独任制官僚（「合議制」に対する独任制）から成っている．独任制官僚は，客観的で非人格的な秩序にのみ服しており，支配者の人格や人的権威に服しているわけではない．たとえば，政治的官僚は，完全に発展した近代国家においては，支配者の個人的な召使いと見なされることはない．他方で，官僚制的装置は，ひとたび成立すると，この装置に固有な非人格性と相

まって，この装置の支配権を手に入れた人のためなら，誰のためにでも働くという，個人的恭順に基礎をおく封建的秩序とは逆の性質を有することになる．このように，官僚制は，合法的支配の純粋型としてそれ自体の特徴を有するとともに，合法的支配一般の特徴も有する．官僚制を合法的支配の一種として把握する場合，比較の対象として，伝統的支配およびカリスマ的支配もまた1つの組織類型として把握されるのである．

4.5 官僚制批判と現代

　ヴェーバーの官僚制研究以降，官僚制についての独自研究や，官僚制への批判的研究，官僚制の逆機能の研究など多くの批判的研究が行われた．

　ヴェーバーによると，官僚制の発展は，近代の成立と軌を1つにしている．すなわち，あらゆる領域における「近代的な」団体の発展（国家，教会，軍隊，政党，企業など）は，官僚制的管理の発展およびその不断の成長と同一のことであるとされる．換言すると，官僚制は近代の反映そのものである．

　官僚制批判は多々あるにしても，われわれはいまだ近代＝官僚制の時代に生きているのであり，官僚制がその歴史的役割を終えたわけではない．近代官僚制に対する正しい評価は，前近代との比較を踏まえた形で考えられるべきである．近代官僚制への批判が，前近代に獲得した近代官僚制の肯定的側面まで否定して，結果として前時代へと逆戻りする可能性がある．その際，ヴェーバーの合法的支配，カリスマ的支配，伝統的支配という3類型の図式は有益である．近代官僚制を特徴づけるものは，その合理的な性格である．「合理的」という言葉は，「人情の無い」「非人間的な」という意味に受け取られがちであるが，逆に，人々の真面目な労力が無駄にならないように，人々の行為が恣意的な気まぐれに左右されないようにという意味でもある．柔軟性の欠如とは，官僚制に対してたびたび指摘される批判であるが，柔軟性の確保が同時に合理性を犠牲とする結果となる場合，そのような議論の立

て方は素朴過ぎるというべきである．

　近代官僚制は，一方では，恣意的判断の排除を実現し，他方では，大規模事業にとって不可欠のものとなっている．ヴェーバーは，官僚制的組織に対抗する形態に対して，あらゆる継続的な仕事は官僚によってオフィスで行われているのだという事実を，片時も忘れてはならないと指摘している[4]．ヴェーバーの描き出す近代的官僚は，近代にいたって初めて成立した，職業人としての管理職層である．

　近代官僚制にたいして指摘される問題点は，そのまま近代官僚制の特徴でもある．したがって，真に近代官僚制の批判を完成させるためには，問題の指摘だけでは足りず，近代官僚制に取って代わるものが提示されなくてはならない．そして，それは同時に，近代を越えるものとなるであろう．

注）
1) 団体概念および経営概念については，Weber（1976：26ff.＝1987：74以下）
2) Weber（1976：154＝1970：133）
3) 本章の議論は主に以下の文献による．Weber（1976：122-176＝1970：3-205）；Weber（1976：541-579＝1960：3-142）；Weber（1947：267-275＝1972：84-96）；Weber（1924＝1982）；Weber（1922）Die drei reinen Typen der legitimen Herrschaft, *Preußische Jahrbücher*, CLXXXVII, in: Weber（1988：475-488＝1960：32-59）
4) Weber（1976：128＝1960：27）

◆参考文献

Weber, Max（1976）*Wirtschaft und Gesellschaft : Grundriss der zverstehenden Soziologie*, 5. Aufl., hrsg. von Winckelmann, Johannes, Mohr.（1. Aufl., 1922, hrsg. von Weber, Marianne）．（世良晃志郎訳，1970，『支配の諸類型』創文社；世良晃志郎訳（1960）『支配の社会学Ⅰ』創文社；阿閉吉男・内藤莞爾訳（1987）『社会学の基礎概念』恒星社厚生閣）
―― （1947）Die Wirtschaftsethik der Weltreligionen：Einleitung, *Gesammelte Aufsätze zur Religionssoziologie*, Bd. 1, 4. Aufl., Mohr（1. Aufl., 1920）．（大塚久雄・生松敬三訳，1972，『マックス・ヴェーバー―宗教社会学論選』みすず書房）

―― (1924) Der Sozialismus, *Gesammelte Aufsätze zur Soziologie und Sozialpolitik*, Mohr.（三沢謙一訳，1982,「社会主義」『世界思想教養全集18 ウェーバーの思想』河出書房新社）

―― (1988) Die drei reinen Typen der legitimen Herrschaft, *Preußische Jahrbücher*, CLXXXVII, in: ders., *Gesammelte Aufsätze zur Wissenschaftslehre*, 7. Aufl., Mohr (1. Aufl., 1922).（「正当的支配の三つの純粋型」世良晃志郎訳，1960,『支配の社会学Ⅰ』創文社）

第5章

フォレットの組織論

5.1 はじめに―フォレットの生涯と業績―

　メアリー・パーカー・フォレット（Mary Parker Follett）は，1868年9月3日，米国マサチューセッツ州ボストン郊外のクインジーに生まれた．経済的に恵まれたフォレットは，10代で在籍したセイアー・アカデミーで哲学を，20代で在籍したハーバード大学ラドクリフ校と留学先のケンブリッジ大学ニューナム校で政治学などを学んだ．そしてラドクリフ校に在籍中の1896年，最初の著作『下院議長（*The Speaker of the House of Representatives*）』を上梓した．

　1898年に同校を卒業したフォレットは，1900年頃からボストンで青少年の就職指導や職業紹介などの社会活動に没頭した．当時のアメリカは，第2次産業革命によるイノベーションに沸いたものの，労働条件の劣悪化や労使関係の危機，また青少年の就労問題などを抱えていた．また，レッセフェールの名のもとに人々から近隣社会や国家という意識が薄れつつあった．こうした状況を危惧したフォレットは，自らの社会活動を基に草の根レベルでの民主主義の在り方を問うた．それがフォレットの第2の著作『新しい国家（*The New State*）』（1918年）である．

　この頃から，フォレットは社会活動を通して著名な企業経営者と出会い，次第に経営の世界に興味を持ち始めた．『新しい国家』で抱いた「個と全体」の相互作用論的問題が，企業経営における組織と管理でこそ実践できるものと考えたフォレットは，心理学的知見を踏まえて第3の著作『創造的経験

(*Creative Experience*)』(1924年) を発表した．この書物は好評を博し，1925年，フォレットはメトカーフ（Metcalf, H. C.）に招かれてニューヨーク人事管理協会で報告の機会を得ることになった．その一部始終の講演録がメトカーフ＆アーウィック（Metcalf, H. C. & Urwick, L.）編集の『組織行動の原理 (*Dynamic Administration*)』(1940年) である．

ニューヨーク人事管理協会での7年間にわたる講演活動が終了した翌1933年の初春，フォレットにとって人生最後の仕事となる講演がロンドン大学で行われた（『自由と調整 (*Freedom & Co-ordination*)』(1949年) 所収）．そして同年12月18日，フォレットはボストンで65年の生涯を終えた．

フォレットの著作に共通しているのはプロセス思考である．フォレットの一生は，政治学的にいえば「人間-国家」の，経営学的にいえば「人間-組織」の相即的発展の方法の問いとその実践だった．

5.2 プロセス観の基礎——統合論——

人間とは何か．「全体の中で自分の場所を見出す」[1]ことを個性と考えたフォレットは，この哲学的な問いに，"他者との関係の中で主体性を得る存在"とでも答えるに違いない．この「関係人モデル」ともいうべきフォレットの人間観は，ドイツ観念論者フィヒテ（Fichte, J. F.）の自我論を基礎としている．フォレットによれば，人間は常に他者や近隣集団，そして地域社会と密接な関係をもっており，人間は相互作用を通して"他者との関係の中で主体性を得る"という"人間らしさ"を実感するのである．

このように，フォレットの人間観の起源はフィヒテを含むドイツ観念論哲学に求められるが，その後の思想形成の段階では実に多くの学問分野から知識を得ている．とくにジェームズ（James, W.）の機能心理学における「意識の流れ（the stream of consciousness）」という概念は，プロセス的人間観を組織と管理の問題に発展させた．また「全体はその構成要素によって決定されるだけでなく，それら構成要素の相互関係によっても決定される」[2]とす

るゲシュタルト心理学に機能心理学との類似性を認めたフォレットは，両者を基礎として，個と全体との関係性に注目した相互作用論を展開するのである．

それは次のような様相を示す．つまり，AがBに影響を及ぼすと，Bはそれによって変化し，その変化したBからの影響をAが受けるというものである．このように，ある活動が他の活動と結合し，またある傾向が他の傾向に条件づけられるような相互主体的な交織化（inter-weaving）のプロセスを，フォレットは円環的反応（circular response）と呼んでいる．このプロセスでは「あなた＋私」に反応する「私＋あなた」というように，AとBとの関係によって形成された全体性との相互作用も考えられている．[3]

この関係化の方法こそ，フォレット思想の中心概念である統合（integration）に他ならない．統合とはコンフリクト（conflict）の処理方法の1つである．争いではなく意見の相違を意味するコンフリクトには，統合を含めて3つの処理方法がある．[4] すなわち，抑圧（domination），妥協（compromise），そして統合である．抑圧は一方が他方を制圧することである．この3つの中では最も容易な方法であるが，抑圧される側は不満を持ちながら服従するので積極的な力は出てこない．よって効果的ではない．次に，妥協は相手側にわずかばかり譲歩するというものである．われわれの論争の解決策として最も多く用いられているものであるが，実際には妥協を望む者などいない．よって，長期的に見れば諦めたはずの欲求が再燃しがちであり，一時的な解決策にしかならないことが多い．そこで，フォレットは統合の重要性を主張するのである．統合は対立する両者がそれぞれ自分の主張を部分的にも全面的にも諦めることも譲歩することもなく，それぞれの側の欲求のすべてを満足させる解決策を見出そうというものである．しかも，統合は常に新しい価値を生み出すという創造的な性格をもっている．

フォレットは統合を実現させるための方策を2つ指摘している．1つは「差異の解明」である．[5] 相違点が何であるのか解らなければ統合は望み得な

い．フォレットによると，「差異の解明」は「欲求の再評価」を促し，ひいては，さらに高次の欲求を生じさせることにつながるという．もう1つは「欲求の分解」[6]である．これは「シンボルの検討」によって欲求の核心に迫ろうというものである．たとえば「旅行」という言葉は，ある人にとっては雪を頂く山々や寺院のシンボルであり，またある人にとっては友人に会うことのシンボルかもしれない．当事者にとって「旅行」という言葉は何のシンボルなのか．こうしたシンボルの相互検討と相互理解が統合への道を切り拓くという．

統合には「高度の知力，鋭い洞察力，相違に対する識別力および優れた創意工夫力」[7]が必要であるとフォレットはいう．統合は抑圧と妥協に比べると容易ではない．それでもわれわれは統合を実践しなければならない．なぜなら，人間の誠実（integrity）さは統合の実践の中に表れるからである[8]．

5.3 組織化のプロセス ―統一体論―

統合の実践に"人間らしさ"が表れると考えたフォレットは，個々人の機能（function）や活動（activity）が交織しているネットワークを組織とした．「各部分がうまく調整される，すなわち，各部分の関係が密接につながり，互いに調和を図りながら一緒になって動き，しかも各部分が互いに結び合い絡み合い関係し合って1つの単位体となっている」[9]ものを，フォレットは統合的統一体（integrative unity）ないし機能的統一体（functional unity）と称したのである．

まず統合的統一体は，個々人の価値が相互に浸透し合って集合的観念（collective idea）と集合的意思（collective will）を形成するプロセスに，次に機能的統一体は，個々人の機能が相互に関係し合って全体としての組織を形成するプロセスに注目している[10]．つまり，前者は組織の価値的な創造性を，後者は組織の機能的な関係性を捉えている．価値的な創造性と機能的な関係性を鍵概念とする2つの統一体は，決して静態的なものではなく，それ

自体，常に進展する動態的なものとして把握される．それゆえ，フォレットの組織観を表す言葉としてはネットワークがふさわしい．こうした統合的統一体ないし機能的統一体の性質として，フォレットは相互作用（interacting），統一体化（unifying），そして創発（emerging）の3つをあげる．[11]

(1) 相互作用：相互作用は「作用-反作用」や「刺激-反応」のような直線的反応ではない．その様は前述のように，AがBに影響を及ぼすとBはそれによって変化し，その変化したBからの影響をAが受けるというものである．さらにAとBは相互作用によって形成された全体状況とも関係し続ける．相互作用は円環的反応のプロセスでもある．

(2) 統一体化：統一体化は円環的反応によって全体性が形成されていくプロセスである．この統一体化には，価値が交織されるプロセス（統合的統一体）と，機能が交織されるプロセス（機能的統一体）との両面がある．その様は「相互作用による統一体化」であり，相互作用と統一体化は密接不可分の関係にある．

(3) 創発：創発は組織化のプロセスにおける創造的性格を意味している．統一体は，価値的にも機能的にも個々には還元できない全体性としての性質を有している．つまり，相互作用によって形成された統一体は，もはや部分の単なる総和ではない．

プロセスに注目するという観点は，フォレットの人間観と組織観に共通している．機能（function）を遂行する活動的存在である人間は，他者との交織化のなかで"人間らしさ"を実感し，他者や全体との持続的な交織化によって統一体としての組織を形成していく．その特徴は，相互作用，統一体化，創発という同時に進行するプロセス性にあった．それゆえフォレットの組織観は，いわば目的達成のための装置という静態的な「仕事の枠組み」ではなく，創り創られる動態的なネットワークであると考えられる．こうしたプロセス的な組織観によって，フォレットの基本的スタンスである「人間-組織」の相即的発展の可能性が拓けてくる．

5.4 組織化のプロセスと管理

(1) 統制と調整

　組織を動態的なネットワークと捉えたフォレットは，その組織化のプロセス―相互作用，統一体化，創発―を同時に管理のプロセスと捉えた．そこでフォレットは，新しい管理観として統制（control）に注目し，その本質を調整（co-ordination）に見出すのである．[12] ただし，統制の担い手は管理者だけではない．統一体の形成に関与している者はすべて統制の主体であると考えられる．したがって，組織化のあらゆる場面で調整は行われる．

　フォレットが「組織の原則」あるいは「統制の原則」と呼んだ調整は，次のようなものである．[13]

(1) 関連している責任ある人たちの直接的接触による調整
(2) 初期の段階における調整
(3) 状況にあるすべての要因を相互に関連づけるものとしての調整
(4) 継続しているプロセスとしての調整

　第1の原則は，「関連している責任ある人たちの直接的接触による調整」である．フォレットは，企業経営の最大の弱点として部門間の関係の希薄さを指摘し，従来の垂直的管理に水平的管理を加えることの意義を強調する．顧客の要求がラインをさかのぼって全般管理者のところに行き，それからラインを降って各部門担当者に伝達される縦の関係に，各部門担当者が直接接触できるような横の関係（cross-relations）の制度化を主張するのである．[14]

　第2の原則は，「初期の段階における調整」である．これは第1の「直接的接触」が早い段階で始まらなければならないことを意味している．たとえば，全般方針と部門方針を設定する場合，各部門ですでに決定している諸方針をもち寄ったのでは，彼らは往々にして"政治的に"行動する傾向があるため，部門間の調整は困難を極めてしまう．よって，全般方針と部門方針との設定と調整は，初期の段階から同時に行わなければならない．[15]

第3の原則は,「状況にあるすべての要因を相互に関連づけるものとしての調整」である．この原則は，第1の「直接的接触」と第2の「初期の段階における調整」に関わっている．全般方針と部門方針との設定と調整が,「初期の段階」から「直接的接触」によって実施されるならば，加算的全体（additional total）ではなく関係的全体（relational total）としての全体的関連性（total relativity）が形成されやすい．

　そして第4の原則は,「継続しているプロセスとしての調整」である．調整のプロセスでは絶えず新しい要素がその状況に入ってくるため，調整すべき事象は常に変化している．よって，調整は一時的・断続的ではなく連続的・継続的なプロセスでなければならない．

　こうした調整は,「事実による統制（fact control）」と「集合的統制（collective control）」によって図られる[16]．「事実による統制」と「集合的統制」は，人間による恣意的なものではなく，諸機能の交織とともに進展する状況から要請されるという性質をもっている．

(2) 権限と責任

　いわゆる伝統的組織論では，権限および責任の委譲を通して組織構造が上から下へと形成されていくという形で組織を捉える．このように権限を「上から与えられたもの」とする考えは，組織を権限委譲の論理によって把握する方法になり，逆にその源泉をさかのぼれば究極的には取締役会から株主総会，さらには私有財産権という社会制度を通じて社会から付託されたものであるという意味で，それは「専断的権限（arbitrary authority）」につながる．こうした権限概念を否定し，権限はあくまでも機能（function）に付随するものであるとフォレットは主張するのである[17]．伝統的組織論の上位権限説ないし法定説に対して，これは機能（職能）説と呼ばれる．さらにフォレットは,「専断的権限」に代えて，上位者の権限は，本来，各職位のもとにある権限を交織させたものであるとする「累積的権限（cumulative authority）」

の考え方を強調するのである[18].

　同様のことはフォレットの責任論でも確認できる．経営者の決定は1つのプロセスにおける一瞬の出来事であり，「最終責任」という言い方は「最終権限」と同じように錯覚に過ぎない．トップマネジメントは最終的な意思決定を下すシンボル的な存在だが，その決定に至るまでには多くの関係者の権限と責任が積み重なっている．こうして，責任に関しても「累積的責任(cumulative responsibility)」という考え方が示される[19].

　要するに，フォレットの権限論と責任論は，「上からの権力(power-over)」ではなく「共にある権力(power-with)」を特徴としている[20]．フォレットによれば，権限は人々を発令者と受令者という2階級に分割することから生じるのではない．あくまでも組織化のプロセスから生じるものなのである．

(3) 状況の法則

　命令の授与の場面でフォレットは次のようにいう．「人間が人間に命令を与えるべきではなく，双方とも特定の状況から命令を取り出すことに同意すべきである．もし命令が状況の1部分になっていれば，ある者が命令を出し，ある者がその命令を受けるといった問題は起こらない．なぜなら，両者とも状況によって与えられる命令を受容するからである」[21]．状況とは組織化のプロセスにおける関係性の1局面である．その状況は関係性の全体を反映するため全体状況と把握され得る．

　これに関してフォレットは，ある状況から次の状況へと進展するプロセスの趨勢を「状況の法則(low of the situation)」と呼び，組織構成員が"それに従う"ことで「命令の非人格化(depersonalizing orders)」が実現すると指摘した[22]．たとえ，上位者が下位者に対して一方的に命令しているようにみえる場合でも，実際には上位者と下位者による状況の認識が行われている．この論理によれば，下位者が上位者に盲目的服従を強いられるという現象は起

こらない．なぜなら「状況の法則」に従う限り，受け入れられない命令は発令されないからである．

「状況の法則」に従う「非人格化」は，同時に「再人格化（repersonalizing）」の問題でもある[23]．状況が変われば人間の活動も変化する．これが「再人格化」である．つまり，「状況の法則」は状況自体から命令を受け取るという「非人格化」と同時に，状況とともに人間の活動も変化するという「再人格化」を実現させる．フォレットは，そこに人間の成長を見出すのである．

ただフォレットの管理思想は，規範性や形式性を指摘されることがある．しかしながら，権限と責任を「状況の法則」の概念との関わりから「非人格化」と「再人格化」の問題として論じるフォレットの場合，組織における人間の主体性を十分に意識し，その可能性を正面から捉えていると解される．フォレットは，何であるか（what is）でも，何であるべきか（what ought to be）でもなく，何である可能性があるか（what perhaps may be）を考えていた[24]．統合を方法とする統制ないし調整は"何である可能性があるか"．フォレットの管理思想は規範論でも形式論でもなく，組織を生きるプラグマティストたる人間の実践論に他ならないのである．

5.5 管理者の役割とリーダーシップ

フォレットは自己統制（self control）という管理観を有するものの，管理者そのものの存在を否定しているわけではない．むしろ，組織化のプロセスにおける統制の担い手として，管理者（chief executive）の役割を積極的に指摘するのである．それは「調整」，「目的の明確化（definition of purpose）」，そして「予測（anticipation）」である[25]．

第1の「調整」は，前述のように相互作用，統一体化，創発という組織化のプロセスをいかに促進するかの問題である．その際に，管理者は喚起（evoking）と放出（releasing）を重要な任務としている[26]．管理者は相互作用

を行う個々人の知識と経験を上手に引き出し，個々人を自己統制し得る人材に育成していかなければならない．その意味で，管理者は教育者でもある．

第2の「目的の明確化」は，組織の全体目標と部分目標との関連を人々に自覚させるものである．共通の目的は「見えざる管理者（invisible leader）」として組織の結束力を高め，組織構成員の自己統制を促すことにつながる．[27]

そして第3の「予測」は，進むべき組織の方向性を見極めることである．優れた管理者は状況の移り行くプロセスを見極める能力に長けているという．これは「状況の法則」を発見する能力に他ならない．ここで注目すべきは，予測が単なる状況適応ではなく，状況創造の意味を含んでいる点である．つまり，予測は分析的ではなく創発的な性格をもつ．

状況の創造者たる管理者には，認知力，想像力，洞察力，そして勇気と信念が求められる．[28]「管理者は何が社会にとって良いことなのかを理解しなければならない」[29]とフォレットはいう．状況は当該組織を超えて社会全体の価値規範をも含んだものでなければならないのである．こうした点にフォレット思想の社会性を確認することができよう．

5.6 おわりに
―経営組織論史におけるフォレットの位置と意味―

フォレットが経営学的な世界で活躍する1920年代は，科学的管理法の賞賛と批判，そして人間関係論の生成の時期に当たる．作業の合理化を図る管理方法はフォード（Ford, H.）らの企業経営によって有効性が認められ，さらなる「作業の科学」を求めて出発したホーソン実験は，期せずして社会的な人間の姿を確認させてくれた．こうした1920年代に，フォレットは，「作業の科学」を成し遂げたテイラーに影響されて「人間協働の科学」を構想したのだった．ただし，「状況の法則」の概念に基づく「人間協働の科学」は，主観的ゆえに科学とは言い難く，むしろ哲学に近い．レン（Wren, D. A.）が指摘するように，フォレットは経営哲学者だった．[30]

また，当時の経営組織に関する研究は仕事の担い手たる人間を動かすべく，職務の合理的構成が焦点となっていた．そこで組織は「仕事の枠組み」と捉えられ，いわば組織編成論として静態的な構造的側面に目が向けられた．これに対してフォレットは，組織を活動のネットワークとして捉え，動態的な協働の営みに焦点を当てた．

静態的な構造ではなく動態的なプロセスに注目したフォレットの組織論は，のちにバーナード（Barnard, C. I.）やワイク（Weick, K. E.）らに影響を与えた．「組織の動態的要素に優れた洞察力をもっている」[31]とフォレットを評するバーナードは，組織を「2人以上の人々の意識的に調整された活動，または諸力のシステム」[32]と定義し，実体としての「協働システム」との対比で組織を「活動のシステム」と把握した．また，組織の本質を「組織化（organizing）」にあるとするワイクは，「センスメーキング（sensemaking）」という独自の概念と，フォレットの「関係づけ」という組織観との類似性を指摘している[33]．伝統的組織論の時代に生きながらも，一貫して組織をプロセスとして捉えていたフォレットは，まさに動態的組織観のパイオニアであるといえるだろう．

注）
1) Follett, M. P.（1918 : 65＝1993 : 63）
2) Metcalf, H. C. & Urwick, L.（1940 : 185-186＝1972 : 256）
3) Follett, M. P.（1924 : 62-63）
4) Metcalf, H. C. & Urwick, L.（1940 : 31＝1972 : 43）
5) *Ibid*.（1940 : 38-39＝1972 : 54-55）
6) *Ibid*.（1940 : 40-42＝1972 : 57-60）
7) *Ibid*.（1940 : 45＝1972 : 64）
8) Follett, M. P.（1924 : 163）
9) Metcalf, H. C. & Urwick, L.（1940 : 71＝1972 : 101）
10) 三井泉（2009 : 109）
11) Metcalf, H. C. & Urwick, L.（1940 : 198＝1972 : 273）
12) *Ibid*.（1940 : 296＝1972 : 407）

13) *Ibid*. (1940: 297=1972: 408)
14) Graham, P. (1995: 186-187=1999: 221)
15) Metcalf, H. C. & Urwick, L. (1940: 298=1972: 409)
16) *Ibid*. (1940: 295-296=1972: 406)
17) *Ibid*. (1940: 205=1972: 283); Graham, P. (1995: 152-153=1999: 182)
18) Graham, P. (1995: 148-149=1999: 176-177)
19) Metcalf, H. C. & Urwick, L. (1940: 154-160=1972: 215-223)
20) *Ibid*. (1940: 101=1972: 142)
21) *Ibid*. (1940: 58-59=1972: 83-84)
22) *Ibid*. (1940: 58-64=1972: 83-91)
23) *Ibid*. (1940: 60=1972: 85)
24) *Ibid*. (1940: 34=1972: 48)
25) *Ibid*. (1940: 260-266=1972: 357-366)
26) *Ibid*. (1940: 197-198=1972: 273)
27) Graham, P. (1995: 172=1999: 204)
28) *Ibid*. (1995: 170, 174=1999: 202, 207)
29) Metcalf, H. C. & Urwick, L. (1940: 264-265=1972: 363-364)
30) Wren, D. A. (1994) *The Revolution of Management Thought*, 4th ed., John Wiley & Sons, Inc.: 259-260. (佐々木恒男監訳, 2003, 『マネジメント思想の進化』文眞堂: 286-287)
31) Barnard, C. I. (1938) *The Functions of the Executives*, Harvard University Printing Office: 122. (山本安次郎・田杉競・飯野春樹訳, 1968, 『経営者の役割』ダイヤモンド社: 128)
32) *Ibid*. (1938: 81=1968: 84)
33) Weick, K. E. (1995) *Sencemaking in Organizations*, Thousand Oaks: Sage: 32-34. (遠田雄志・西本直人訳, 2001, 『センスメーキング イン オーガニゼーションズ』文眞堂: 42-46)

◆ 参考文献

Follett, M. P. (1918) *The New State: Group Organization the Popular Government*, Longmans, Green and Co. (三戸公監訳・榎本世彦・高澤十四久・上田鷲訳, 1933, 『新しい国家―民主的政治の解決としての集団組織論』文眞堂)
―― (1924) *Creative Experience*, Longmans, Green and Co.
Graham, P. (1995) *Mary Parker Follett-Prophet of Management*, Harvard Business School Press Classic. (三戸公・坂井正廣監訳, 1999, 『M. P. フォレット―管理の予言者』文眞堂)
Metcalf, H. C. & Urwick, L. (1940) *Dynamic Administration: The Collected*

papers of Mary Parker Follett, Bath Management Trust.（米田清貴・三戸公訳，1972，『組織行動の原理』未来社）
Tonn, J. C.（2003）*Mary P. Follett*, Yale University Press.
三井泉（2009）『社会ネットワーキング論の源流―M. P. フォレットの思想』文眞堂
三戸公・榎本世彦（1986）『経営学―人と学説―フォレット』同文舘出版

第6章

バーナードの組織論

6.1 はじめに

　バーナード（Barnard, C. I.）の組織論は，社会学や哲学などの影響を強く受けており，また，企業組織のみならず社会のさまざまな組織一般に通用する理論として論じられているため，他の経営学の理論と比較すると，かなり抽象的な表現が多い．バーナード組織論は，一見極めて論理的で難解なように思えるかもしれない．しかし，バーナード自身の豊富な管理者としての体験を基礎にした理論であり，われわれが社会生活のなかで得る経験や実感から隔たったことを述べているものではない．

　バーナードは，ニュージャージー・ベル電話会社の社長を2度務め，また，政府機関であるニュージャージーの緊急救済局の理事を務めた．第2次大戦中は出征兵士のためにサービスを提供するUSO（米軍慰問協会）の立ち上げと運営に携わった[1]．産業界と行政機関において，第一線の管理者として組織に貢献した経験を通じて，バーナードは組織と組織に参加する人びとへの関心を抱き続けた．そして，自身の豊富な管理者としての経験や，人間と組織に対する考察を，一般化・理論化しようと試みたものが，バーナードの組織論である．

　本章では，バーナードの主著『経営者の役割』（The Functional of the Executive）の内容を中心に，バーナードの組織論における個人と組織の捉え方についての種々の概念について，基本的な事柄を学習する[2]．

　バーナードの組織観・人間観は，経済学におけるものや科学的管理論にお

けるもの，また，法学などが前提とするものとは異なっている．バーナードの組織論は，まず人間および人間行動を分析し，人間活動の体系から組織とは何かを問い直す研究を行うところに特徴がある[3]．もっとも，人間の分析を行うといっても，それは哲学的な意味での「人間とは何か？」といった問題に迫ったわけではなく，バーナードは組織研究を行う上での枠組みとして，組織で働く人間についての考察を行った．組織に所属し，命令に従い，他者と協力しながら働く人間は，表層的には受け身な存在に見えるかもしれない．また，科学的管理論では，職務を遂行する人間は，命令を受けて作業するという，受動的な存在として認識される傾向にあった．しかしながら，バーナードの人間観はそれとは異なり，組織において働く人間を能動的かつ積極的な存在として捉えるところに特徴がある．

　バーナードは，人間を自由意志と選択力と決定能力をもつ自律的存在として捉えた[4]．自我意識が全くなく，自尊心に欠け，自分のなすことが重要でないと信じ，何事にも創意をもたない人間は異常かつ病的な存在であり，このような人間は協働には適さないとバーナードは述べている．同時に，バーナードは個人の選択力や自由意志を過大評価することも誤りであると述べている．個々人の選択力には限界があり，しばしば，実行不可能な命令を受ける場合がある．このような場合は，意識的に反抗しているのではなく，命令に服従できないのである．しかし，管理者はしばしば意識的な反抗であるとみなしてしまう．このような誤解は，管理者が人間の自由意志や選択力を過大評価したことから生じるものである．自由意志について誤った認識をもつことは管理活動の失敗の主要な原因となる．

　「人間に自由意志があるか／ないか？」という問題は，本来は哲学・思想や倫理学の扱う領域であり，古来より洋の東西を問わず人間の関心を集めてきた事柄である．本来は経営学において議論すべき事柄ではないのだが，自由意志を認めないことにはバーナードの組織論は成り立たない．組織において努力を提供する人びとは，命令に機械的に従ったり，組織に無条件に服従

しているわけではない．(たとえ嫌々やっている仕事であっても) 各人の自由意志に基づいて組織に参加し，自らの意志によって努力を提供していると考えることが，バーナードの組織論においてもっとも重要かつ基本的な視点なのである．

6.2 バーナードの理論における「有効性」と「能率性」

　バーナードの理論において用いられる「有効性」と「能率性」という用語は，他の分野（たとえば生産管理など）で用いられる場合と異なる．

　人間は，動機を満たすために目的を設定するが，バーナードの理論では，「目的」の設定とは選択を限定する試みであると捉える．「目的」を達成するために人間はさまざまな行動を行うが，たいていの場合，行為は意図しない結果をもたらしたり，求めもしない結果を伴う．

　行為が特定の望ましい結果をもたらすならば，「有効」的である．また，目的達成の過程で不満足が少なく，求めていない結果がささいなものならば，「能率」的である．つまり，「有効性」とは「目的」に近づけるかどうかということを意味している．目的達成のためのさまざまな活動のなかで，人は楽しいことだけをするわけではなく，犠牲を強いられたり，嫌なこともしなければならない．「能率性」とは，そのような負担や犠牲が少ないか多いか，また，目的達成以外の報酬（やりがいなども含む）が多いか少ないか，ということを問題にしている．この2つの尺度は個人行動のみならず協働・組織行動においてもあてはまるものである．「有効性」と「能率性」は明確に区別されなければならない．たとえば，目的達成の程度が高いが，努力を提供した個々人が不満を抱いているなら，その行為は「有効的」だが「能率的」ではないということになる．

　人間の意識的な行動とその結果において「有効性」と「能率性」の両者を区別することができる．だが，複数の人間が協力して仕事を行う場合に，両者を区別することはますます重要になる．多くの場合，組織の（共通の）

「目的」と，組織に参加する個人の利害とが，一致しないからである．

6.3 協働体系

　1人では動かすことのできない大きな石を動かしたい場合，「石が1人の人に対して大きすぎる」ことが問題となる．1人の人間の力は限界があるが，2人以上の人びとが一緒に働く場合の力は，1人の人間の力に勝る．人間の能力は限定されているのだから，それを克服するために協働的な社会行為を行うわけである．バーナードの組織論では，1つ（あるいはそれ以上）の明確な目的のために2人以上の人が協働する体系を協働体系と呼ぶ．体系というのはシステムのことであり，ある目的のために複数の要素を有機的に結びつけることを意味する．ただし，たとえ石を動かすために他人の助けを借りる場合であっても，「目的」は個人的なものではなくなってくる．協働するということは，個人が，集団的・非個人的な「目的」を受け入れなければならない．その際に，協働がどの程度，持続するかということは，協働体系の「目的」をどの程度まで達成できるかどうかという「有効性」だけではなく，個人的な満足・不満足を左右する「能率性」に関わってくる．

　協働体系の「能率性」を維持できるかどうかは，個人的満足を提供することができるかどうかを意味する．個人が協働の「目的」を達成するために努力を続けるかどうかは，個人の動機が満たされるか否かに関わってくる．個人的な動機が満たされないと，個人は目的達成のために努力することをやめてしまうことになる．協働体系の能率は，個人の動機を変えたり，適切な動機をもつ人と交代させるか，個人に成果を分配することによって維持できる．この成果は，物質的な場合（お金や食べ物など）もあれば社会的な場合（名誉や自尊心など）もあり，その両方の場合もある．

6.4 公式組織

(1) 公式組織の要素

　バーナードの理論における公式組織とは，少なくとも1つの明確な「目的」のために2人以上の人びとが構成する，意識的に調整された人間の活動や諸力の体系のことである．バーナードは組織の概念を抽象化・一般化しようと試みていたのであり，この定義は，企業のみならず，教会，家族，さらには国家などにも適用できるものである．公式組織の要素は，「貢献意欲」・「目的」・「伝達」の3つである[5]．

　「貢献意欲」とは，団結心や組織力，ないし，忠誠心といった言葉で日常的に表現されているものである．協働する人びとが，自分たちの行為によって組織の目的達成のために貢献する意欲をもつということである．ここでの意欲とは，克己ということを意味するだけでなく，人格的行動の自由を放棄するということを伴い，自らの行為の制御を他人に委ねるということである．そのため，「貢献意欲」には個々人でかなりバラツキがある．積極的な意欲をもつ者は実際には少数である場合が多く，多数は中立的な意欲の者であったり，それどころか，反抗・憎悪といった感情をもつ者もいる．どんな組織においても，すべての個々人の協働意欲の合計は不安定なものとなる．

　次の要素の「目的」であるが，「人と関わりたい」といった漠然とした動機をもつ場合は別として，「目的」なしには協働意欲は発展しない．「目的」は明示されない場合もあるし，言葉で明確に表現できない類のものである場合もある．明示されない場合は，活動の方向性とか，あるいは活動の結果によって「目的」が推察される．また，「目的」が与えられても，それが努力を提供してくれる人々に容認されなければ協働意欲を引き出すことはできない．「目的」には客観的な側面と主観的な側面がある．「目的」の客観的な側面とは，組織全体にとって「目的」がもつ意味ということになる．しかしながら，組織の「目的」を組織に貢献する各個人がどう解釈するか，どのよう

な意味をもつかについては個人差が出てくる．このような相違は，たとえ利害がからんでいなくとも争いの元となる．「目的」の理解において，各人が明確な相違をもたない場合のみ，「目的」は協働体系の一要素として役に立つこととなる．組織の「目的」が本当に存在しているか否かということよりも，それが組織に貢献を提供している個々人に信じ込まれているかどうかということが重要になる．共通の「目的」が存在しているという信念を組織に参加している人びとにうえつけることも，管理者の重要な役割となる．しばしば，組織の目的と，組織に参加する個人の動機は，「同一である」，あるいは，「同一であるべきだ」とみなされてしまうが，このようなケースはほとんどない．

「伝達」は3番目の公式組織の要素である．共通の「目的」は組織に参加し，努力を提供する人びとに知らされなければならないが，そのためには何らかの方法で「伝達」されなければならない．言葉だけでなく，人びとに対する誘因の提供も「伝達」を行う手段となる．言葉による「伝達」，つまり，口頭や書面などによるものが「伝達」の中心となるが，単純な内容であれば，一見してわかる動作や行為だけでも十分である．さらに，「以心伝心」は現代においても重要な「伝達」手段となる．「以心伝心」は，言語では表現できない場合や，言語を使う人びとの言語能力に差異がある場合に有効である．[6]「以心伝心」は状況のみならず，意図・意向までも伝えることができるからである．しかしながら，「以心伝心」を有効に機能させるためには，（組織の他の人々と共通した）経験や訓練の蓄積，また，比較的長い期間を通じた交際・連帯が必要である．共通の経験や知識などの蓄積によって，組織を担う人びとの間に，共通する知覚や反応が生まれるようになるためである．

(2) 公式組織の存続

公式組織が存続し続けられるか否かは，「有効性」と「能率性」にかかわ

ってくる．まず，「有効性」であるが，これは「目的」をどの程度達成できるかどうかということである．組織は「目的」を全く達成できない場合には崩壊してしまうが，また，「目的」を達成した場合においても解体することとなる．事業会社などの継続的な組織は，新しい「目的」を繰り返し採用することによって存続している．たとえば，自動車会社において，「自動車をつくる」という目的は一見すると普遍的なものに思えるかもしれないが，ある特定の「自動車をつくる」という「目的」は絶えず更新し続けられている．

次に，「能率性」であるが，ここでの能率は機械や生産の効率が良いか悪いかといった意味ではなく，組織に貢献する個々人の動機を維持できるか否かということである．個々人が努力を提供することを辞めてしまえば，組織は崩壊する．公式組織の能率は，努力を提供する人びとに誘因を提供しつづけることができるか否かということにかかわる．誘因とは，ある事柄を誘い出す原因であるが，この場合は，個人から組織に努力を提供してもらう背景や原因にあたるもの，という意味である．具体的には賃金などの物質的誘因を与えることが多いが，長期間，組織を存続させるためには非物質的な誘因が必要になる．芸術や科学といった非経済的な目的をもつ組織の場合，非物質的な誘因が極めて重要であることは自明である．それだけでなく，産業会社など，純粋に経済的な事業の場合においても，技能や仕事に対する誇りといった，非経済的・非物質的な誘因が必要になる．誘因，および，説得については後で詳しく説明する．

(3) 公式組織における非公式組織の役割

非公式組織とは，（共通目的ではなく）個人の目的によって動機づけられた相互行為が反復することによって生まれる組織のことである．人びとは，いずれの公式組織に支配されていない時でも，他人と接触し，また，他人と相互に作用しあっている．関連する人びとの数は，２人から大群衆に至るまで

さまざまである．非公式組織は人びとの思考や行為に大きな影響を及ぼす．公式組織のなかにおいても，さまざまな個人的なつながりや無意識的に生まれた仲間など，非公式組織は広く観察される．

公式組織の効果的な運営には非公式組織を必要とする．公式組織は非人格的な「目的」をもつものであり個人が圧倒されないような領域を残さねばならない．つまり，公式組織のなかで個々人が自尊心や自由や人間らしさといった類のものを保つために非公式組織は役に立つのであり，公式組織が健全に機能するためにも非公式組織が必要なのである．また，非公式組織には，公式組織における命令や情報の「伝達」を助ける役割がある．良好な非公式組織が存在していれば，公式組織の決定はすでに皆の同意が得られたことを確認する程度のものとなる．公式組織の決定によって人びとに対立が生じるのを避けることができ，意見の不一致も非公式組織を通じて解決できる．さらに，非公式組織が醸成する仲間意識や共通感には，後に詳しく述べる「無関心圏」を確保する機能がある．

6.5 誘因と説得の方法[7]

(1) 誘因

誘因について，以下のように，バーナードはかなり広い範囲のものをとりあげている（①以外はすべて非物質的な性質をもつ誘因である）．

① 最も基本的なものは，報酬として貨幣やモノなどを与える物質的誘因である．しかし，生活に必要なものが満たされると，物質的誘因の力は弱くなっていく．衣食住が満たされた人びとの動機を維持するためには，物質的誘因のみでは不十分で，説得するか，他の非物質的な誘因を提供しなければならなくなる．

② 個人的かつ非物質的な誘因として，優越・威信・支配的地位などの獲得が挙げられる．これらは商業的な目的をもつ組織においても極めて重要なものである．（衣食住が十分な人に対しての）貨幣による報酬は，物

欲を満たすためというよりは，威信や栄誉，あるいは社会的承認の獲得という点において重要となる．栄誉や優越が保証されていれば，短期間，報酬が削減されてもあまり問題とならない．逆に，報酬を高くしても，それが威信や栄誉の低下を伴うものであれば誘因としての効果はほとんどない．

③ 良好な作業条件は重要な誘因となる．

④ 利他主義的な理想を提供することは，最も強力な誘因となる．ここでの理想とは，働く誇り，組織への忠誠，愛国心，家族または他の者のための利他主義的な奉仕，美的感情ないし宗教的感情などである．また，復讐の機会もここに含まれる．

⑤ 組織における社会的結合・社会的調和に関わる誘因．社会的調和がなければ，多くの場合，協働が妨げられる．国民間・人種間・階級間の敵意や対立は協働を妨げる．また，社会的地位・教育・野心などの個人差が協働を妨げる場合も多々ある．教育のある人は，教育のあまりない人とうまく協働しえないし，逆もまた真である．社会的調和が不足している場合は「伝達」が困難に，あるいは，不可能となる．

⑥ 慣習的な誘因．不慣れなやり方，場違いな状況では人びとは本来の能力を発揮できないばかりか，協働する気も起きない．

⑦ 事態の成り行きに広く参加しているという感情を満たす機会．これは間接的な誘因だが，しばしばとても重要になる．他の事情が等しければ，人びとは，自分を有用ではないと考える組織よりも，自分を有用かつ有効的とみなす組織に参加することを好む．

⑧ 心的交流による誘因．連帯感や社会的安定感の獲得．社会関係をもつことで得られるやすらぎの感情や，仲間意識など．これはあらゆる公式組織の運用に必須な非公式組織の基礎となる．仲間意識や戦友意識が危険や労苦に耐える精神力の最も重要な源泉となる場合すらある．

以上のように誘因の問題は重要かつ複雑である．また，しばしば物質的誘

因以外は見過ごされがちである[8]．そして，組織は人びとを協働的に努力させる誘因のすべては提供できない．そのため，次に述べる説得が必要となる．

(2) 説得の方法

　組織を構成する人びとが求める誘因を十分に提供することができなければ，人びとの動機を改変することによって組織を維持しなければならない．このような働きかけをバーナードは説得と呼んだ．説得の方法として第1に挙げているのは強制である．強制は，組織において，個人の貢献を排除するためにも，獲得するためにも用いられる．たとえば，好ましからざる人を組織から排除することは，能率を維持する役割をもつだけではない．排除されなかった人びとに対する「みせしめ」となる．残された人々に「排除されたくない」という恐怖を生み出し，「貢献するか，あるいは，組織への結合を断念するか」という選択を余儀なくさせる．排除の方法には，特権停止や解雇などがある（また，バーナード理論における組織には国家も含まれているため，死刑や拘禁などの刑罰も排除の方法として挙げられている）．しかしながら，どんなに優れた協働体系であっても，強制のみでは維持できない．

　現代において，「みせしめ」などよりもはるかに有用な説得の方法は，機会の合理化（誘因の合理化）である．ここでの合理化とは，そうする「べき」であるとか，組織の要求に従う「べき」であると個人や集団を納得させることである．あるいは，そうするのが「あなたのためになる」と個人や集団を納得させることである．また，組織に参加することや，仕事や地位を受け入れてもらえるように個々人にアピールすることも重要な方法である．より具体的には，組織が提供できる誘因の利点を強調したり，最も目立って提供される誘因に興味をもってもらうことである．

　最も重要な説得の方法は，動機の教導である．これには，われわれが子どものころから受けてきた周到な教育の過程も含まれる．協働で得られる誘因の多くについて，家庭教育および学校教育を通じて学習する．さらに，これ

らと結びついて，より間接的な，教訓・垂範・暗示・模倣・習慣的態度などが個々人の動機や誘因に対する反応に影響を与える．

6.6 権限受容説

(1) 管理者に権限があるか否かを決定するのは命令を受ける者である

　伝統的な管理論とバーナードの理論が最も異なる点が，権限についての理解である．バーナードの理論では，公式組織における命令的な「伝達」を，命令を受ける者が受け入れて，初めて権限が確定されると考える[9]．つまり，権限を公式組織のリーダーがもともともっているものとは理解しない．「伝達」された命令に権限があるかどうかを決めるのは，（命令を発する側ではなく）命令を受ける側なのである．これが「権限受容説」と呼ばれているものであり，バーナードの組織論において最も重要な概念の1つである．

　このような考え方は当時の常識や法律的な概念とは相容れない性質のものであるが，アメリカ陸軍のような極めて厳格な組織においても観察されるものであった．

　権限が受容されるか否かの条件は，① 命令を受ける者に理解できる内容の命令であること，② 命令の内容が命令を受ける者が信じている組織目的と矛盾しないこと，③ 命令の内容が命令を受ける者の個人的な利害を著しく損なわないものであること，④ 命令を受ける者が命令を実行できる能力をもっていること，等である．これらの条件を満たさない命令は，受け入れられないか，受け入れられても履行できないか，受け入れたフリをされるのみで実行されない．権威主義的・独裁的な性質をもつ組織であっても，このような命令の不履行は広く観察される．

　良い組織においては，受け入れられない命令，あるいは服従できない命令を発しないということがとても重要になる．困難な，あるいは新奇な命令を発しなければならない場合は，あらかじめ効果のある誘因を提供するか，予備教育を入念に行うなどの説得の努力を払う必要がある．経験豊かな管理者

は，とうてい受け入れられない命令を発すれば，組織の紀律や権威，および人びとのやる気を破壊してしまうことを知っている．経験が少なく，権力に幻想を抱いている管理者，また，自制心を失った管理者は，権威の濫用によって集団を自ら壊してしまうような誤りを犯しやすい．

(2) 無関心圏

「権限受容説」は，命令を受ける側が，あたかも投票行動を行うように，命令の是非を決定するというものである．しかしながら，重大な問題について採決する際とは異なり，日常的な命令の正当性や実現可能性について，われわれはいちいち考え悩むことはない．

命令を受ける者が，問題なくすんなりと命令を受け入れてしまう範囲をバーナードは「無関心圏」と名付けた．一般的な命令の多くは，「無関心圏」の範囲内に収まるものである．通常，組織に努力を提供する人びとはいたずらに組織を破壊しようとは思わず，むしろ，組織の維持に関心をもっている．そのために，「無関心圏」に入る命令を受け入れるわけである．特に，非公式組織によってもたらされる仲間意識や集団的な態度は，「無関心圏」を広げる機能がある．バーナードは，「権限は上位者にある」「権威が上から下へ下降する」といった（権限受容説とは異なる）伝統的な権威・権限についての考え方も，「無関心圏」を確保する必要があるために人びとが考え出したフィクション（仮構）であると捉えている．

注)
1) ピュー，D. S., ヒクソン，D. J. 著，北野利信訳（2003：107）．
2) 本章では，次の訳書を参照した．バーナード，C. I. 著，山本安次郎ほか訳（1968）．
3) 角野信夫（1998：53）．
4) 本章では，訳書とは異なるが「自由意志」と表記した．前掲訳書2）では，free-will を「自由意思」と表記しているものの，この用語は「自由意志」と

表記するのが一般的である．法学などでは「自由意思」と表記される場合もあるが，明らかにバーナードは哲学や神学などの分野で用いられる意味における自由意志の概念を扱っている．
5) 公式組織の定義についてはバーナード，C. I. 著，山本安次郎ほか訳（1968：76）を参照．また，公式組織の要素，公式組織の存続については同上書：87-99を参照．非公式組織については同上書：119-130を参照した．
6) 同上書：93-94
7) 誘因および説得の方法については，バーナード，C. I. 著，山本安次郎ほか訳（1968：148-159）を参照した．
8) 現代においても非物質的誘因はしばしば見過ごされがちである．たとえば，バブル崩壊以後の日本における「成果主義」賃金導入の是非をめぐる報道や世論形成のなかで，既存の経営学の知見がほとんど顧みられなかったとする趣旨の指摘には注目する価値がある．たとえば，次を参照，東谷暁（2010）『増補 日本経済新聞は信用できるか』ちくま書房：51-81．
9) 「権限受容説」については，バーナード，C. I. 著，山本安次郎ほか訳（1968：168-192）を主に参照した．なお，同訳書では「権限」ではなく「権威」とあるが，バーナード組織論の解説書の多くは「権限」としているため，ここでは「権限」と表記した．

◆ 参考文献

飯野春樹（1992）『バーナード組織論研究』文眞堂
鈴木幸毅（1998）『バーナード組織論の基礎』税務経理協会
高橋正泰編（1998）『経営組織論の基礎』中央経済社
角野信夫（1998）『アメリカ経営組織論（増補版）』文眞堂
野口祐（1975）『経営管理論史（改訂版）』森山書店
バーナード，C. I. 著，山本安次郎・田杉競・飯野春樹訳（1968）『経営者の役割』ダイヤモンド社
ピュー，D. S.，ヒクソン，D. J. 著，北野利信訳（2003）『現代組織学説の偉人たち』有斐閣

第7章

サイモンの組織論

7.1 サイモン理論の方法論的基礎

(1) はじめに

　ここで扱うサイモン（Simon, Herbert A.）[1]理論は，組織論的管理論の基礎を確立したバーナード（Bernard, C. I., 1886=1961）理論をさらに発展させた理論といえる．本章では，サイモン理論の立場から組織を維持するためにはどのような方法や考え方が重要であるのかについて考察したい．そのために，サイモン研究の展開を，第1に伝統的経営管理原則論に対する発展的批判，第2に組織均衡ならびに組織影響力の理論，第3に意思決定論の特徴という観点より行いたい．サイモンは現代経営学の先駆者であり，幅広い学問領域を研究対象としてもっており，1978年にはノーベル経済学賞を受賞した．その対象になった「経済組織内部の意思決定過程の研究」の根底には，いかなる管理における現象も単純化されたモデルにより科学的に解明できるという信念があったといわれている．それではまず，サイモンの唱える伝統的管理論の発展的批判について明らかにする．

(2) サイモンの伝統的管理論批判

　まず，サイモンは，ファヨールを中心とした伝統的経営管理理論の理論的な再検討を試み，これまで経営管理原則論者によって原則とされてきたものを批判的に検討することにより，経営管理の健全な理論を打ち立てるための「方法論的基礎」（Methodological Foundation）を提唱する．これまで経営管

理原則論において代表的な原則といわれるものをいくつか取り上げ具体的に批判した[2]．すなわち，サイモンはここに挙げられた4つの経営管理原則のうちのどれ1つとして，批判に耐えられるものはなかったとする．それらの原則は相互に矛盾しており[3]，一義的な原則ではなく，よく考えてみると相互に矛盾する原則であるからという．したがって，これらの管理原則は「指導原理」(Guiding Principle) とはなりえないと主張するのである．

サイモンの伝統的管理論における批判は管理原則の矛盾が相互に矛盾するばかりではなく，それは「曖昧な相互に矛盾する諺に過ぎない」[4]と手厳しい．こうしてサイモンは伝統的管理論を批判し独自の管理論を構想するのである．さて人間はある意味では意思決定の動物であるといわれる．組織の本質は調整と意思決定の過程として，意思決定を組織行動の本質的過程と規定して経営学の分野で意思決定 (Decision Making) の概念をもちだしたのがバーナード (1938) であった．その意味では意思決定論の先駆者は彼であったが，サイモンはこの概念を受け継ぎ組織における意思決定を分析することによって新しく管理論を構築するのである．

(3) サイモンの方法論的視座

バーナードによって提唱された意思決定論は，サイモンによって精緻化され，より具体的に説明されていく．サイモン (1977) は「経営とは意思決定である」とし，「経営について決定すること (Decision Making) と同義語として経営学の用語を変えるのが便利と思う」という主張さえしている．管理は組織における意思決定である．人間の行動には，すべてにわたって「行為する」「決定する」ことが含まれている．決定は行為の前提である．伝統的管理論では「行為すること」を取り上げ管理論を論じたが，サイモンはこれを批判し「決定すること」を中心に新たな管理論を構想したのである．

サイモンは組織のなかで各個人はどのように意思決定を行っているのか，また，組織における意思決定に対してどのような諸要因が影響を及ぼしてい

るのか，分析し，記述することが管理論の内容をなすことであると主張する．サイモンは組織における意思決定の合理性を追求することが管理論の中心的課題であるという．ところがサイモンのいう管理論は，経済的合理性，すなわち「客観的合理性」の概念に基づく経済人モデルではなく，人間の能力や知識に「限定された合理性」しか持ち得ない経営人モデルに立場に立っている．現実には合理的意思決定にはさまざまな制約があるという立場であり，制約上，最高の水準を追求するのではなく満足化水準が行動上の指針であるとされる．サイモンによれば「組織の任務は，各人がその意思決定において合理性にできるだけ近づけるような環境を設計することである」[5]といっている．

このようにサイモンは，意思決定問題を目的に対する手段選択として「合理性の概念」から捉え直したのである．経済人モデルで登場するような「合理性」は現実にはあり得ないとして，個人の集合体としての組織が重要な役割を担うことになる．サイモンは，企業活動にとって最も重要なことは意思の決定であるとしてそのような意思決定はどう行われているかを研究している．意思決定とは問題解決の活動としている．しかし完全に完璧な意思決定をできる経営者などいないし，どんなコンピュータを使っても無理である．そこでサイモンは完璧を求めるのではなく，意思決定の合理性を高めるようにすれば良いといっている．

7.2 組織影響力の理論

近代組織理論の基礎をつくったアメリカの経営学者バーナードによれば，組織が成立するための基本的な要素は，① コミュニケーション（意思伝達：Communication），② 貢献意欲（協働意欲：Willingness to Service）および ③ 共通目的（Common Purpose），の3つである．したがって管理主体の職能は，目的を適切に定義して意思決定すること，コミュニケーション体系を維持すること，および積極的な貢献意欲を開発することである．組織が成

功裏に存続できるかどうかは，2つの要件が等しく充足されるかどうかによる，と彼は考えた．すなわち，① 共通目的が達成されること，② 組織に関与する人びとの個人的な目標が達成されること（つまり欲求が満たされること）である．要するに組織目的の達成とメンバーの欲求満足とが同時に実現されることこそが，組織の成功の目安である．しかしこれは容易なことではない．それゆえに経営管理者の適切な職能の遂行が不可欠になるのである．どのようにして組織は個人を集団に参加させ，かつ組織の共通目的を受け入れさせるのだろうか．このような問題提起についてサイモンの『経営行動』(Administrative Behavior, 1976) に依拠しながら考察してゆく．

(1) 組織による意思決定への影響

組織は，組織の参加者 (Participants) から金銭や労力の形態で貢献 (Contributions) を受け取り，これらの貢献の代わりとして誘因 (Inducements) を提供するという均衡の体系として把握される．組織がその個人のメンバーの意思決定に影響を与える方法としてサイモンは次の5つをあげている．

① 専門化—組織は，仕事をそのメンバーの間に分割する．各メンバーに完成すべき特定の課業を与えることによって，組織はメンバーの注目をその課業に向けさせ，それのみに限定させることができる．

② 標準的手続き—組織は，標準的な手続きを確立する．これによって，個人が仕事を実際に遂行する場合に，その仕事をどうやって処理すべきかを毎回決めるわずらわしさが取り除かれる．

③ 権限関係—組織は，オーソリティーと影響の制度をつくることによって，組織の階層を通じて，意思決定を下に（そして横に，あるいは上にさえも）伝える．

④ コミュニケーション—組織は，すべての方向に向かって流れるコミュニケーションの経路を提供する．意思決定のための情報はこの経路に沿って流れるのであるが，その経路にはフォーマルなものとインフォーマ

ルなものとの両方が存在する．

⑤　組織構成員の教育と訓練―組織は，そのメンバーを訓練し教育する．これは影響の「内面化」ともいいうるもので，これによって組織メンバーは，その組織が彼に決定してもらいたいと欲しているとおりに，意思決定を彼自身でもってすることができるようにさせる知識，技能，および一体化，または忠誠心を獲得することになる．

(2)　**組織への参加**

　組織は人間の合理性の限界を集団行動によって克服する手段である．人間は自由意思と人格をもつ個人として存在しているのであり，彼らの集団行動がどの程度組織化されるかどうかは，彼らの意思決定と行動にどの程度影響を与えることを受け入れさせるのかどうかに依存している[6]．

　組織への参加者は，組織が彼らに提供する誘因と引き替えに組織に貢献をする．すなわち，組織に参加することによって得られる誘因がそうでない場合よりも大きい場合には，組織は存続することになるであろう．したがって，一般に，組織に参加する個人や集団の貢献の合計が，必要な量と質において，誘因を提供するために十分であるならばその組織は存続し成長するといえる．しかしそうでなければ，組織の均衡は達成されず，組織は縮小し，ついには消滅してしまうであろう．

　サイモンによれば，組織影響力行使の様式として，オーソリティ，コミュニケーション，能率の基準，組織への忠誠心と一体化といったものが指摘される．これらの影響様式は影響の「外的」側面と「内的」側面という観点から区別される．影響の「外的側面」とは個人の意思決定に対して外部から影響を及ぼすような作用である．オーソリティ，コミュニケーションはこうした外的影響の具体的形態である．オーソリティが行使されることにより上司の決定の真価が部下によって独立に検討されることなしに，彼の行動は上司の決定によって支配されるようになる．オーソリティの「受容圏」の範囲で

あれば，個人は他者の意思決定を自己の決定の諸前提として，その妥当性や利害得失を問うことなく受け入れる．こうしてオーソリティは組織内のさまざまな意思決定を関連づけ，組織のなかの調整された集団行動のパターンを作り出すのである．また，公式，非公式のコミュニケーション・チャネルを通じて，組織における個人の間で意思決定の諸前提はさまざまな媒体の情報として伝達されるのである．

他方，影響力行使の「内的側面」とは，個人の内面から個人の意思決定に働きかける影響作用である．たとえば，収益と費用の差額あるいは投入と算出の差額の比率を最大化するべきであるという能率の基準は，個人にこの基準が内在化されると，その意思決定に影響を与えることになる．また，個人は組織目的の価値と重要性を評価し，その個人的価値を見いだすようになる．その結果，個人は組織目的の価値を内在化し，組織へと一体化し忠誠心を獲得する．個人はこうした忠誠心や一体化によって，個人の利害からではなく，組織の存続や目的という観点から意思決定するようになる．

(3) 組織均衡

さて，個人が組織に参加するかどうかは，広義においてはその組織に参加してそこで活動することが，参加者が有する個人的目的（personal goal）を直接的あるいは間接的にいかに充足するかによって決まる．すなわち，参加者の個人的目的に対して，その組織が貢献する（contributes）場合に，組織の構成員になること（organization membership）を受け入れるのである．組織構成員は，組織の提供する「誘因」と引き替えに「貢献」を提供する．要するに，組織は，ある一定水準での均衡が達せられれば組織は存続しうる．サイモンによれば，組織に参加する動機として次の3つをあげることができる．

まず，①「組織の目標を達成することから直接得られる個人的報酬」（企業家など），②「組織によって提供され，組織の規模と成長に密接な関係に

ある個人的誘因」（従業員など）であり，③「組織によって提供される誘因から生じるけれども，組織の規模と成長には関係のない個人的報酬」（顧客など）である．一般に，組織はこうした異なる動機をもつ個人の集団によって構成されている．サイモンは，組織は通常，主としてこれら3つの動機をそれぞれ1つずつもっている3種類の個人の集団（顧客，企業家，従業員）から成り立ち，このような個人の集団は組織が提供する誘因と引換えに組織に対して貢献を行い，またその1つの集団の貢献は，他の集団の誘因の源泉ともなっている．

最終的に組織の存続や成長はこのような誘因と貢献の均衡によって決まる．組織均衡の原理は，ビジネスだけではなくボランティア組織とかインフォーマルな組織のメンバーのように組織目標が参加者である個人にとって価値ある場合には，個人の貢献は直接的である．また，組織が個人の組織への貢献意欲の代償として，彼らに貨幣その他賃金で提供する場合には，その貢献は間接的である．

このように，組織への参加者は，組織が彼らに提供する誘因と引き替えに組織に貢献をする．すなわち，組織に参加することによって得られる誘因がそうでない場合よりも大きい場合には，組織は存続することになる．しかしながら，個人が組織に参加する場合とそうでない場合，誘因と貢献の大小は簡単には比較できない．同じ条件で，参加・不参加は同時には決定できないし，参加してみなければ，得られる誘因も組織へもたらされる貢献も解らないのである．概して，組織に参加する個人や集団の貢献の合計が，必要な量と質において，誘因を提供するために十分であるならばその組織は存続し成長するといえる．

以上のように，サイモンが展開した組織研究の論理実証的アプローチは，意思決定と組織の関係を既存の経営理論である科学的管理法や人間関係論に補完する形で発展させることにより，その後の組織的管理論研究に大いに貢献したといえる．

7.3 サイモンの意思決定論

(1) 意思決定における価値前提

　ここでは，意思決定における要素を「事実的（factual）」な要素と「価値的（value）」な要素とに区分して考える．この区分によって，「正しい（correct）」管理上の意思決定は何を意味するかを理解することが可能になる．ただしここで「事実」と表現した，実際の意思決定の基礎となっているものは，通常，事実の実証的かつ確実な表現よりはむしろ予測や判断である．「価値」は，それがいかに確実であろうとも当為（should）に関係し，「事実」は，それが如何に推測的であろうとも現実（is）に関係する．事実的命題は，観察しうる世界とその動き方についての記述である．原則として，事実的命題は，それが真実かあるいは虚偽かを，それが世界について述べていることが現実に起こるか，あるいは起こらないかを検証することによって決めることができよう．つまり，厳密に経験的（empirical）な意味において正しいか，正しくないかを決めることができるのである．事実的命題は確かに意思決定に含まれているが，一方で意思決定は命令的な性質を有している．一つの将来の事態を他より好んで選択し，その選択した事態を目指して行動するといった倫理的内容を有しているのである．倫理的な言葉を含む表現は命令的な価値評価を含んでいるので，それが正しいか正しくないかを客観的に記述することはできないのである．

　それでは目的はいかにして設定されうるのか．中間的にせよ最終的にせよ，倫理的要素を含んだ記述は，正しい，正しくないとは記述できない．意思決定過程はある倫理的前提を「与件」として，つまり「所与」のものとしてそこから出発しなければならない．この倫理的前提が，問題となっている組織の目的を記述する．倫理的な命題が合理的な意思決定に役立つためには，(a) どのような条件のもとにおいてもその実現の程度が評価できるように，組織の目的とされた価値が明確なものでなければならない．(b) 特定の行為

によってこれらの諸目的が達成される可能性について，判断することが可能でなければならないとしている．

(2) 意思決定論の特徴

われわれは行動の前に必ず意思決定を行う．この意思決定はさまざまな情報に基づいて科学的になされることが求められる．このことからサイモンが追求しようとした理論的骨子は，「意思決定の科学化」にあるといえよう(傍点筆者)．バーナードの『経営者の役割』(Barnard, 1938)と，それを受けたサイモンの『経営行動――経営組織における意思決定プロセスの研究』(Simon, 1976)でもって始まった組織と管理の研究は，その後この研究分野の支配的な理論へと成長していった．それは意思決定論とか意思決定アプローチとも呼ばれたように，意思決定の研究を通じて組織行動を解明しようとするものであった．

反射的行動やそのほかの無意識的な行動を別にすれば，人間の行動には，それに先立ってその行動の選択の過程，すなわち意思決定の過程が存在する．したがって，ここで意思決定とは，他の行動の諸コースではなくてある行動のコースを選ぶことである．これを一般化していうと，意思決定とは選択（choice）であり，多くの選択肢からの選択であるということになる．

ところで，この意思決定研究が新たに切り拓いた研究領域はこれ以後のことにあった．なによりもまず，選ぶことのできる行動のコースは，既知であるとはかぎらない．その場合には，それは探索されなければならない．この意思決定研究においては，選択の局面だけを扱うのでは足りなかった．そうではなくて，意思決定は問題解決行動であると捉えなおされ，問題の発生（認知）と問題の定式化から，選択肢の探索，選択肢の比較と評価を経て，最終選択にいたる一連の段階的な過程として考察されることになる．

しかもその際に，人間には認知，知識，計算などの能力について限界があるという意味で，「制約された合理性（限定合理性）」が出発前提とされた．

まず，注視能力は状況判断や問題察知や情報収集などにとっての希少資源である．次に，探索と情報収集の活動には時間と費用がかかるだけでなくて，ほとんどすべての決定にはタイム・リミットがある．そのうえ，前述のように各選択肢の諸結果の予測が難しかったが，これにくわえて選択肢の比較が困難であるケースも少なくない．最後に，とりわけ複数の人が参加している組織ではそうなのだが，選択基準として適用される選好は一義的ではないし，安定的でない．

意思決定における客観的合理性とは以下のようなことを意味している．すなわち，行動している主体が，(1) 意思決定に先立って，パノラマのように代替的諸行動を概観すること．(2) 各選択によって生ずる複雑な諸結果のすべてを考慮すること．(3) 基準としての価値の体系でもって，全代替的行動から1つの行動を選抜すること．これらのことによって統合されたパターンへの自分の行動すべてを作り上げることである．

しかし実際には次の3点においてこのような客観的合理性には及ばない．第1に，結果の知識はつねに部分的なものに過ぎないということ．第2に，行動の諸結果は将来のことであるゆえ，それらの諸結果を価値付けるに際して，想像によって経験的な感覚の不足を補わなければならない．しかし，価値は不完全にしか予測できないということ．第3に，実際の行動においてはすべての可能な代替的行動のうちほんのわずかしか思い出さないということである．

組織における意思決定の研究では，制約された合理性と上述したことに示唆されているような諸問題に導かれて，いろいろな種類の決定の決定行動と決定過程が次々に研究され，興味深い発見がつづいたのであった．しかしながら，ここではそれら個々の研究に立ち入る余裕はない．

(3) 意思決定の区分

サイモンは，「経営とは意思決定である」として，意思決定の問題を構造

的問題，半構造的問題，非構造的問題に区分する．それらを具体的に説明すると概ね次のようになる．

・構造的問題

問題を解決するロジックが明確な問題である．たとえば最適な資材調達量の決定とは発注費用と在庫保持費用の合計を最小にすることだと仮定できるならば，数学的な定式化ができるので，コンピュータで計算することができる．定例的・定型的な業務的意思決定の問題は構造的な問題が多いので，コンピュータ処理による意思決定をする場合が多くなっている．このように構造をもった経営問題は，「プログラミングできる問題」として処理のための論理を明らかにすれば解決できると考えられる．近年，コンピュータの処理能力の飛躍的発展により，膨大な情報を処理するコンピュータシステムが構築され，経営問題解決の一翼を担っている．

・半構造的問題

構造的問題と非構造的問題の中間的分野を指す．そのものズバリの解法はないが，人間とコンピュータが協力することにより解決法が見出せるというような問題である．たとえば，中期計画の策定をするとき，販売の伸び，価格動向，設備投資など多様で不確定な要因が多いので，最適な資源配分を求めることは無理だが，「もし，〜だとしたら，どうなるか…，(if—, then)」というような問題に置き換えることにより，計算をコンピュータにさせると，適切な解を探すことができると考えられる．このような場合は，一般に統計的な手法や確率を条件として適切な解を求めることができる．

・非構造的問題

工場建設やM＆Aなど戦略的意思決定の多くは，状況も環境も大きく異なるので，それを同一パターンで解決するロジックは存在しないといってよい．このような問題を非構造的問題，または「プログラミングできない問題」と呼ぶ．この解決には，直接的には情報システムは無力である．しかし，半構造的な問題にできれば，それなりの利用はできるし，関連した情報

を入手するには情報システムが役にたつ．この場合，リスクと不確実性の高い問題にはコンピュータよりもそれを活用した経営者の経験と知識による問題解決をするしかない，ということを意味している．

サイモンは，「発見的な問題解決」[7]という項目において次のように言明している．過去20年以上にわたって現れてきたプログラミング化しうる意思決定技術がいかに重要であろうとも，また，かつてプログラム化していなかった問題領域を，洗練された領域に変えてゆく点でいかに進歩がみられようとも，これらの発展は経営者意思決定のかなりの部分を，いまだ手つかずのまま残すことになる．トップ・マネジメントやミドル・マネジメントで扱われる多くの，たぶん大部分の問題は，いままで数学的な取り扱いを許さなかったし，またおそらく今後もそれを許さないであろう．

プログラム化しうる意思決定に対し，新しいアプローチがその限界を打破してゆく道はいくつか考えられる．その1つは，プログラム化されない状況にいる人間の問題解決能力をいかに実質的に向上させるか，その方法を見つけ出すことであろう．もう1つの方法は，問題を数学的あるいは数値的な形式で表現するということではなく，問題解決に携わっている人に対しコンピュータがどのように役立つかを示すことであろう．経営の複雑な事象において，経営管理者が便利な道具としてコンピュータを使用できる方法を発見し，活用することは，ビジネスの大海原であたかも良き伴侶を手に入れたようなものであろう．

(4) 意思決定のプロセス

サイモンは意思決定の手順は，探索活動→設計活動→選択活動→検討活動のサイクルになるとした．経営管理における問題がおこった場合，意思決定者は次のように考えるとよい．

1. 事実前提—まず決定する時に前提となる客観的な知識，情報，技術がありそれを検討する．

2．価値前提—ところが問題には客観的にはわからない個人的主観や価値観などがある．それらは，考えてもわからないのであるなら主観的な価値観で判断すればいいのである．これを価値前提とよぶ．
3．代替案の列挙—事実前提と価値前提を把握して問題解決の方法を複数考える．しかし意思決定に必要なすべての代替案を列挙することは不可能である．
4．代替案の結果予測—それぞれの代替案を実施した時に得られる結果を予測する．しかし完璧に未来を予測するなど不可能である．
5．代替案の評価—それぞれの代替案の結果を予測し格付けをする．未来をそうやすやすと予測できないので評価も簡単ではない．現状で考えられる結果を予想するしかない．
6．代替案の選択—最も良い案を選択して実行する．意思決定をしたことでとりあえず目的を達成するが，あとになってもっと良い方法があることに気づく．

ところが上記の過程を完璧にしようとしても3つの限界がある．

●代替案をすべて列挙できない

図表 7-1　構造的問題

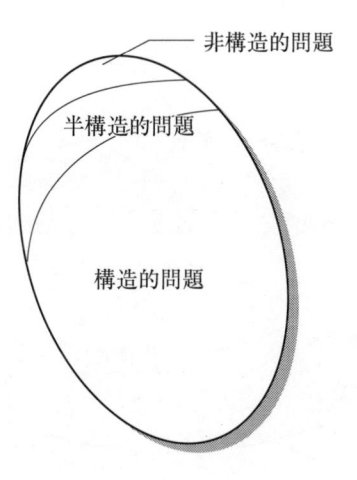

非構造的問題
半構造的問題
構造的問題

- 結果を完全に予測するのは難しい
- 結果を評価するのは難しい

　サイモンは，結局のところ，色々資料を収集したり分析したりしても完璧な意思決定はできない（非構造的意思決定）．完全に決まっていてキッチリ意思決定できるものもある（構造的意思決定）．またその中間の問題もある（半構造的意思決定）．そこで合理的な決定をするためには，図表7-1に示すように，少しでも構造的意思決定に近くなるように，課題が抽象的過ぎる場合は細かく分解する．そして不明確なところと明確なところを分けてみる．事実前提となることをなるべく多く蓄積し，情報を収集できるようにするといった活動が必要になる．そのような活動を具体的に図示すると（図表7-2）のようになる．

- 探索活動─経営目標と現実とのギャップを認識して，それを埋めるための方法を探索する活動．
- 設計活動─ギャップ認識や探索結果により，具体的にどのようにすればよいかをいくつかの案（代替案）としてまとめる活動．
- 選択活動─代替案を比較評価して，ある特定の案を選択する活動．

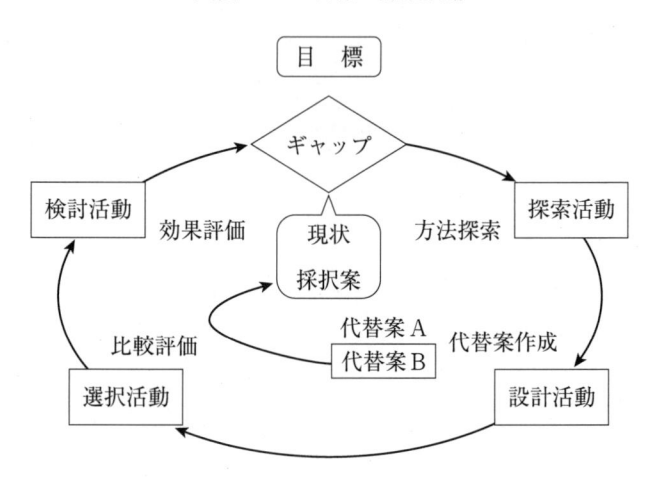

図表7-2　目標─探索活動

- 検討活動―選択案を実施したら経営目標が達成されたかどうかを確認する活動．もし不十分ならば，さらに探索活動を行う．

　上記のプロセスにおいて，すべての代替案が網羅され，その代替案が実行されたときの状況が完全に予測でき，合理的な方法により比較ができれば理想的である．これを追求することを最適化原理といい，そのように行動する人を経済人という．ところが現実の経営管理では，このような完全性は期待できない．探索活動ですべての代替案を見つけることはできないし，予測も不確実なら比較評価する基準もあいまいである．サイモンの主張する「経営人」は，たとえば目標が収益改善にあるならば，収益が最大にならなくても一定の目標が達成すれば満足して，他の目標に眼を向ける．このような行動基準を満足化原理という．当然ながら，ある目標が達成されたときには，また新しい目標を掲げて上記の活動を行う．満足化原理とは，満足したら行動を止めるというのではなく，まず当面の目標を掲げ，それが達成できたら次の目標に向かって行動するというように，逐次的な行動をとることだと考える．

7.4 むすびに―カーネギー・モデル―

　組織における意思決定のカーネギー・モデルとは，カーネギー・メロン大学にゆかりのあるリチャード・サイアート，ジェームズ・マーチ，ハーバート・サイモンらの研究に基づくものである[8]．

　彼らの研究は，個人による意思決定への限定された合理性のアプローチの公式化と，組織の意思決定についての新たな洞察の提示に貢献したことである．これまでは企業は単純に1つの存在として意思決定を行うとされており，これではまるですべての関連情報はトップの意思決定者に集まって選択されるといっているようなもので，とても現実的なものとはいえない．組織における意思決定は各レベルにおいて行われており，カーネギー・グループの調査によって，組織レベルでの意思決定には多くのマネジャーが関与して

いることを知らしめたといえる．そして，組織（企業）における最終決定は，これらのマネジャーの合同に基づいて行われることがわかった．合同とは，組織の目標や問題の優先順位について合意した数人のマネジャーの連帯である．そこにはライン部門のマネジャーや人事専門家，さらには有力顧客や銀行，労働組合の代表者といったステイクホルダーも交えることができるとされる．

ここでいう合同を行う理由としては，次の2点が挙げられる．まず，組織の目標は曖昧の場合が多く，一貫性がないのでマネジャー間で優先順位をめぐって意見が分かれることがある．そのために，彼らは問題について交渉し，どのようにして問題を解決すべきかについて合同（合意）を築かなければならない．

合同が必要となる2つ目の理由は，個々のマネジャーは合理的であることを志しながらも，前述のように活動に際しては人間の認識力の限界をはじめ，さまざまな制約を受けるからである．彼らが正確な意思決定を行うための能力，すべての情報を処理するだけの時間，資源，または処理するためにはあまりにもコストがかかりすぎる．このような場合マネジャーは，話し合いや意見の交換を行うことにより情報を収集し，曖昧さを減らすのである．ダフト（Daft, R. L., 2001）[9]によると，合同構築プロセスは，組織における意思決定行動に概ね3つの重要な意味をもつことになるという．

まず第1に，意思決定は問題解決の最適化をめざすというよりも満足化を目的に行われるということである．組織が求める問題解決の水準は最適化よりも満足化を目標に行われることから，それによって組織メンバー全員が納得のいく満足化水準で問題解決がなされるだけでなく，複数目標の同時達成をも可能にする．

さらに第2として，マネジャーは，多くの場合，目前にある問題や短期的な解決策に関心をもつということである．このことは，サイアート＆マーチが「不確かな探索行動」[10]と称した問題のことであり，マネジャーは，状況が

明確に定義できず，コンフリフト（葛藤）に満ちた状況では，何もマネジャーは最適な解決策を望んではいないのである．むしろ彼らは，最初に浮上した満足できる解決策を採用する傾向がある．満足化とは，組織が最高水準ではなく「満足できる」水準のパフォーマンスを受け入れることにより，複数目標の同時達成を可能にすることである．これは，マネジメント・サイエンス・アプローチが，あらゆる合理的選択肢が明らかにできる，と仮定することとは対照的である．

第3に，意思決定の問題特定段階では議論と交渉がとりわけ重視される．すなわち，メンバーが問題を感知しない限り彼らは行動を起こさない．カーネギー・モデルでは，マネジメントの合同を通じての合意構築プロセスは組織における意思決定の重要な構成要素だとする．特に，議論や交渉には時間がかかるため，探索の手順は通常，簡素化され，選ばれた選択肢は問題解決を最適化するよりもむしろ満足化する．プログラム化されていない意思決定，すなわち，非構造的な問題では，過去の手順やルーチンに依存せざるを得ないため，交渉のための情報の活用とコンフリクトの解消が必要となるのである．

最後にサイモンの功績を簡単にまとめると，彼は，人間や組織のプロセスや現象を統計学・認知科学・心理学といった方法と新たに登場したコンピュータ科学という手法によって論理的に解明しようとしたところにある．今後の課題としては，サイモンが解明しなかった人間の心理的側面や価値観に対してより深い認知に立った人間観や組織観の再構築にあるといえよう．

注）
1) 1916年アメリカのミルウォーキー生まれ，シカゴ大学で政治学と経済学を中心に学ぶ．1936年シカゴ大学を卒業，同大学院へ進学，1942年に政治学博士号を取得した．このときの論文をさらに発展させたのが『経営行動』(1945) である．
2) Simon (1976: 20-21). これらの批判は（Guilick, L. and L. Urwick, 1937,

Paper on the Science of Administration, Institute of Public Administration. を参照), 彼らによる4つの原則におる批判的考察に基づいている. それらは, ① 専門化の原則 (Specialization), ② 命令統一の原則 (Unity of Command), ③ 統制範囲の原則 (Span of Control), ④ 統制のためのグループ化の原則 (Grouping) である.
3) これらの原則が矛盾する1例として,「統制範囲の原則」(1人の管理者に直接報告する部下の人数を制限すれば管理の能率は高められるという原則) を見てみよう. この原則は, 仕事の遂行にあたってある仕事が実施されるまでにそれが通過しなければならない組織の階層数を最小にすることによって管理の能率は高められるという基本的な基準に矛盾する. 管理の効率を高めるために部下は少ない方がよいが, そうしたら組織階層は多くなるのである. 統制の範囲を限定するといってもはたして一体何人が最適であるのかについての論拠はないのである.
4) Simon, H. A. and J. G. March (1958＝1977：25-53)
5) *Ibid.* (1958＝1977：248-249)
6) Simon, H. A. (1976＝1989：142-144)
7) Simon, H. A. (1977＝1979：84-86)
8) Cyert, R. M. and March, J. G. (1963) *A Behavioral Theory of The Firm*, Englewood Cliffs, N J.: Prentice-Hall. ならびに, Simon, H. A. and March, J. G. (1958) に基づく.
9) Daft, R. L. (2001＝2002：271-273)
10) Cyert and March, *op. cit.*: 120-122

◆ 参考文献

Barnard, C. I. (1938) *The Functions of the Executive*, Cambridge, MA: Harvard University Press. (山本安次郎・田杉競・飯野春樹訳, 1968,『新訳経営者の役割』ダイヤモンド社)

Daft, R. L. (2001) *Essentials of organization theory & design*, 2nd ed., Cincinnati, Ohio: South-Western College Publishing. (高木晴夫訳, 2002,『組織の経営学―戦略と意思決定を支える』ダイヤモンド社)

Simon, H. A. (1959) "Theories of Decision-Making in Economics and Behavioral Science," *American Economic Review*, 49.

―― (1976) *Administrative Behavior: A Study of Decision-Making Processes in Administrative Organizations*, Free Press. (松田武彦・高柳暁・二村敏子訳, 1989,『経営行動―経営組織における意思決定プロセスの研究』ダイヤモンド社)

―― (1977) *The New Science of Management Decision*, revised ed., Prentice

-Hall. (稲葉元吉・倉井武夫訳, 1979,『意思決定の科学』産業能率大学出版部)

—— (1996) *The Science of the Artificial*, 3rd ed., MIT. (稲葉元吉・吉原英樹訳, 1999,『システムの科学（第3版)』パーソナル・メディア)

Simon, H. A. and J. G. March (1958) *Organizations*, 2nd ed. New York : John Wiley. (土屋守章訳, 1977,『オーガニゼーションズ』ダイヤモンド社)

Taylor, F. W. (1911) *The Principles of Scientific Management*, New York and London: Harper & Brothers Publishers. (上野陽一訳, 1969,『科学的管理法新版』産業能率短期大学出版部)

工藤達男 (1976)『経営管理論の史的展開』学文社

平 雄之 (1984)「サイモン理論」『経営学の国際的系譜』成文堂：151-163

第 8 章

行動科学的組織論

8.1 行動科学の誕生

　行動科学という言葉は，1949年頃に初めて用いられている．アメリカの心理学者ミラー（Miller, J. G.）によって，経験的に検証しうる行動の一般理論の構築を目指して研究会を開催しようとしたときに，その研究領域の名称として行動科学という言葉が考案された[1]．彼は，既成のさまざまな学問領域が研究してきた行動に関する理論から有効なものを見つけ出して，それらをまとめ，新たに理論体系を作ることを主張し，構築しようとした．これは，まさに学際的研究（interdisciplinary approach）の基盤を作ろうとするものといえる．研究の対象は広範囲にわたり，その方法は多様なために，行動科学と命名された研究領域の境界線をはっきりと示すことは容易でなかった．ただ研究の基本的な方法上の前提は，研究者の間で共有されていた．① 法則の確証として，複数の観察者による検証が可能な客観的な現象のみを受け入れる．② 仮説は，可能な限り数量的に表わす．これにより仮説を検証でき，その後の訂正も可能となる．③ 所説は，実験により証明あるいは反証できるようにする．④ できる限り自然科学の単位を使う．このようにして，すべての行動を説明しうる一般理論の構築を目指して，自然科学で展開された経験科学の方法を可能な限り厳密に適用することにより，既成のさまざまな学問領域の研究成果を学際的に統合することが，ミラーの行動科学であった．

　行動科学は，1951年フォード財団の支援で作られた行動科学プログラムに

よって一般に広く知られるようになった．そして，1953年フォード財団の行動科学部門のよびかけで設けられたシカゴ大学の行動科学研究委員会は，1954年に発表した報告書のなかで，行動科学は人間の本性の解明を中心的な課題とし，心理学，社会学，人類学を行動科学の中心的な学問領域とした．また，1964年にベレルソン（Berelson, B.）とスタイナー（Steiner, G. A.）は，個人から始まって，家族・組織・制度・成層・公衆・社会・文化に至るまでの人間行動が行動科学の対象であるとした．[2]

しかし，その後の行動科学の研究において，ミラーの行動科学がそのまま受け継がれたわけではない．すなわち，行動科学は，心理学，社会学，人類学といった既成のさまざまな学問領域の理論的統合や再体系化を目指すものになっていないというのである．[3] そして，行動科学は，共通の研究対象である行動を多角的にさまざまな学問領域の概念と方法を総合して解明しようとする学際的研究を行うことに特徴があるとされる．したがって，ここでの学際的研究は，あくまでも既成のさまざまな学問領域の協力であって，それらの理論的統合ではないのである．また，行動科学は，論理実証主義とオペレーショナリズム（操作主義）のうえに立って経験的に検証可能な理論を構築しようとすることに特徴があることが強調される．

この行動科学の特徴に基づくと，行動科学的組織論とは，組織の内的および外的環境下における人間の行動を行動科学的方法で分析することによって，組織の諸々の現象を説明し，その理論を実際の問題の解決に適用しようとする一学問領域といえる．[4]

1950年代に，組織における人間の行動を行動科学的に究明する行動科学的組織論に2つの流れがあらわれた．1つが，バーナード（Barnard, C. I.）の流れを受け継いだサイモン（Simon, H. A.），マーチ（March, J. G.）の理論である．人間を合理的な意思決定主体とみなし，組織におけるその意思決定過程に対して行動科学的研究を行うもので，さらに企業行動の解明に適用し，企業行動科学に発展している．他の1つが，人間関係研究を始点として組織

における人間のモラール，リーダーシップに対して行動科学的研究を行うものである．本章では，後者に分類される代表的な研究のなかからアージリス（Argyris, C.），リッカート（Likert, R.）の組織論について考察する．

8.2 アージリスの組織論

アージリスは，多くの行動科学者によって積み重ねられてきた研究成果を集約して体系的な組織論を組み立てた．彼が追求してきた問題は，個人と組織の統合の問題である．彼は，人間のパーソナリティの基本的性格を解明し，それが公式組織のなかでどのような影響を受け反応するか明らかにし，さらには個人と組織を統合するための概念化された組織モデルを提示した．彼によれば，組織におけるあらゆる人間の行動は，個人のパーソナリティに関わる要因と，小さな非公式集団に関する要因と，公式組織に関わる要因が絡み合って生じるという[5]．したがって組織行動も複雑であるが，基本的には個人のパーソナリティと公式組織の2つの要因を融合しようとする試みから生み出されるとする．

アージリスによれば，パーソナリティはさまざまな構成部分から成るが，各部分の単なる合計ではなく，部分が相互に関係しあっている全体であるという．人間には心理的に外的環境と内的環境があり，外的環境とパーソナリティのバランスがとれていることを順応（adapted）しているといい，内的環境とパーソナリティのバランスがとれていることを適応（adjusted）しているといい，区分する．そして，全体にバランスがとれて順応し適応している場合，まさに統合（integrated）しているという．

パーソナリティを構成する部分としてエネルギー，欲求，能力があげられている[6]．アージリスは，パーソナリティをある種の心理的エネルギーの顕在化したものであると仮定している．この心理的エネルギーは，すべての人の内にあり，それを永久に抑圧したり破壊することはできず，仮に一時的に抑圧したとしても新たな方法で発現してくる．エネルギーの量は，個人の心的

状態によって異なる．この心理的エネルギーは，人の欲求体系のなかに存在すると考えられる．欲求が高まり心理的な緊張状態になると，この緊張を減らすために心理的エネルギーが放出され，行動が生じるのである．欲求にはいろいろなものがあり，内的欲求は外的環境との関係において自己の順応を維持するためのより基本的，本質的性格をもち，ほとんど意識されない無意識的欲求でもあるのに対して，外的欲求はパーソナリティの表面的なものにのみ関係しているにすぎない．さらに，基本的欲求として生理的欲求，社会的欲求，自己実現の欲求があげられ，特に自己実現の欲求を重視している．能力は，人間が欲求を表現し，それを満足させる道具である．心理的エネルギーが欲求から喚起されるように，能力もまた欲求から生じる．能力には，① 知る（認知）能力，② 行う（運動的）能力，③ 感じる能力の3種類がある．

アージリスによれば，個人の成長とは，個人のなかに存在するパーソナリティの構成部分が拡大する自我の形成過程であり，自己実現の過程である[7]．精神的に健康な個人のパーソナリティは，成熟するにつれて，次のような7つの次元で発達していく傾向がある．

① 幼児のような受動的状態から能動的状態になっていく傾向がある．
② 幼児のような他人依存の状態から比較的独立の状態になる傾向がある．
③ 幼児のように限られた行動しかできない状態から多様な行動をするようになる傾向がある．
④ 幼児のように移り気で浅い興味から一層深い興味をもつようになる傾向がある．
⑤ 幼児のような短期的展望から長期的展望をもつようになる傾向がある．
⑥ 幼児のように家族や社会の中で従属的地位にある状態から同僚に対して同等または優越的地位を占めようとする傾向がある．

⑦ 幼児のような自己意識の欠如から自己意識と自己統制ができるようになる傾向がある．

しかし，文化や社会からの制約やパーソナリティそのものの未発達による規制を受けて，つねに自己実現が充足されるとは限らない[8]．これらの規制に個人は，脅威を意識する．この脅威の感情を少しでも減少させるためには，自己を変えるか，脅威と感じるものを否定または歪曲することで自己を守るかである．脅威は人に不安，葛藤，欲求不満，失敗感のような感情を引き起こす．脅威に対して，個人が自己を守ろうとする態度が防衛機制（defense mechanism）である．これには，たとえば攻撃，拒否，抑圧，優柔不断，失言など実に多くの種類をアージリスはあげている．このように，個人は組織内において外的バランス（順応）と内的バランス（適応）をとり統合することにより，パーソナリティの発達を目指しているのである．

次に，組織行動を構成する公式組織が，個人のパーソナリティに与える影響と反応について明らかにする．アージリスは，テイラー（Taylor, F. W.）の科学的管理法以来の伝統的な理論により考え出された公式組織の最も基本的な性格は，論理的な秩序あるいは本質的な合理性にあるとする[9]．また，彼は，公式組織の特性として次の4原則をあげている．① 仕事の専門化，② 命令の連鎖，③ 指揮の統一，④ 統制の範囲（span of control）がそれである．

① 仕事の専門化──専門化は生産の質，量を向上させ，能率を上昇させるけれども，個人の能力の一部分しか使わなくなり，自己実現の可能性を奪い去るであろう．

② 命令の連鎖──組織の上位者に命令されることによって，組織の各部分の相互関係は合理的に整えられるけれども，個人は他人の決定に依存的となり，受動的，従属的な態度を作り出すであろう．

③ 指揮の統一──指導者の一存で目標が設定されるならば，個人はそこに自主的に関与することもなく心理的な失敗感をもち不満を招くことに

なろう.

④ 統制の限界——統制する人数を抑えることは,厳格な監督方式に流れやすく,人に依存的,従属的な行動をとらせるであろう.

こうした公式組織の諸原則が適用された組織の要求は,健康なパーソナリティの成長の要求と適合しない.命令系統の下位で高度に専門化された職務を担当している人は成熟するにつれ,自己表現を封じられ欲求不満に陥ったり,自己目標の達成方法を自分の一存で決定できずに失敗感をもち,将来を見通せなくて短期的展望で行動して,葛藤を深めていく.

公式組織の特性により個人が不適合に直面した場合に,公式組織に対する個人の順応行動として,次のいずれか,あるいは組み合わせた行動がとられる[10]. ① 組織を去る,② 上位の職位へと出世志向になる,③ 防衛機制により自己を守ろうとする,④ 組織に留まるように仕事の目標を下げたり,無関心になったりする.多くの人は,③ か ④ の行動をとる.また,これらが組織化されて非公式集団が形成されることもある.アージリスによれば,多くの経営者は,公式組織の特性が健全なパーソナリティの阻害要因になっていることを理解していないために,さらに順応行動を強化するという悪循環を生んでいるという[11].経営者は,順応行動する個人を怠け者で,無気力で,金銭的なことに強い関心をもち,無駄や間違いばかりする者とみている.それゆえ,経営者は,厳格な統制を行い,強力なリーダーシップを行使し,みせかけの人間関係で対処し,かえって不適合を高めてしまうことになっている.

アージリスは,この不適合を解決するには,主として職務拡大(job enlargement)をすることと従来の権威主義的なリーダーシップを変えることであるとする.職務拡大は,従業員が行う仕事の数を多くし,その内容をより拡大することによって権限が拡大し責任が強化されることが期待される.次に,従業員を依存的行動に導き自己実現への発展傾向を妨げている権威主義的なリーダーシップを,個人の欲求充足を重視し参加的決定の有効性

を示した参加的なリーダーシップに変えることである．しかし，アージリスは，参加的リーダーシップを絶対視しないで，リーダーの置かれている現実の状況にふさわしいリーダーシップ・パターンを適用する現実中心的リーダーシップ（reality-centered leadership）であるべきとする．

次に，組織の有効性は，単純に今日の組織の方針や実践をみるだけでは定義しにくい．そこでアージリスは，システム論を応用して独自の組織概念を展開することを試みる．組織はきわめて複合的なシステムであり，多元的な人間の活動で構成されているものである．また，組織は環境に内包され，つねに環境と相互に影響を与えあったりするダイナミックなオープン・システムである．そして，組織は，入力—変換—出力という継続的な循環過程で性格づけられている．このような組織の本質的特性として，アージリスは次の5つをあげている．[12] ① 組織は各部分の加算集合である，② それら各部分の相互関係を通して自己を維持する，③ 特定の目的を達成しようとする，④ 各部分の相互関係の状態を維持する，⑤ 外部環境に適応する．

これらの本質的特性のなかに組織の中核活動として，① 目的の達成，② 内部システムの維持，③ 外部環境の適応という3つの本質的な活動が内包されている．有効な組織とは，組織へのエネルギー入力が一定または減少しても，中核活動の出力が一定または増加する組織である．ここでエネルギー入力とは心理的エネルギーの入力で，組織の有効性は，仕事に有効な個人の心理的エネルギーをいかに増大させるかという問題である．したがって，個人のパーソナリティの成長の傾向を促進し，また心理的成功を経験できる可能性を高めるためには，どのような組織を設計するべきかが問題になる．

アージリスは，組織の5つの本質的特性に新たに1つを付け加え，それぞれの特性を組織の構成次元とみなす混合モデル（mix model）を形成する（図表 8-1）[13]．

各次元の両極は，各特性の向う方向の極限状況を示す．そして，各次元の両極の間に種々の段階が考えられる．このモデルにおいて各次元は単独に存

図表 8-1 混合モデル

本質的特性から離れる	本質的特性へ向う
1. ある部分（または部分の一部）が全体を統制する．	全体はすべての部分の相互関係を通して形成され，統制される．
2. 複数の部分からなることが認識されている．	部分の相互関係のパターンが認識されている．
3. 部分に関連のある目的が達成される．	全体に関連のある目的が達成される．
4. 内部志向の中核活動に影響を及ぼすことができない．	内部志向の中核活動に思いどおりに影響を及ぼすことができる．
5. 外部志向の中核活動に影響を及ぼすことができない．	外部志向の中核活動に思いどおりに影響を与えることができる．
6. 中核活動の性質には現在だけが影響する．	中核活動の性質には過去，現在，未来が影響する．

出所) Argyris, C. (1964：150＝1969：200)

在するのではなく，つねに他の次元と相互に依存し合っている．一般的に公式組織の原則に基づく伝統的なピラミッド型の階層組織は，連続体の左端に近い組織の本質的特性から離れる組織特性を示すとされている．また，連続体の右端に近い組織は本質的特性をもつとされ，個人から生産的努力を引き出す心理的エネルギーを高めるのに，より多くの心理的成功の機会を与えると考えられている．したがって，連続体の右端に近づくにつれて，個人は自分の仕事の世界でより大きな権力と統制をもち（①の次元），この統制を現実に認識し（②），彼の達成しようとする目的は全体的なものとなり（③），組織の内部，外部要因に影響を及ぼし（④と⑤），それで彼は統制しえない力に左右される個人ではなく，長期的視野で判断する（⑥）のである．そして，アージリスは精神的健康（positive mental health）という概念を手がかりとして，内面の精神的なバランスを保ち，外部環境に適応し，成長の傾向を有する個人の特性を考えるが，それは混合モデルの組織の本質的特性に合致するとみている[14]．このことから，個人が精神的健康に向かって努力し，組

織が混合モデルの右端に近づけて設計し直されるならば，組織と個人の統合の可能性が大きくなると結論する．ここで，組織を設計し直したり，個人からつねに最大限の出力を引き出すにはコストがかかる．したがって，本質的特性をもった組織が実際に最も有効になるかは，コストを勘案しなければわからないとする．

8.3 リッカートの組織論

　リッカートは，ミシガン大学に社会調査研究所 (Institute for Social Research: ISR) を設立し，その所長を長年務め，リーダーシップや組織論などに関する広範囲にわたる実証的な調査研究を行ってきた．彼のISRでの初期の研究は，組織において生産性の高い組織と低い組織を比較し，どのような要因が生産性に影響を与えているか解明することにあった．その結果，生産性と組織成員のモラールとの間には明確な相関関係がなく，生産性は管理者のリーダーシップ・スタイルにより影響を受けるという結果が見い出された．高い生産性に導くリーダーシップのあり方が，高いモラールを生み出すことになる．そして，他の行動科学者と同様に，従来の管理や組織の理論に修正を求める新しい管理と組織の理論構築を目指すことになる．[15]

　このようにしてリッカートは，最初に組織における管理者のリーダーシップ・スタイルと生産性との関係についての実証研究から理論化を試み，これを基礎として組織を原因変数，媒介変数，結果変数の3変数の関係からなる相互作用—影響力の体系としてシステム的に把握する管理方式を展開したのである．

　リッカートによれば，組織は主として ① 原因変数，② 媒介変数，③ 結果変数の3変数から成り立っている[16]．① 原因変数は，組織および管理によって操作できる独立変数で，たとえば組織構造，経営方針，経営戦略などである．② 媒介変数は，組織の内部状態および健全性を反映するもので，たとえば成員の態度，動機づけ，相互作用，コミュニケーション，意思決定な

どである．③ 結果変数は，組織の最終的な成果ないし業績を示す従属変数で，たとえば生産性，売上高，コスト，収益などである．管理を通じて操作された原因変数は，媒介変数に影響を与える過程を経由して結果変数を決定するという枠組みになっている．リッカートは，この3変数からなる組織の科学的かつ効果的に管理する方式を，独善的専制型，温情的専制型，相談型，参加型という4類型に区分し，それぞれをシステム1，システム2，システム3，システム4と名付けている．そして，主な組織に関する変数として，① リーダーシップ過程の特性，② 動機づけ力の特性，③ コミュニケーション過程の特性，④ 相互作用—影響過程の特性，⑤ 意思決定過程の特性，⑥ 目標設定と命令の特性，⑦ 統制過程の特性を取り上げ，質問紙法により測定し，システム1から4それぞれの特徴を分析している．

　システム1では，管理者が手順どおりに部下に仕事をさせ，事細かな指示をして，目標を自分だけで決定し，部下に実行を指令する．これに対して，システム4では，管理者が部下の行動を支持する立場に立ち，自由裁量の余地を大きく与え，細かなことは部下に任せ，目標の決定に成員を参加させる．システム2，3は，前述の2つの中間形態である．

　リッカートは，これらのなかでシステム4が最も優れた管理方式であると推奨する．システム4は，3つの基本的な管理方策を有しているとする．管理者が，(1) 支持的関係の原理を確立し，(2) 集団的意思決定ないしは集団的管理方式を用いて，(3) 組織のために高い業績目標を設定することである．[17]

　(1) 支持的関係の原理は，成員が自分の価値や期待に照らして，組織のあらゆる相互関係のなかで支持されていると実感し，さらに自分の価値や重要性を自覚することを，リーダーシップやその他のやり方によって最大限もたらすことである．支持的関係は，成員の経済的欲求から生じる動機と非経済的動機を調和させ，組織の目標達成のための協働的行動を起こさせる動機を生じさせることになる．ただし，この原理を実際に活用するためには，管理者はつねに部下の価値や期待などについて精通していなければならないので

ある.

(2) 集団的意思決定ないしは集団的管理方式は，伝統的な組織構造でみられる上司と部下のマン・ツー・マン (man-to-man) の個人を基礎とした個人間の結びつきによる管理方式に代えて，集団を基礎とした集団間の結びつきによる重複集団のそれぞれ1つの集団を管理の単位とする．管理者が集団のなかで支持的関係を確立すると，成員相互の信頼感が生み出され，成員間のコミュニケーションが円滑に行われ，誤った意思決定も集団のなかで修正されやすくなる．そして，集団機能を通して，成員の個人的目標と集団目標との一体感も高まり，集団全体のために協働しようとする成員の協力的態度も得やすくなる．こうして，効率的な集団が形成され，次に各集団の管理者を成員とする上位の集団が編成されるとき，管理者は各集団を結合する連結ピン (linking pin) の役割を果たす（図表8-2）．連結ピンとしての管理者は，上位集団が決定した目標を下位集団に伝達するだけでなく，下位集団の成員の感情に配慮し，彼らの代表として上位集団に影響力を発揮することを期待される．管理者が上位集団への影響力を保持しているので，集団の成員は集団的意思決定への参加意欲を強める．連結ピンが機能すれば，各集団で高い効率性が達成され，複合的な重複集団により構成される組織全体も高い

図表8-2　連結ピン

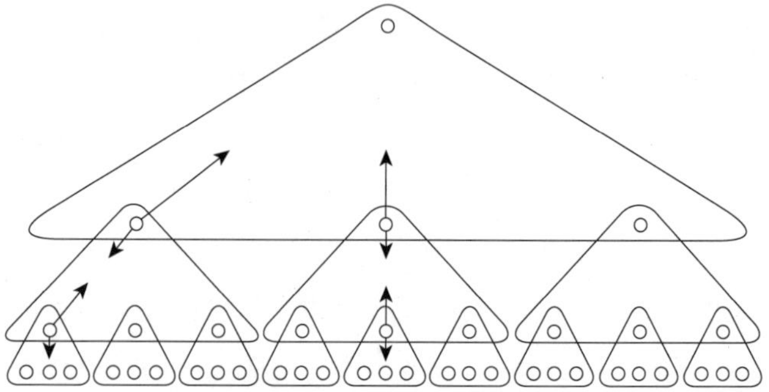

（矢印は連結ピン機能を示す）

効率性を達成することになる．

(3) 高い業績目標を設定するのは，成員の安定した雇用，職務の安定，昇進の機会などの期待や欲求が，経済的に成功している組織において最もよく充足されていることによる．組織が高い業績を達成するには，管理者が高い業績への期待をもつだけでなく，各成員も同時に高い業績への期待をもつべきである．しかし，これらの高い業績への期待を成員に強制すべきではない．実際に達成された業績が成員の欲求充足に応じる原資となることを，成員が理解し，自らの手で高い業績目標を設定するようにしなければならない．システム4の方式によれば，集団的意思決定と複合的な重複集団により形成される組織構造によって，必然的に各集団も組織全体も高い業績目標を有することになるのである．

このように，リッカートは，支持的関係を確立し，集団的な管理方式を用

図表8-3　システム1・2とシステム4がもたらす変数間の単純化された図式

これらの変数の存在が	これらの変数をもたらし	これらの変数を導く
原因変数	媒介変数	結果変数
支持的関係の原則	上司に対する好意的態度 高い信用と信頼 高い相互影響 すぐれたコミュニケーション（上，下，左右） 同僚集団に対する高い帰属意識	低い欠勤および転職 高い生産性 少ないスクラップ 低い原価 高い収益 （システム4）
多元的重複集団構造における集団的意思決定	各階層における同僚の高い業績目標（生産性，品質，スクラップに関して）	
高い業績目標	恐怖にもとづく服従	短期間での高い生産性 長期間での低い生産性 および収益 （システム1or2）
強い圧力：厳格な作業基準，人員制限，厳格な予算（いずれも課せられたもの）	非好意的態度（たとえば，信用や信頼がほとんどない） まずいコミュニケーション 低い水準の影響力 低い水準の協同的動機づけ 同僚の低い業績目標 生産高の制限	高い欠勤および転職

出所）Likert, R.（1967：137＝1968：172）

いて，高い業績目標を設定するシステム4の組織が，高いモラールと高い組織業績を生み出すことを示している（図表8-3）[18]．しかも，短期的にはシステム1の組織でも成員の行動を厳しく統制することによって生産性をひき上げることは可能である．しかし，媒介変数である成員の態度を悪化させ，長期的には生産性を悪化させるので，システム4の方式に従う必要があるとする．また，ある特定の時点において行われる測定結果を分析すると，時間変数が諸変数の相互関係に影響を与えるものであることを示す傾向にある．したがって，組織の現状を認識し，理想的なシステム4へ移行させるためには，定期的な測定が必要であり，時系列的な見地から組織の方向を知ることができるようにしなければならないとする．すなわち，既存の組織をシステム4の組織へ変えるにはどうすればよいかという変革の問題を取り上げているのである．

8.4 結 び

本章で取り上げた人間関係研究を始点に，組織における人間の行動を究明する行動科学的組織論として展開されたアージリス，リッカートの所説は，実証的研究を拠り所に新しい人間行動モデルや組織モデルを展開したものであった．まず，彼らの所説は，マズロー（Maslow, A. H.）の欲求階層説に影響を受け，自己のもつ潜在的能力をできる限り発現させようとする自己実現の欲求の充足を目指して行動する人間モデルに基づいているとされる．そして，アージリスは，個人と組織の統合の度合を高める混合モデルの右端に示される組織特性を有する組織モデルを提示した．また，リッカートは，個人と組織の目標を同時に達成しうる効果的な人間の相互活動を生み出す新しい組織モデルとして「システム4」を提唱した．したがって，有効な組織とは，個人の自己実現の欲求を充足し，その能力を最大限に活用できる組織ということになる．それゆえ，彼らは自分の組織モデルに基づいて，組織開発などの研究も行っている．しかし，彼らの所説は，彼らの人間モデルに制約

され事実（組織の諸々の現象）を完全には説明しきれていないとされる．

注）
1) Miller, J. G. (1955) "Toward a General Theory for the Behavior Science," *The American Psychologist*, 10.
   車戸實編（1984）『現代経営管理論』八千代出版，森田一寿：9 -13
2) Berelson, B. and Steiner, G. A. (1964) *Human Behavior: An Inventory of Scientific Findings*, Harcourt, Brace & World.（南博・社会行動研究所訳，1966,『行動科学事典』誠信書房）
3) 神戸大学大学院経営学研究室編（1988）『経営学大辞典（第2版）』中央経済社：294-295
4) 車戸實編（1984：57-58）
5) Argyris, C.（1957：20-22＝1970：48-51）
6) *Ibid*.（1957：24-35＝1970：53-68）
7) *Ibid*.（1957：47-51＝1970：84-89）
8) *Ibid*.（1957：36-45＝1970：70-82）
9) *Ibid*.（1957：54-66＝1970：94-110）
10) *Ibid*.（1957：78-79＝1970：125）
11) *Ibid*.（1957：123-162＝1970：184-240）
12) Argyris, C.（1964：119-123＝1969：157-162）
13) *Ibid*.（1964：150＝1969：200）
14) *Ibid*.（1964：160-163＝1969：212-216）
15) Likert, R. (1961) *New Patterns of Management*, McGraw-Hill.（三隅二不二訳，1964,『経営の行動科学』ダイヤモンド社）
    角野信夫（1998：181-184）
16) Likert, R.（1967：29＝1968：30）
17) *Ibid*.（1967：47-52＝1968：53-58）
18) *Ibid*.（1967：137＝1968：172）

◆参考文献

Argyris, C. (1957) *Personality and Organization*, Harper & Row Publishers, Inc.（伊吹山太郎・中村実訳，1970,『新訳 組織とパーソナリティ』日本能率協会）
——（1964）*Integrating the Individual and the Organization*, Willy & Sons.（三隅二不二・黒川正流訳，1969,『新しい管理社会の探究』産業能率短期大学出版部）

Likert, R. (1967) *The Human Organization*, McGraw-Hill.（三隅二不二訳，1968,『組織の行動科学』ダイヤモンド社）

角野信夫（1998）『アメリカ経営組織論』文眞堂

森田一寿（1984）『経営の行動科学』福村出版

第Ⅲ部

組織論の分化と深化

第9章 動機づけ理論

9.1 はじめに

　動機づけ理論（モチベーション理論とも呼ばれる）は，人びとの勤労意欲を対象とする分野である．人が働く実際の目的は単純なものではなく，さまざまである．動機づけ理論は，どのようにすれば働く人びとのやる気を引き出せるのかというきわめて実用的な目的をもった分野である．動機づけ理論は，経営学の一分野として扱われるものの，産業心理学の研究者によって開拓された．1950～60年代のアメリカで生まれた理論であるが，現代においても働く人びとのやる気は管理者・作業者ともに，しばしば頭を悩ませる重要な問題である．本章では，人の働く目的に着目した動機づけ理論の基礎的な理論，および，それらの考え方について説明する．

9.2 マズローの欲求段階理論

　心理学者であったマズロー（Maslow, A. H.）は，人の欲求を5つに類型化し，それが低い動物的・基本的な欲求から，人間的・高尚な欲求である自己実現の欲求に至る段階的な関係をもっているというモデルを示した．以下，欲求段階説における人間の欲求を低い段階のものから説明する[1]．

① 生理的欲求…人が生きていくために最低限必要な欲求である．食物や水，休息などを得ようとする動物と人間が共通にもつ欲求である．しかし，現代社会に生きる人間は，通常，金銭なしにこれらの生理的欲求を充足する

ことができない．働く人びとにとって，賃金が十分なものであるかどうかという経済的欲求と深く関わる．

② 安全の欲求…危険から身を守り，有害な状況を避けようとする欲求であり，これも動物と人間が共通にもつ欲求である．職場が安全なものかどうか，福利厚生が十分なものか，雇用が安定したものであるかどうかといったことが安全の欲求と深く関わる事柄である．

③ 帰属の欲求…家族・友人・同僚・隣人といった集団に帰属したいという欲求である．社会的な動物としての人間の欲求といえる．

④ 尊重の欲求…地位や威信を求める欲求である．自身の能力が周囲に認められたい，他者から尊敬されたい，信望を得たいという自我の欲求でもある．

⑤ 自己実現の欲求…自己の成長や発達の機会を求める欲求である．人間は目標を達成したいとか，自分の能力を最大限に発揮したいとか，創造性を発揮したいといったことを考えるものである．欲求段階説ではこの自己実現の欲求を最高位の欲求と位置づける．

　欠乏や恐怖によって，人間が本来もっている，創造したい・成長したいという自己実現の欲求が抑えられているとマズローは考えていた[2]．自己実現の欲求以外の低い次元の欲求は，欠乏や恐怖から逃れたいという人間の性質から来るものである．5つの欲求は，低い次元の欲求が満足されてから1つ高い次元の欲求が表出するという優先順位をもっている．欲求段階説では，低い次元の欲求が満たされていない人が段階を飛び越えて高次の欲求をもつことはないと考える．生理的欲求などの低い次元の欲求すら満たされない人が，自己実現の欲求を求めることはない．低い次元の欲求は満たされれば徐々に弱くなるが，自己実現の欲求は欠乏からくるものではないため，満たされて弱くなる性質はない．

　自身がムダと考えることを無理矢理させられるのは人間にとってみじめ

で，大変な苦痛を伴うことである．そのため，労働は不愉快なものと考えられがちだが，自己実現を求める人びとにとって労働は生活や地位などを得る手段ではなく，仕事そのものが「使命」「天職」といった自分の人生の目的と切り離せないものとなる[3]．

しかし，マズローの理論はあくまで仮説にとどまるものであって，実証的な裏づけに乏しく，現実のさまざまな状況において人びとが欲求段階説の通りの行動をとる確証はない．また，マズローは，あくまで心理学者として研究を重ねてきたものの，彼の理論は彼の愛国心や政治的信条と密接な関係がある．マズローは，アメリカ的価値観を最善のものとみなし，自由主義と個人主義を強く支持・擁護し，豊かなアメリカ人は他国の人びとよりも優越していると信じていた．同時に，中南米や中近東の途上国の人びとや，大戦中のドイツや冷戦中の共産圏といった独裁国家に暮らす人びとを，健全で自尊的なアメリカ人とは異質のものとみる傾向が非常に強かった．恐怖と欠乏が人間の創造性や積極性を萎えさせるとするマズローの考え方は，彼の独特の社会向上理論や，ドラッカー等のリベラルな立場をとる経営理論への批判へと発展した．

マズローは，豊かなアメリカ国民は，貧しく危険な状況におかれた国々の人びとや自由が抑圧された人びとよりも高次元の望みをもつことができるのであり，意欲的かつ健全であると考えていた．そして，個々人の自尊心や成長を重視することで，漸進的な社会発展を促すことができるとマズローは主張した．さらに，（権威主義的な国には不可能な）漸進的な社会発展を遂げることによって，アメリカはソ連との冷戦に勝利することができると考えていた[4]．

マズローによるドラッカーの経営理論への批判も，マズローの視点を理解する上で注目する価値がある．ドラッカーの経営理論の前提には，人間は（誰でも）責任感や向上心をもつとの仮定がある．マズローは，従業員個々人の参加意欲や責任感を重視するドラッカーの経営理論は，高度に成長した

人間を対象とした場合には効果があるものの，途上国の人びとには全くあてはめることができないと繰り返し批判した．（1960年代当時の）コロンビアやシリア，イラン，南アフリカなどでは権威主義的・独裁的な管理のみが有効であるとマズローは主張している．さらに，アメリカ国内でも，（当時）心理的に不幸な状態に置かれていた黒人には利他主義的で寛大なドラッカーの管理方式は適用できないと主張した．マズローの理論では，基本的欲求が充足されていなければ，能動性や向上意欲といった健全な心理は成り立たないと考えるためである[5]．

現代からみれば受け入れがたい視点も含まれているとはいえ，マズローの，欲求に段階があるという考え方や，報酬よりも仕事の過程そのものに意味をもたせる考え方は，後の経営の理論と実践に大きな影響を与えている．

9.3 アルダーファのERG理論

アルダーファ（Alderefer, C. P.）のERG理論は，マズローの理論とよく似た構造をもっている．ただし，マズローの理論は心理学の立場から構築された仮説であるのに対し，アルダーファの理論は当初から労働の現場で用いられることを意図して構築されたものである．ERG理論を簡潔に説明すると次のようになる[6]．ERG理論では，人間の働く動機をE（生存欲求），R（関係欲求），G（成長欲求）の三階層に分類している．生存欲求は，マズローの欲求段階説の生理的欲求や安全の欲求にほぼ相当する．関係欲求はマズローの欲求段階説の所属の欲求や承認の欲求にほぼ相当する．成長欲求はマズローの欲求段階説の承認の欲求と自己実現欲求にほぼ相当する．

先に述べたとおり，マズローの理論においては，低い次元の欲求が満たされると高次の欲求があらわれることとなる（たとえば，安全の欲求が満たされていない人には，所属の欲求や自己実現の欲求は生じないと考える）．しかし，ERG理論では各階層の欲求の相互関係はかなり異なり，異なる階層の欲求が同時にあらわれることもあると考える．また，ERG理論では，高次の欲

求が満たされない場合，その欲求が後退し，低次の欲求がより一層強くなると考える．

9.4 マグレガーのX理論・Y理論

マグレガー（McGregor, D.）はマズローの欲求段階説を基礎とし，X理論・Y理論という2つの対極的な人間観とそれぞれの人間観に基づく経営管理を示した[7]．

X理論による人間観の特徴は次の点にまとめられる．①生来仕事が嫌いで，できる限り仕事をしたくない，怠けたいと考える．②仕事をしたくないのだから，強制されたり命令されたり，処罰するぞと脅されなければ，組織目標の達成のために力を出さない．人間の仕事が嫌いだという特性はとても強いので，褒美を高めてもだんだん効き目がなくなってしまう．そのため，罰するぞと脅し，仕事を強制してやらせなければならなくなる．③他人から命令されることを好み，責任を回避し，野心ももたず，安全を望んでいる．多くの経営者は口には出さなくとも，大衆（労働者）は優れた点もない平凡な人間だと考えているものだ．

X理論の視点に立つ場合，アメとムチによるマネジメントが有効であるという結論に達する．X理論の人間観・労働観は多少荒っぽいものであるが，マグレガーが観察した時代のアメリカ企業の経営者の多くは，X理論の立場で従業員を管理しなければうまくいかないと考えていた．アメとムチによる管理は，うまくいく場合もある．従業員の生理的欲求や安全の欲求を満たす手段である賃金・福利厚生・作業環境は，経営者が容易に加減できるからだ．しかし，生活水準が向上し，人びとがより高い次元の欲求を求めるようになると効果的な方法ではなくなる．X理論では，自尊心や仕事のやりがいを植えつけられないし，命令するだけでは，従業員は怠けたり責任を回避しようとしてしまう．

マグレガーは，X理論と対極的なY理論を示すことで従来型のアメとム

チによる管理や権威・命令・統制による管理の限界を主張した．人びとの生活水準や教育水準，態度や価値観が変われば，仕事のやる気を起こす原動力やふさわしいやり方も変わると考えたためだ．Y理論の内容は次の点にまとめられる．①仕事で心身を使うことはあたりまえのことであり，条件次第で仕事そのものが遊びや休養と同じように人びとの満足感の源になる．②命令されなくとも人間は自分が打ち込んだ目標のために自らにムチ打って働くものである．③報酬によっては，人間は献身的に目標達成につくす．最も重要な欲求は自己実現であるから，目標に向かって努力すれば直ちに最大の報酬にあり・つける．④人間は条件次第で自ら進んで責任をとろうとする．責任回避は経験によってそうなるものであって，責任逃れや野心のなさは人間の本性ではない．⑤問題を解決するための創造力や工夫は一部の人びとだけがもっているものではなく，たいていの人に備わっている．⑥現代の企業では，従業員の知的能力は一部しか活用されていない．

　X理論では命令や強制が組織の原則となるが，Y理論では「統合」が組織の原則となる．これは，企業側の要求と従業員の欲求の双方を統合することである．「統合」は，部下を甘やかしたり監督を緩くするといった「温情主義」のことではなく，経営側が従業員の欲求を把握するとともに従業員に組織の目標に納得してもらい，従業員の積極的な努力を引き出すことを意味する．従業員が，自発的に努力し，能力を高め，企業の繁栄につくそうとすれば，権限以外の方法で人を動かしていける[8]．Y理論を用いる場合には，管理者は権威的に振舞うのではなく，従業員個々人のやる気や創意を引き出すように行動しなければならなくなる．具体的には，従業員個々人に重要な決定への参加や提案を行う機会を設けたり，目標による管理（MBO）を効果的に適用することなどである．

9.5　ハーズバーグの動機づけ－衛生理論

　ハーズバーグ（Herzberg, F.）の人間観もマズローやマグレガーの人間モ

デルと非常によく似た面があり，人間の性質を痛みの回避を求める動物的欲求と，成長と創造を追及する人間的欲求の2つに分けて示している．しかし，動機づけ・衛生理論は，実証的な研究から導き出された点で欲求段階説やX理論・Y理論との大きな違いがある．

ハーズバーグは1950年代に200人の技師と会計士に面接し，彼らに仕事の経験を語ってもらい，職務における満足の要因と不満足の要因を探った．満足には達成，承認，仕事そのもの，責任，および昇進の5つが大きな要因であることがわかり，これを動機づけ要因と名づけた．不満をもつ要因には会社の政策と経営，監督，給与，対人関係，作業条件であることがわかり，この不満の要因を衛生要因と名づけた．ここでの衛生とは足りないと不健康になるものの，足りているからといって健康にはならないということを示す譬えであり，作業や職場が清潔であるとか不潔であるとかいった問題を指しているのではない．働く人間のやる気を高める要因とやる気をそぐ要因を全く別個の2つの次元に分けて説明する点に動機づけ・衛生理論の特徴がある．[9]

動機づけ要因は，成長したい・創造したいという人間的な欲求から来るものである．動機づけ要因は，働く人びとが仕事に達成感ややりがいが感じられるかどうかということと関わるものである．動機づけ要因の不足が不満に結びつくことはない．不満は衛生要因の問題から起こるからである．

衛生要因は，不快や痛みから回避したいという動物的な欲求から来るものである．衛生要因に問題がある職場や仕事は，働く人びとを不快にし，仕事や職場への不満を起こさせるように作用するが，改善しても，達成感や成長といった仕事の意味を働く人びとに与えることはできない．つまり，不満を取り除くだけでは人間のやる気を積極的に引き出すことはできないということになる．また，職場の不満を解決するためには衛生要因を考慮しなければならないが，給与・作業条件・対人関係等々の改善の効果は極めて短期間の効果しかないので，人事担当者はこの問題に時間をとり続けることとなる．[10]

9.6 期待理論

　ここでは，期待理論でもっとも基盤的な研究を行ったヴルーム（Vroom, V. H.）の理論を中心に解説する．ヴルームの理論では，人びとが何かを成し遂げようとする力の背景には，誘意性と期待があると考える．誘意性とは，ある結果を本人がどの程度望んでいるかどうかということである．昇進したい人にとって昇進することはプラスの誘意性をもつし，ある職業に就きたい人にとってその職業に就くことはプラスの誘意性をもつ．また，やりたくない・なりたくないものはマイナスの誘意性をもつ．期待とは，望んでいる結果がどの程度得られそうかという確率について，本人が主観的に判断したものである．ヴルームの理論は，人びとは，苦痛をなるだけ少なく，かつ，好ましい結果をなるべく大きくしようと行動するという，功利主義的な人間観に立っている．

　誘意性は，満足とは異なる．強く望んでいるもの（誘意性が高いもの）を，実際に得たとしても，さほどの満足が得られないことは多々ある．また，あまり望んでいなかったものを得たとしても，結果的に，大きな満足を得る場合もある．人びとは，実際に満足のいく結果があるからではなく，望ましい結果がもたらされると信じるから，積極的な行動をとるのである．

　ここでの期待は，人びとが，自らの制御し得ないリスクや確率を主観的に判断したものである．宝くじを買う人は，自ら進んでくじを買うわけだが，あたるかどうかはわからない．また，政治家になりたい人が選挙に立候補したとして，当選するかどうかはわからない．人間は，何か意思決定をする際に，成功するかどうかの確率を把握しようとする．しかし，期待は，客観的な確率と同じものではない．ある活動をして，それがもたらしそうな結果との関連について，あくまで主観的に判断した確実性が期待である．期待理論では，特定の努力や選択によって，ある結果がもたらされるだろうということを彼・彼女がどの程度信じているかということが重要になる．

人間の行動には，方向性と大きさがある．これを期待理論では，「力」と呼ぶ．人間が，(主観的な範囲で)合理的な選択をするという仮定に立てば，「力」は誘意性と期待の積となる．いかに好ましい結果がもたらされるとしても，人びとが全く成功する確率がないと考えているならば，行為を遂行しようとは思わない．このような場合，誘意性は高いのに期待はゼロであるから，両者をかけあわせた「力」もゼロとなる．また，無関心な結果をもたらすのであれば，いかに成功が確実な行為であっても人間はそれを行おうとしない．このような場合，期待は大きいが誘意性はゼロであるから，両者をかけあわせた「力」もゼロとなる．[11]

ヴルームは，職業選択と職務満足，また，モチベーションと業績の分野で，研究を行ったが，まずは職業選択における期待理論の適用についてみてみよう．[12] アメリカにおいては，第一次世界大戦中から20世紀中盤までに，陸軍や職業安定所を通じて国民の職業選択についての広範かつ網羅的な調査が行われていた．また，20世紀半ばのアメリカでは，すでに，心理学者などが児童や大学生を対象に職業選択に関する統計的調査を行っていた．職業選択を対象にした多くの調査・研究の結果は，期待理論を裏付けるものであった．

職業選択を考える場合，ある職業に就くのが本人にとって魅力的であるかどうかという選好の大きさ／強さが誘意性の大きさとなる．また，ある職業になれそうかどうかということが期待の大きさとなる．当然のことであるかもしれないが，1950～60年代に行われた児童や学生を対象にした職業選択の調査結果は，職業選択において誘意性が大きく関わっていることを裏付けていた．それだけでなく，将来，ある職業に就けそうかどうかという主観的確率，即ち，期待によっても左右されるものであった．たとえば，成績の高い児童ほど，困難かつ複雑な仕事への選好を口にする傾向が強いことを複数の調査結果が裏付けていた．また，成績の低い児童ほど，単純な仕事への選好を口にする傾向があった．平たくいえば，人びとはなりたいかどうかという

要素だけでなく，将来，なれるかどうかということも，将来の職業についての選好に大きく関わっているということを当時の複数の調査が示していたのであり，これはヴルームの期待理論の考え方を裏付けるものであった．

ただし，性別，父親の職業，宗派といった期待理論の仮説的なモデルには含まれていなかった社会的変数も，児童や大学生の職業選好に大きく関わっていた．1950年代のアメリカの大学生を対象にした調査では，男子学生は法務／エンジニア／ビジネスなど，比較的高い社会的地位や高い経済的報酬が得られる仕事を選好する傾向があり，女子学生は教育／ジャーナリズム／芸術のように，創造性や人道主義的性質が要求される仕事を選好する傾向があった．もっとも，性差が職業選択に与える影響は，生まれ持った性質のためではなく，社会化パターンの差異によるものである．つまり，親や周囲の大人が子どもに望むことや教育することの中身が男女で異なるために，このような違いが生まれたと考えられる（ゆえに，現代においては，当時と同じような差異がみられるわけではない）．また，子どもは父親の職業と似た仕事を選好する傾向があることが戦前からの複数の研究で明らかにされていた．そして，1950年代には，プロテスタントの大卒者はカトリックの大卒者よりもビジネスに対する選好や達成欲求が強く，経営者や専門職になる傾向が高いことが複数の研究において明らかにされていた．

また，ヴルームは職務満足においても，多数の実態調査を基に期待理論の仮説を検証した[13]．職務満足に関する当時の統計的研究の多くは，職務満足が高いほど，離職率（従業員の自発的退職が起こる確率）や欠勤の頻度が低くなる傾向を明らかにしていた．期待理論によって職務満足と離職・欠勤の関係を解釈すると，次のようになる．離職率や欠勤には，仕事役割の誘意性と，その仕事役割に留まるようにする力の強度が，直接関係している．職務に大きな魅力を感じている従業員は，そうでない者に比べて，その職務に留まるよう作用する力をより強く受け，一時的にも永続的にも彼／彼女が離職する確率が小さくなるのである．また，失業率が高い時期ほど自発的離職が少な

い．これは，仕事が少ない時期には，離職後の再就職に成功する期待が低くなるため，離職するよう作用する力が少なくなるためだ，と考えることができる．

従来，高賃金，重要な決定への参加の機会，また，多様な職務を任せることなどが職務満足を高めるために有効と考えられていた．ヴルームはこれらの手法そのものは肯定しているが，その効果は従業員個々人のパーソナリティによって異なるのではないかと主張した．職務満足の差は仕事の役割の差によってのみ起こるのではなく，個々人の動機の差も関係すると考えた．これは当時としては独創的な視点であった．

また，ヴルームは業績とモチベーションの関連についても研究を行い，人びとが職務を遂行する「力」は，業績の誘意性と，業績の達成に関連する期待の積であるとの関係をある程度まで証明した．極端に高いモチベーションをもつ者は，中程度のモチベーションをもつ者よりも仕事を非効率に行うなど，因果関係の説明が困難な事実もあったものの，概ね次のような関係がみられた．①業績は個人の達成欲求の強さに直接影響を受ける．②過剰な報酬を得ていると信じる者は高いレベルで仕事をこなす．③自分が保有していると信じる能力が課業に必要であると信じる場合に，高いレベルで仕事をこなす．④自分の業績レベルに応じて報酬や昇進などの見返りが得られると学習した場合に高いレベルで仕事をこなす．⑤将来，意思決定に参加できる機会が与えられている人は，そうでない人よりも高いレベルで仕事をこなす．もっとも，これらの効果は一律のものではなく，課業の性質と従業員のパーソナリティ，および両者の相互関係によって変化する．[14]

9.7 モチベーション理論の内容論と過程論の比較

マズローやマグレガーやハーズバーグの理論は，動機づけの内容論と呼ばれているのに対し，期待理論は動機づけの過程論と呼ばれている．前者は，非常にわかりやすい構造をもっている理論である反面，欲求やその充足につ

いて固定的に捉えてしまっている．後者の過程論は，動機づけが生じるプロセスを重視したところに特長がある．また，過程論は人びとの成長過程や人格の違いといったパーソナリティ変数を内容論よりも重視している点に特長がある．

　他方で，過程論の多くは，仕事のやりがいや帰属意識などを軽視し，成果と報酬の関連を主な問題としている．もっとも，ここでの報酬には給与や各種手当てなどの金銭的報酬のみならず，仕事で得られる地位などの社会的報酬も含まれているが，それらもあくまで仕事そのものというよりは仕事によって得られる見返りである．また，期待理論では人間を合理的な選択を行い得る存在と仮定している．期待理論では，人間を主観において合理的な選択を行う存在と考えているが，現実の意思決定はこのように行われないのではないか，という問題がある．たとえば，将棋はきわめて論理的な思考力を用いるゲームである．しかしながら，将棋の名人であっても，しばしば，直感や勘によって選択肢を絞り込んでいる．人間の合理性は制限されたものであり，いかに優れた論理的思考力をもった人間であっても，感性の働きに大きく左右されて実際の意思決定を行っている[15]．以上のように，過程論の人間観はむしろ古典的な経済人仮説に立ち返った特徴をもっているのであり，労働や企業組織の人間的側面の重視という点では，内容論よりも後退してしまっている．

9.8 産業心理学の現代的な問題

　動機づけ理論の当初の問題意識は，人びとのやる気の源泉は何か，どうすればそれを引き出せるのかということであった．ところで，近年，なぜ人びとはやる気を出さなくなるのか，また，なぜ職場で問題を起こすのか，といったネガティブな事象を解明する調査・研究の重要性が増しつつある．

　パワー・ハラスメント，職場内いじめ，横領，備品などの破壊，意図的な怠業といった職場内での反社会的行動についての調査・研究が1990年代頃か

らヨーロッパやアメリカで進展した[16]．また，職務上のストレスや雇用不安によって発生する従業員の抑うつや神経症についての調査・研究も海外・日本ともに進展しつつある．多くの場合，これらの事象を調査する際にも，動機づけ理論をはじめとする産業心理学の考え方が敷衍されている．

たとえば，不公平感の解消や憤慨の発散・表現といった欲求に動機づけられて職場内での反社会的行為が行われることを説明するモデルなどが提示されている．また，職場内の反社会的行動には，組織の慣行や職務内容といった状況要因だけでなく，個人の自己愛的傾向などのパーソナリティ要因が関わっていることなどが，統計的調査などである程度まで明らかにされつつある[17]．未だ発展途上の分野ではあるが，多くの人びとにとって身近，かつ，深刻な問題であるため，今後の発展が期待される領域である．

注)
1) 杉村健（1987）『作業組織の行動科学』税務経理協会：17-18
2) Maslow, A. H. 著，上田吉一訳（1962）『完全なる人間』誠信書房：71-77
3) Maslow, A. H. 著，金井壽宏監訳（2001）『完全なる経営』日本経済新聞社：58
4) Maslow, A. H. 著，原年廣訳（1967：258-278）．また，同書には随所にマズローの愛国主義的主張と自由主義と個人主義への強力な支持・擁護がみられる．
5) 同上訳書：13-37
6) アルダーファのERG理論については，主に，田尾雅夫編（2010）『よくわかる組織論』ミネルヴァ書房：40および，二村敏子編（2004）『現代ミクロ組織論』有斐閣：44-47を参照．
7) McGregor, D. 著，高橋達男訳（1971）．X理論とY理論の特徴については，特に pp. 38-65を参照．
8) 同上訳書：65
9) Herzberg, F. 著，北野利信訳（1968：85-91）
10) 同上訳書：191
11) Vroom, V. H. 著，坂下昭宣・榊原清則・小松陽一・城戸康彰訳（1982：20-21）
12) 職業選択と期待理論については，同上訳書：103-111を特に参照．

13) 職務満足については，同上訳書：200-202，215-216，321-322を参照．
14) 同上訳書：239，320-323，304-305
15) 若林満監修（2008：51）
16) たとえば，次を参照．Robinson, S. L. and R. J. Bennett (1995) "A Typology of Deviant Workplace Behaviors: A Multidimensional Scaling Study," *Academy of Management Journal*, Vol.38：555-572.
17) これらの産業心理学における研究成果については，田中堅一郎（2008）を参照．

◆参考文献
Maslow, A. H. 著，原年廣訳（1967）『自己実現の経営』産業能率短期大学出版部
Herzberg, F. 著，北野利信訳（1968）『仕事と人間性』東洋経済新報社
McGregor, D. 著，高橋達男訳（1971）『企業の人間的側面　新版』産業能率大学出版部
Vroom, V. H. 著，坂下昭宣・榊原清則・小松陽一・城戸康彰（1982）『仕事とモチベーション』千倉書房
十川廣國編（2006）『経営組織論』中央経済社
Maslow, A. H. 著，金井壽宏監訳（2001）『完全なる経営』日本経済新聞社
若林満監修（2008）『経営組織心理学』ナカニシヤ出版
田中堅一郎（2008）『荒廃する職場／反逆する従業員』ナカニシヤ出版
桑田耕太郎・田尾雅夫（2010）『組織論（補訂版）』有斐閣

第10章

リーダーシップ論

10.1 はじめに

これまでリーダーシップ論はフォロワーとの関係性において，優れたリーダーとはどのようなものか，あるいは効果的なリーダーシップ・スタイルとはなにかを研究してきたといえる．しかしながら近年，このような成果や業績といった集団・組織活動の結果から相対的・比較的に優れたリーダーあるいはリーダーシップ・スタイルを探求する実証的研究から，リーダーとしての本来あるべき姿やなすべき行為を追求する倫理的・規範的なリーダーシップ研究が行われるようになってきた．本章では，これまでのリーダーシップ論の大きな流れを概観し，そのうえで近年の研究動向について解説する．[1]

10.2 リーダーシップとは何か

リーダーシップ論を検討していくうえで最も難問なのが，そもそもリーダーシップとはなにかということである．しばしばリーダーシップには論者の数だけ定義があるといわれるように，実に多様な定義がある．リーダーシップ論の歴史は，このリーダーシップとはなにかを明らかにしようとしてきた過程であるともいえる．次節以降で改めて触れることになるが，本章で用いる一般的かつ包括的な定義を説明しておきたい．

まずリーダーシップとは，集団作業における対人関係上の影響力または影響過程だと考えられている．通常リーダーシップとは，リーダーである人物にそなわった特徴などと考えられることが多いが，現在ではそのような個人

的属性ではなく，リーダーの影響に対するフォロワーの反応という集団のリーダー——フォロワー間に生じる相互作用過程だと考えられている．では，リーダーはなにを意図してフォロワーとの間にこのような影響関係を構築し，影響力を行使するのだろうか．その理由は，集団（や組織）の目的を達成するためである．そのためリーダーシップの定義は目的概念を含むこともある．

経営学や組織論の領域において，組織や集団の影響過程としてリーダーシップと同じく重要な概念にパワーというものがある．このパワーも非常に多義的な概念である．本章ではその主旨や紙幅の面から詳細は割愛するが，パワーは地位や権限からもたらされる公式的なパワーと個人的な専門知識や経験から生じる非公式なパワーに分類されることが多い．このパワーとリーダーシップの違いも定義上の難問であるが，リーダーは集団目的の達成に向けて影響力（リーダーシップ）を発揮するためにこのパワーも用いるといわれており，リーダーシップとはパワーを含めたより包括的な組織・集団の影響過程といえる．

以上から本章においてリーダーシップとは，「集団や組織の目的を達成するためにある個人が集団のその他の諸個人に影響をあたえる過程」[2]と定義する．

上記の定義でリーダーやフォロワーという言葉を用いず，個人や諸個人という言葉を用いたのは，そもそもリーダーとはなにものか，というリーダー自体の定義にかかわる問題があるからである．リーダーには「任命された(assigned) リーダー」と「出現した (emergent) リーダー」という2タイプがあると考えられている．任命されたリーダーとは，文字通り選挙や組織・集団内のより上位の権威によって指名されたリーダーである．ただし，リーダーにはそのような公式的なリーダー以外に非公式な自然発生的リーダーがいる．だれもリーダーがいない状況や，あるいは公式的なリーダーが任命されている状況でも，集団のある個人が次第に影響力をもち，その他のメンバ

一からリーダーと目されるようになることがある．この場合，任命リーダーと違ってリーダーの誕生がリーダーシップ現象の発生に伴っており，上記の定義は，リーダーシップという現象が必ずしも事前に所与のリーダー――フォロワー関係を必要としていないことを示している．

10.3 初期のアプローチ

リーダーシップ論のどこまでを初期と位置づけるのかは難しい問題だが，本章では，資質アプローチから状況アプローチまでを初期として紹介したい．

リーダーシップの最も初期の研究の1つとして挙げられるのが1900年初め頃から行われた資質（trait）アプローチである．しばしば「彼（彼女）は生まれながらのリーダーだ」と表現されるように，当初リーダーシップはリーダー個人に付随する資質や属性と考えられ，優れたリーダーに共通する先天的な身体・外見上の特徴，個人的性格や能力（知性）などが検討された．

しかしながら，優れたリーダーといっても，その個性や身体的特徴は千差万別であり，あまり有益な研究結果が得られなかったというのが定説である．ただし，その一方で資質的なアプローチは今日まで続けられており，リーダーと呼ばれる人びとに，自己確信，決意（物事への追求心），信頼に足る誠実さ，そして社会性（良好な社会的関係への志向性）が特徴的にみられることが報告されている．

第2次世界大戦後，資質アプローチが十分な研究成果を生まなかったために，リーダーの観察可能な行動面に着目し，効果的な行動パターンを明らかにする行動アプローチまたはスタイルアプローチと呼ばれる研究が主流となったという．この分野での金字塔がオハイオ研究とミシガン研究である．

オハイオ州立大学で推進された研究によって，リーダーの典型的な行動をあらわす「構造づくり（initiating structure）」と「配慮（consideration）」という2つの類型が発見された．構造づくりとは仕事志向的なリーダー行動

で，フォロワーを課題達成に向かわせるために作業を組織化し，仕事の内容や手順を構造化し，役割と責任を定義し，作業活動の予定を立てる行動である．配慮とは関係志向的なリーダー行動で，リーダーーフォロワー間の尊敬や信頼などの人間的つながりを構築する行動である．さらに，オハイオ研究と同時期にミシガン大学で行われた研究では，独自にオハイオ研究と同種の2類型を発見した．すなわち，「従業員志向（employee orientation）」と「生産志向（production orientation）」である．従業員志向は，人間としてのフォロワーに関心をもち，彼らの個性を尊重し，その個人的欲求に特別な関心を払うリーダー行動であり，配慮に類似する．他方，生産志向はフォロワーを職務遂行の手段とみなし，職務の技術的または生産的な側面を重視するリーダー行動で，構造づくりに相似する．以下この2類型を適宜人間志向と仕事志向ともよびかえる．

リーダーシップのその他の有名なスタイルアプローチとして，マネジリアルグリッド理論とわが国発のPM理論が挙げられる．これらの理論では，リーダーシップ・スタイルの2類型を互いに排他的な関係ではなく，同一リーダーに並存する志向性と捉え，より複合的・統合的なリーダーの行動モデルが提示されている．詳細は割愛するが，マネジリアルグリッド理論ではいくどかの改訂をへて，生産への関心と人々への関心がともに高い，すなわち仕事志向と人間志向の両方の行動スタイルを兼ね備えたチーム・マネジメント型と呼ばれるリーダーがより完成度の高いリーダーであるとされており，またPM理論では，仕事志向にあたる課題遂行（performance）と人間志向にあたる集団維持（maintenance）の両方の機能を有するPM（ラージ・ピーエム）型と呼ばれるリーダーが提唱されている．

このように類型化されたリーダーの行動スタイルと成果との関連が検討されたが，オハイオ研究で生産性の高い作業集団で従業員志向のリーダー行動がみられたものの，構造づくりと配慮に関しては研究結果が一貫せず，総じて2類型と成果との間に単純かつ明確な関連はみいだせなかったという．

1950年代から1960年代初期にかけて主流となったスタイルアプローチが成果との関連において思うような研究結果を生み出せないなか，1960年代後半から1970年代にかけて有力なパラダイムが形づくられることになった．それが状況（situational）アプローチまたは条件（contingent）アプローチと総称される理論である．このアプローチは，リーダー行動から成果へといたる因果関係にリーダー状況という要因を媒介させる．スタイルアプローチは，あらゆる状況において効果をあげる普遍的なリーダーシップ・スタイルを追求したが，状況アプローチは，人間志向と仕事志向の2つのリーダー行動に本来優劣はなく，リーダーが置かれた状況に応じて適切なスタイルが定まることを指摘した．

　たとえば，フィードラー（Fiedler, F. E.）は状況要因としてリーダーとフォロワーの関係，仕事の構造化とリーダーの地位を設定し，リーダーに望ましい状況（関係が良好で仕事が明確に構造化され地位がしっかりと確立している）からリーダーに望ましくない状況（関係が悪く仕事が構造化されておらず地位が弱い）まで，その程度に応じて状況を多段階であらわし，仕事志向のスタイルが望ましい状況と望ましくない状況の両極端で効果的であることと，人間志向のスタイルがその中程度の状況で効果的なことを明らかにした．

　また，ハーシィ＝ブランチャード（Hersey, P. & Blanchard, K. H.）の状況リーダーシップ論も，このアプローチの有力な理論の1つである．この理論はいくどかの改訂ののち，従来の人間志向に相当する指示的行動（directive behavior）と仕事志向に相当する支援的行動（supportive behavior）を設定して，この両者の組み合わせからフォロワーの発展度（development levels of followers）という状況要因における効果的リーダーシップを明らかにしている．発展度が高い状況では低指示的・低支援的な委任型（delegating）が，やや高い状況では低指示的・高支援的な支援型（supporting）が，やや低い状況では高指示的・高支援的な指導型（coaching）が，低い状況では高指示的・低支援的な指示型（directing）が適切であるという．

その他の状況アプローチとして経路―目標理論（path-goal theory）があげられる．この理論では，リーダーがいかにフォロワーを設定された目標に向けて動機づけ，それにいたる道筋（経路）をつけるかを，リーダーシップ・スタイルとフォロワーの特徴とフォロワーの仕事の特徴から説明している．このように状況アプローチは多様に展開され，効果的なリーダー行動は状況によって異なるという考え方は，今やわれわれの一般的な認識にもなり，今日にいたっても強力である．

10.4 リーダーシップの交換理論と認知的アプローチ

以上，初期の理論の流れをみてきたが，ここで主流の展開から少し離れ，その他の重要なアプローチについて説明したい．これまでの初期のアプローチに共通するのは，当然ながら主としてリーダーに焦点を当ててきたということだろう．しかし，本章の最初の定義で指摘したようにリーダーシップとはリーダーとフォロワーの相互作用過程であり，フォロワーの視点からリーダーシップ現象を検討することも重要である．このフォロワーの存在に着目したのが交換理論（leader-member exchange theory）である．

リーダーシップの交換理論は，人びとは互いに報酬や損失を与えあって社会生活を営み，より互恵的な関係のみが継続するという社会交換理論を基礎としており，この考えをリーダー―フォロワー間に応用したものである．

とくに垂直的2者間（vertical dyad linkage）モデルは，フォロワーたちを十把一絡げに総体的にとりあつかうのではなく，リーダーと個々のフォロワーの2者関係を分析の基本単位とする．その研究から，より良好な関係が少ない離職率，前向きな成果評価，高い昇進率，集団・組織への積極的参加と関与，望ましい仕事配分，より良い職務態度，リーダーからの配慮とサポートを生みだすことがわかっている．

また特異性クレジット（idiosyncrasy credit）理論は，リーダーがリーダーとして役割を果たすにはフォロワー側からの正当性の承認が必要なことを示

した．すなわち，リーダーは日常的に率先して集団のルールや規範を守ることでフォロワーから信頼（クレジット）を蓄積しておき，いざというときに，この信頼を利用して集団規範やルールから逸脱する革新的な行動をとる．そして，この革新的な行動が成功し，より大きな見返りをもたらすとフォロワーの信頼はより大きくなり，失敗すると信頼の損失につながるという．

交換理論のほかに，フォロワーの主体性を認めリーダーとフォロワーの相互関係を研究対象とするのが，リーダーがフォロワーをどう認識し，フォロワーがリーダーをどう認識しているのか，という認知論的アプローチである．認知論的アプローチは心理学の原因帰属理論を基礎にしているという．ここでは，フォロワー側が組織や集団の成果をリーダーのリーダーシップにどのように原因帰属させるのかに焦点をあてて解説する．

フォロワーが集団・組織活動の成功・失敗をリーダーのリーダーシップに帰属させる際，または成功や失敗の原因をリーダーシップで説明する際，フォロワーはどのようなリーダーが優秀かそうでないか，またはどのようなリーダー行動が効果的かそうでないかというリーダーを評価する認識的枠組み，すなわちリーダーのプロトタイプを各々もっているという．これを暗黙裡のリーダーというが，このプロトタイプに合致したリーダー行動がみられた時，彼らは結果（成功や失敗）の原因をリーダーシップに求めるのである．

ただし，フォロワーがこうした認識枠組みをもつとなると，リーダーとしてはなるべくフォロワーが成功を帰属するような行動をとっておくことによって，成功には自らを連想させ，失敗からは身を遠ざけるという印象操作的なリーダーの地位・権威の保持を助長する可能性が指摘されている（Pfeffer, 1977）．

また，このようなプロトタイプはフォロワーの過去の個人的経験のみによって形成され，個々人で異なるものではない．国や地域に応じて特有の文化的なプロトタイプがある．つまりある文化で共通して理想的または有害と考えられるリーダー像やリーダー行動があり，個々人のプロトタイプは教育な

どを通じてこの文化的背景の影響をうけるのである．こうしたリーダーと文化の関係もリーダーシップ論の重要な研究分野の1つである．

　そして，この認知的アプローチを極端な形まで推し進めたのが，社会は人びとの間の主観的な認識によって成り立つとする社会構成主義の影響を色濃くうけたリーダーシップのロマンス論である．この研究は，まずリーダーシップと成果の関連は明確に実証されていないと指摘する．そのうえで，われわれにはリーダーがわれわれの人生を左右する力をもち世界の運命を定める決定因であるとする英雄崇拝的な信念があり，実質的効果が定かでないまま，現実の因果関係にかかわらず重大な社会的出来事や組織的結果の成否を無条件にリーダーのリーダーシップに原因帰属する傾向があることを明らかにした（Meindel et. al, 1985）．確かにわれわれがリーダーという存在とその影響力を過大視し，過剰な期待をもつことは各種のメディアをみれば明らかである．この研究はわれわれに対して，リーダーシップとは現実的な効果を伴った現象ではなく，社会的に構築された単なるロマンス（空想）にすぎないと警告しているのである．

10.5 変革的リーダーシップ論

　状況アプローチ以降，1970年代から1980年代の企業間の競争の激化をうけ，1980年頃からリーダーシップの新たな主流として学問的にも社会的にも関心が高まったのが変革的（transformational）リーダーシップ論である．

　変革的リーダーシップとは文字通り人びとを変化あるいは変革するリーダーにみられる行動パターンである．変革的リーダーシップは交流的（transactional）リーダーシップとの対比で語られることが多い．ここでいう交流的リーダーシップとは，リーダーとフォロワーが自己関心に基づき利益を交換することを前提にしたリーダーシップ・モデルすべてを指しており，いわば変革的リーダーシップ論以前のリーダーシップ論が暗黙的に前提としてきたリーダー―フォロワー関係である．対して，変革的リーダーシップとはフ

ォロワーとの新たな結びつきそのものを創造し，リーダーとの一体感を高め彼らの動機づけのレベル自体を引き上げる，いわばフォロワーの自己関心ではなく自我関与を呼び起こすリーダーシップであるという．変革型リーダーシップは同時期に登場したカリスマ・リーダーシップやビジョン・リーダーシップと共通する点が多く，後にこれらの理論を取り込み，現在ではカリスマやビジョンといった要素は変革的リーダーシップを構成する重要な要素として定着している．

そして，その行動特性はこれまでの仕事志向や人間志向といった行動類型とは大きく異なっている．変革的リーダーの行動要因とされるのが「カリスマ」「モティベーションの鼓舞 (inspirational motivation)」「知的刺激 (intellectual stimulation)」「個人的配慮 (individualized consideration)」である．

カリスマは別名「理想化された影響 (idealized influence)」とも形容される．フォロワーの強力な役割モデルとなることでリーダーに一体化させ，深く共有されるビジョンと使命感を与える行動である．「モティベーションの鼓舞」とは，フォロワーに対して高い期待を表明し，彼らが自らの利害を超えて，共有されたビジョンへ向かって動機づくよう精神を奮い立たせる行動である．「知的刺激」とはフォロワーが組織の新たな価値の創造・革新に挑戦するように刺激する行動であり，フォロワーが自ら考え問題解決することを促す．「個人的配慮」とはリーダーが助言役や支援者に徹し，フォロワーの個人的な要望に耳を傾けたり，彼らに大きく任せ成長を促したりする行動である．

このような変革的リーダーシップ論は，不確実な時代である今日においてもなお実務上・学問上の研究ニーズの大きい，リーダーシップ論のメイントピックの1つである．

10.6 オーセンティック・リーダーシップ

変革的リーダーシップ論以降，長らく動きのなかったリーダーシップ論に

おいて，現在大きな展開がみられはじめてきている．それが2000年初期におけるオーセンティック（authentic）・リーダーシップという概念の登場である．この分野はまだ初期段階で，オーセンティックという用語の意味する内容すら論者によってさまざまだが，一般にギリシア哲学に語源をもつといわれ，己の真実の姿を知り誠実になるという意味が含まれている．定訳はなく，「本物のリーダーシップ」と訳されることがあるが，その意味合いから「真のリーダーシップ」または「真正のリーダーシップ」とも形容できると思われる．ただし重要なことは適訳をあてがうよりも，その内容を示すことである．これらの研究に共通するリーダー行動を描くと次のようなものであるだろう[3]．

　オーセンティックなリーダーは，真正な目的と高い倫理的・道徳的観念をもち，自己内省によって厳しく自分を律し，より善き行為をなすリーダーのことである．彼らは自らが試されるもっとも困難な状況でも己の社会的・公共的信念に忠実であり，また他者（フォロワー）との正直な対話に努めるなかで自己を改め，さらに職場やプライベートなど，あらゆる生活局面において一貫した自己を保持する．このようなリーダーシップの研鑽プロセスを生涯にわたって歩み続ける，信頼にたるリーダー行動を指す．つまり，これらの研究はリーダーのリーダーとしての本物さ（authenticity）を取り扱うことで共通点がある．

　これまでのリーダーシップ論は，複数のリーダーシップ・スタイルのあり方を設定し，リーダーを取り巻く諸状況との関連から業績や成果といった結果に基づいて，相対的により優れた効果的なリーダー行動を探索してきたといえる．当然のことながら客観的な科学研究として，リーダーとしてなすべき行動やありうべきリーダー像といった，特定のより善いリーダー像や正しいリーダーシップのあり方に言及する価値判断を避けてきた．しかし，オーセンティック・リーダーシップ論はこうした倫理的・精神的なリーダーシップ問題を扱い，たぶんに規範論的性格も強い．

では，なぜこのような規範的リーダーシップ論が登場することになってきたのだろうか．その他の多くのリーダーシップ理論と同じように，オーセンティック・リーダーシップの概念もまたアメリカで生まれた．アメリカでは2000年以降のエンロンやワールドコムの企業不祥事や金融産業の巨額の失敗によって深刻な企業トップへの不信が起こり，さらに現在でもリーマン・ショックに端を発する世界同時不況によって社会不安が広まり，市場経済や利益至上主義のゆきすぎが叫ばれている．こうした経済リーダーたちの倫理観への失望から，リーダーの本来あるべき姿や為すべきことに対する答えが求められ，そのような時代的要請にもとづいて，オーセンティック・リーダーシップの概念は登場した．

オーセンティック・リーダーシップには実践的アプローチと理論的アプローチがあり，前者はテリー（Terry, R.W.）の著書 *Authentic Leadership*（1993）までさかのぼることができるという．テリーはオーセンティック・リーダーシップ論が本格的に隆盛してくる以前にリーダーシップにおけるオーセンティシティの問題にとり組んだ．とりわけ，リーダーシップにおける恐怖と勇気，精神性や希望，そしてリーダーシップを知ることとリーダーシップに生きることの違いなど，のちのオーセンティック・リーダーシップ論でトピックとして取り上げられるような概念を早くに論じている．ここでは，本の副題でもある，リーダーシップにおける勇気に関する彼の興味深い考えをみてみたい．

テリーはリーダーシップなしの勇気はありうるが，勇気なしのリーダーシップはあり得ないという．オーセンティック・リーダーシップはなによりも実践におけるリーダーシップを重視するが，人はリーダーとして正しいことを為そうとしても，さまざまな利害関係やしがらみからなかなか実践できないものである．このとき，実行にうつさせるものが勇気である．つまりリーダーのオーセンティシティを実現させるのが勇気なのである．また勇気やリーダーシップは教えたり学んだりできるものではなく，自ら実践し経験する

ことでしか身につかないという．そして本来的に勇気あるリーダー行動はリスクが高く，ある勇気ある行動は必ずしも次の勇気ある行動を容易にしたり保障したりしないという．

つづいて，現在のオーセンティック・リーダーシップ興隆のきっかけをつくった1人とみなせるのが実践的アプローチの代表的論者であるジョージ（George, B.）である．彼は長い実務経験にもとづきオーセンティックなリーダー行動を描写している．後段の理論的アプローチが想定する行動と重なる部分が多いので，特徴的なものだけ触れると，まずリーダーが真正な自分と自分の目的を知ることが挙げられる．つまり己を取り巻く世界を認識し，その世界において自己が情熱をもって果たすべき社会的役割や使命に気づくことである．興味深いのがそうした自己（再）発見が職務上の経験をきっかけとして起こるのではなく，病気，近親者の死，別離そして事故といった死に近い（near death）経験と呼ばれる個人生活的な危機を通じて起こることである．このような経験によって，人はむしろ職務や所属組織の利害関係やしがらみを離れて新たに自分の存在意義を問い直し，本当になすべきことに気づく．つづいて，真実の自分の目的を一貫させる行動が自己規律（self-discipline）だが，リーダーたる人物はなにも職場だけで自己を律し使命を果たせばよいというわけではない．職場以外に属する家族や地域社会などのコミュニティにおいても一貫した健全な自己と行動を維持し，統合された存在でなければならないという．つまり生涯のあらゆる生活局面がリーダーシップを研鑽する場なのである．

理論的アプローチは実践的アプローチと時を同じくして，ポジティブ組織学派を理論的な背景として登場してきた．その代表的論者にしてオーセンティック・リーダーシップの学術的研究の確立に貢献したのがアボリオ＝ルーサンス（Avolio, B. J. & Luthans, F.）である．ポジティブ組織論とは組織成員の信頼（confidence），希望（hope），楽観（optimism）そして回復力（resilience）を組織の重要な資産とみなし，これらの活用を通じて組織をより良

い状態へと開発していく組織論である[4]．オーセンティック・リーダーはこのような組織開発の重要な要因の1つとみられている．

理論的アプローチは，多分に個人的経験に基づいていた実践的アプローチの知見を，論理的に精緻化したり実証したりすることで，普遍化を図っている．未だ論者によって違いはあるが，理論研究におおむね共通するオーセンティック・リーダーの典型的行動が「自己認識（self-awareness）」「内面化された道徳観念（internalized moral perspective）」「バランスのある処理（balanced processing）」「関係的透明性（relational transparency）」である．

自己認識は上記で述べた真実の自己を知ることに類似する．実際の行動に駆り立てるような，自分自身の強みや弱み，中核となる価値，自我，感情，動機，そして目的を最も深い意識でとらえ，継続して理解していくプロセスであるという．内面化された道徳観念は自己規制（self-regulatory）とも呼ばれ先述の自己規律に相当する．自分の内面に深く根ざした道徳観をもち，外圧によってではなく，その道徳的な指針や基準に導かれ行動することである．自覚したのちの行動はしばしば周りとの衝突を生み，また多くの障害に出会う．そのような困難な状況に左右されて己の行動を変えていては，リーダーとして本物ではないのである．バランスのある処理とは，情報を目的に照らし合わせ客観的に処理することである．この種のリーダーは選り好みで物事を判断することなく，意思決定の前に自分の意見をオープンに表明し，自分に同意しない人びとも含めて広く他の人の意見に耳を傾け，公正に評価する．これも強靱な自己規制行動の一種である．最後の関係的透明性とは，自分の傷つきやすさや弱みすら含めて，自分の感情，思いや動機といった本当の姿をフォロワーやその他の人びとに正直に開示し，率直なコミュニケーションを図る行動である．これも強い自己規制や規律を必要とする行動である．

このように経済界のリーダーのあくなき利益追求の反省から提唱されたオーセンティック・リーダーの行動要素は，リーダーが自己をどう理性的にコ

ントロールするかに多くかかわっている.しかし経営や組織の研究として,このオーセンティック・リーダーシップ論も成果や業績との関連を無視できない.これらの行動と成果はどのような関連にあるのだろうか.実証研究によると上記のようなオーセンティックなリーダー行動は,フォロワーの組織へのコミットメント,上司への満足,職務満足と職務成果に強く関連しているという (Walumbwa et al., 2008).規範的な行動が結果として高い成果につながっているのである.

またこれまでのリーダーシップ論の行動特性は,多くがフォロワーに働きかけるものであった.すなわち,理論によって程度の差はあれ,フォロワーの職務内容や感情や認識などに働きかけ,リーダーの意図に沿うように操作しようとする行動を記述してきたといえる.リーダーシップが目的概念を含むならば当然である.しかしながら,オーセンティック・リーダーの行動特性は自己認識や自己規制など,ほとんどがリーダー自身の内面に向けられている行動である.つまり,このタイプのリーダーはフォロワーを恣意的に操作するのではなく,リーダーとして尊敬に値する自己練磨を続けることによって,自ずとフォロワーやその他の人びととの範となり,結果として影響を与えるのである.

ただし,オーセンティック・リーダーシップ論には,その概念のあいまいさや資質アプローチへの回帰など,数多くの疑問や批判が提示されている.このアプローチがリーダーシップ論の主流かつ統合的な理論になるかどうかは,まだ定かではない状況である.

10.7 おわりに

以上,リーダーシップの定義に始まり,初期のアプローチから近年のオーセンティック・アプローチまでリーダーシップ論の展開を概観してきた.ただし,最新の理論以前のアプローチがすたれたわけではなく,現在も研究蓄積がなされており,また複数のアプローチを取り入れる研究もある.このよ

うにリーダーシップ論は今なお理論的にも実践的にも関心の高い領域であり，とりわけ海外では新たなリーダーシップ概念が登場し，その概念の精緻化や実証，既存の概念との関連付けが積極的に行われている．そのような動向を理論的な裏づけにもとづいて紹介することで，学生から社会人あるいは企業や団体の経営者のみならず，地域コミュニティや社会に参加する数多くの人びとがリーダーシップを学び，実践していくことが望まれる．

注)
1) 紙幅の面から，その都度挙げないが，以下の本章におけるリーダーシップとリーダーの定義ならびにリーダーシップ論の概要と流れは，断りのない限り，主として Northhouse, P. G. (2010); Chemers, M. M. (1997＝1999) に，副次的に Daft, R. L. (2000) に負っている．詳細についてはこれらを参照されたい．
2) Northhouse, P. G. (2010 : 3)
3) オーセンティック・リーダーシップ論については，次の文献も参考にしている．Terry, R. W. (1993); George, B. (2003＝2004); Avolio, B. J. and F. Luthans (2006); George, B. (2007)
4) ポジティブ組織論については，西川耕平 (2009) が詳しい．

◆ 参考文献

Avolio, B. J. and F. Luthans (2006) *The High Impact Leader: Moments Matter In Accelerating Authentic Leadership Development*, McGraw-Hill.

Chemers, M. M. (1997) *An Integrative Theory of Leadership*, Lawrence Erlbaum Associates.（白樫三四郎訳編，1999,『リーダーシップの統合理論』北大路書房）

Daft, R. L. (2000) *Management*, 5th ed., Harcourt College Publishers.

George, B. (2003) *Authentic Leadership: Rediscovering the Secrets to Creating Lasting Value*, John Wiley & Sons.（梅津祐良訳，2004,『ミッション・リーダーシップ―企業の持続的成長を図る』生産性出版）

—— (2007) *True North: Discover Your Authentic Leadership*, Jossey-BASS.

Meindel, J. R., Ehrlich, S. B. and J. M. Dukerich (1985) The Romance of Leadership, *Administrative Science Quarterly*, Vol.30.

Northhouse, P. G. (2010) *Leadership: Theory and Practice*, 5th ed., SAGE Publications.

Pfeffer, J. (1977) "The Ambiguity of leadership," *The Academy of Management Reziew*, Vol.2, No.1.

Terry, R. W. (1993) *Authentic Leadership: Courage in Action*, Jossey-Bass Publishers.

Walumbwa, F. O., Avolio, B. J., Gardner, W. L., Wernsing T. S. and S. J. Peterson (2008) "Authentic Leadership : Development and Validation of a Theory-Based Measure," *Journal of Management*, Vol.34, No.1.

西川耕平「OD（組織開発）の歴史的整理と展望」経営学史学会編（2009）『第十六輯　経営理論と実践』文眞堂

第11章

意思決定論

11.1 バーナードの意思決定論

バーナードは，人間を自由意思をもち，問題解決能力をもった存在として位置づけたが，個人行動や組織行動の本質には意思決定があるとする．意思決定は組織のあらゆる面で行われているが，それは2つの側面をもっている．個人的な選択の範疇で組織への参加・継続を行う「個人的意思決定」と組織目的に向けて非人格的・組織的な決定を行う「組織的意思決定」である．前者は，他人には委譲できない性質のものであるが，後者はしばしば委譲され，組織的に行動する何人かの人びとによって行われると同時に，積極的かつ明確な責任が割り当てられる．また，意思決定過程は，組織の行動を特徴づけ，理解する上で重要なものとなる．

意思決定は多様な環境のなかで無限に繰り返されているが，3つの一般的な条件によっている[1]．(1) 意思決定の機因，(2) 意思決定の証拠，(3) 意思決定の環境である．(1) 意思決定の機因は，① 上位者から命令などの権威ある伝達が行われた場合，② 部下から意思決定を求められた場合，③ 管理者のイニシアティブに基づく場合の3つの領域から生じる．① の場合は，命令の解釈，責任の役割に関係し，命令が反道徳的あるいは組織に有害な場合は容易でない意思決定が生じることになる．② が起こるのは，部下の能力の欠如，命令の曖昧さ，情況の変化などによるものであり，管理者の以前の対応や意思決定の適切さが問題となる．③ 管理者の情況理解とコミュニケーション・システムに基づき，実行あるいは訂正の要があるかどうかを判

断することが含まれている．(2) 管理者の評価をする上で，管理者的意思決定は，そのプロセスを確認することが難しく，全般的な，しかし漠然とした結果によって推察できるにすぎないという点において評価が難しいものである．意思決定には積極的意思決定と消極的意思決定があり，前者は「行為をする」，「中止する」という決定であり，後者は「決定しないことの決定」であり，無意識的，相対的な意思決定である．消極的意思決定には有効な処置がないがために証拠は見いだせない．バーナードは，管理的意思決定の神髄を「現在適切でない間違いを決定しないこと，機熟せずして決定しないこと，実行しえない決定をしないこと，そして他の人がなすべき決定をしないこと」と述べている[2]．(3) 意思決定の環境の質は意思決定の領域を示したものであり，2つに区分される．1つは，目的であり，2つめは物的社会，社会的世界，外的事物と諸力，そのときの情況などである．目的は環境に即してのみ決定され，形成された目的は環境の反映である．また，目的は絶えず精緻化され，それに対応して反復的な意思決定を繰り返すことで目的への到達が可能になる．目的以外の環境に対しては，さまざまな環境のなかで，目的の見地から環境の有無が識別され，逆に環境が目的を左右する場合は，いくつかの代替案のなかから，どれを選択するかを意思決定しなければならない．

意思決定の客観的な分析過程として「戦略的要因」がある[3]．戦略的要因は，意思決定過程の正しい認識や組織，管理機能，さらに個人の目的行動の理解にも必要なものである．ある時点での環境の断面を分析してみるとさまざまな要素，部分，要因などが結びついて全体的な情況を形成していることがわかる．目的達成という観点から状況を分析すると「他の要因が不変のままならば，ある要因を除くか，あるいは変化させると，めざす目的を達成するような要因と不変のままの要因」[4]との2つに区分される．目的達成に関する要因を戦略的要因（制約的要因）といい，不変のものを補完的要因という．戦略的要因は，正しい方法で正しい場所と時間にコントロールすれば，目的

を満足させ，新しいシステムや条件を確立するような要因をいう．有効な意思決定とは，可変的な戦略的要因を目的が正しく再限定され，達成可能な正しい時間，場所，量，方式でコントロールすることを意味している．意思決定は，戦略的要因の中心的な役割をもち，いくつかの代替案のなかから決定される．

11.2 サイモンの意思決定論

　バーナード＝サイモン理論と称される意思決定論のもう1人の論者であるサイモン（Simom, H. A.）は，1936年シカゴ大学を卒業後，同大学院で行政学を専攻，1943年には政治学の博士号を取得し，組織理論，経営管理論，コンピュータ科学，心理学などの教鞭をとり，政府・行政の顧問，コンサルタントなど多彩な活動を行い，1978年度のノーベル経済学賞を受賞している．多くの著書や論文があるが，ここでは，通常あまり取り上げられない『人間行動のモデル』を中心にサイモンの意思決定論の根底にふれたい．サイモン理論は第7章で論じてあるので，できだけ繰り返しはしないが，理論的な中心については多少の重複を許されたい．

　サイモン理論の方法論的特徴は，論理実証主義（logical positivism）的な科学観に依拠していることである．論理実証主義は，1924年頃シュリック（Schlick, M.）を中心とした哲学運動の流れをいい，ウィーン学派とも呼ばれている．体系的な哲学ではなく，ヴィットゲンシュタインの哲学観に基づく方法論上の名称であり，概念と命題の意味を論理的に分析し，真の意味を明らかにしながら，そこに含まれる非経験的，形而上学的要素を除外して，検証可能性，さらには確証可能性を求めようとする方法論である．この方法論は，サイモンの理論的系譜をたどってみると明白（図表11－1）である．サイモンの研究活動の発端である行政学・政治学から人間思考過程にいたる流れのなかで，上からの矢印は，それぞれの領域での方法論的・学問的基礎を示したものであり，下からのものはその領域で用いられる，あるいは有効

図表11-1 サイモンの理論系譜

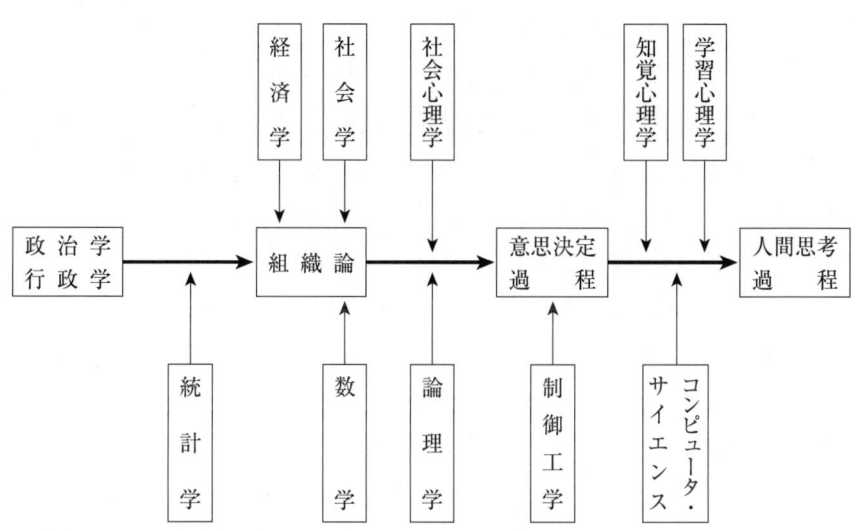

```
                経済学  社会学  社会心理学        知覚心理学  学習心理学
                  ↓      ↓        ↓                ↓          ↓
  ┌────────┐           ┌──────┐        ┌──────┐            ┌──────┐
  │政治学  │    →     │組織論│   →   │意思決 │    →      │人間思考│
  │行政学  │           │      │        │定過程│            │過  程 │
  └────────┘           └──────┘        └──────┘            └──────┘
                  ↑      ↑        ↑                ↑          ↑
                統計学  数学    論理学          制御工学   コンピュータ・
                                                            サイエンス
```

出所）『人間行動のモデル』の概要紹介パンフレット，松田武彦作成

な手法を表している．とくに，数学的手法や数学的モデルを多く用いることで分解可能なモデルを作ったり，再構築することによってモデルの正確性を確認し，それらを組織，集団，あるいは人間行動や組織行動に適用して検証可能性を確立することが目的とされている．サイモンは，行動の「因果関係を定義することができれば，影響，権力，あるいは権威を定義することができ，その逆も可能[5]」であり，また，「方程式の操作的定義」という表現の「方程式」を機構に置き換えれば，「機構についての操作的定義という表現の中に，機構が操作的であるか，操作的でないか，つまり測定すべき方法の有無を決定できる[6]」といっている．こうした因果関係と操作性は検証可能性の基礎となっている．『人間行動のモデル』は，いくつかの諸論文を収録したものであるが，人間の思考過程を分析することで，その意思決定がどのように行われたかを検証し，モデル化するという方法が一貫して取られている．もちろん，対象は個人の意思決定過程だけではなく，企業や組織モデル，さ

らに合理的モデルまで含まれている．サイモンの組織論に対する貢献は，主として『経営行動』を中心に取り上げられている．確かに概念的基礎は『経営行動』に負うところが大きいが，今日的成果からすれば，もう少し『人間行動のモデル』が顧みられるべきであると思う．たとえば，合理的選択モデルについて，サイモンは次のようにいう．[7]「合理的選択のいろいろなモデルに"味わい"の差が生じるのは，おもに，合理的適応の行われる範囲を限定する"与件"とか制約条件として，どのような仮定を採用するかが，それぞれのモデルで異なるからである．」といい，「制約条件の共通なものとして，(1) 選択可能な代替案の集合，(2) 選択された代替案の関数として利得（"満足""目的達成"）を決定する諸関係，(3) 利得の間の選好の順序づけがある．合理的行動のモデルを組み立てる際に，特定の制約条件を採用して，他を棄却することは合理的な有機体がいかなる変数を制御し，いかなる変数を固定されたものと前提しなければならないかの仮定を含んでいる．」

11.3 バーナード理論とサイモン理論

　サイモンは，バーナードの意思決定理論を継承しながらも，いくつかの点で異なった展開をしている．第1に，バーナードは協働に基づいた組織目的の設定仮定を主眼としていたが，サイモンは，目的を所与のものとして，目的達成に対する手段・方法の適合性・合理性の是非を論じているにすぎない．第2に，バーナードは，経営者の道徳的側面を強調し，意思決定過程における倫理的価値判断を通して，経営者の社会的責任が示唆されるにいたっているが，サイモンは，規範的あるいは道徳的な価値判断を排除し，事実的・論理的な意思決定の分析を中心として論を展開している．第3に，バーナードは組織を有機体的なシステムとしてとらえ，組織的均衡を誘因と貢献のバランスの上に考えたが，サイモンは，バーナードのシステム論を継承しながらもシステムを具体的なモデルとして展開し，制約された条件のもとで検証可能性をもつシステムの構築を試みている．第4に，バーナードは組織

における意思決定の対象を意識的行動をする個人に限定したが，サイモンは無意識的行動や単純な行動（刺激―反応）も含めて，あらゆる階層・あらゆる選択過程で行われている意思決定を対象とした．

サイモンは，管理活動において「行為すること」と同様に「決定すること」が日常的に行われており，特に行為の前提となる選択の過程の重要性を強調し，意思決定することは管理することと同義に考えている．ただし，選択の過程，すなわち意思決定過程とは，意思決定に先行する数多くの結合された諸前提（決定過程：decision premises），から結論を引き出す過程であり，それには，(1) 事実前提（factual premises），(2) 価値前提（value premises）がある．事実前提は，事実的命題に相当し，経験的な観察可能性をもち，真実か虚偽か，現実に起こるか起こらないかを検証することを意味する．これに対して，価値前提は倫理的命題であり，かくあるべきという規範（訳書にしたがえば「当為」）を主張するものであり，経験的または合理的な検証性をもち得ないものである．しかし，現実の意思決定には事実前提だけではなく，価値前提も含まれている．倫理的な命題を事実的命題として客観的に記述することは不可能であり，倫理的命題の正当性を経験的・合理的に試す方法も存在しない．ある命題が正しいか否かを判断するには経験と事実とが比較されなければならず，また，どのような推論の過程によっても事実的命題を倫理的命題から導き出すことはできない．倫理的な命題の正当性を経験的，合理的に試す方法は存在しないからである[8]．よって，サイモンは意思決定過程における価値前提を排除し，検証可能な事実前提の分析に対象を限定している．つまり，バーナードが目的の設定過程の合理性を主としたのに対して，サイモンは価値前提を含まない，目的達成の手段の合理性を対象としたのである．

意思決定の合理性は，検証可能な事実前提の分析において，所与の目的達成のための手段の効果的な選択が行われたか否かの判断が問題になる．合理的な意思決定行動は，代替的行動のうちの1つを実行すべく選択する過程で

あり，次の3つの段階を含んでいる[9].

(1) すべての代替的戦略を列挙すること．
(2) これらの戦略のおのおのから生ずる結果のすべてを確定すること．
(3) これらの一連の結果を比較評価すること．

ここでいう戦略とは，ある期間の長さにわたって行動を決定する一連の流れをいい，一時的な決定ではなく，計画的な概念が含まれていることを特徴としている．現実的な対応から考えると，この3つの段階はいくつかの課題をかかえている．まず，代替的な戦略のすべてを列挙することは不可能であり，実際にはそのごく一部が代替案として列挙されるにすぎない．この不可能性が客観的合理性のモデルと実際の行動の分岐点となる．また，客観的合理性は各代替案の結果についての完全な知識と予測を必要とするが，現実には，そうした知識や予測は常に部分的で不完全なものである．さらに，将来の知識や予測は，その結果を価値づける際に，想像力によって経験的な感覚の不足を補う必要があるが，しかし，価値は不完全にしか予測できない．合理性は，起こりうるすべての代替的行動のなかから選択することが求められるが，実際の行動において生起されるのは可能な代替的行動のうち，2，3にすぎない．

サイモンは，合理性の概念を「行動の諸結果が，それによって評価されるようなある価値体系によって，望ましい代替的行動を選択する」[10]こととし，主観的，客観的，意識的，熟考的，組織的，個人的などの副詞が結びついて，さまざまな意味をもつとしている．しかし，前述したように合理性には限界があり，現実の合理性は制約された合理性（bounded rationality）でしかありえない．客観的合理性に基づいて，それを達成できる人間は経済人であった．しかし，現実には，人間は多くの制約された合理性のもとに行動し，意思決定を行っている．サイモンは，さまざまな要因によって制約され，そのなかで能力を発揮しながら，最適ではなく満足度によって仕事をする人間を「経営人（administrative mam）」と呼んでいる．経営人は，現実の

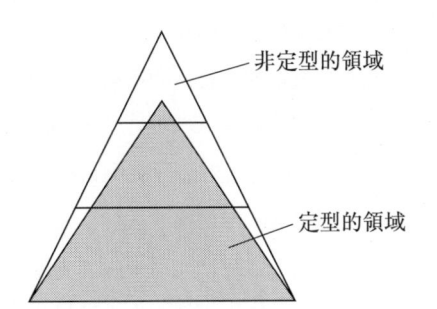

図表11-2　定型的領域と非定型的領域

（非定型的領域／定型的領域を示す三角形の図）

世界を構成する無数の要因を極度に単純化したモデルとして認識する．事実の大部分は，彼が直面している事態にとってほとんど関連のないことであり，因果関係の重要な連鎖は，短くて単純であることがモデル化された際の満足につながっている．

サイモンの近年における著名な貢献の1つは，意思決定の種類を類別していることである．日常的活動のなかで繰り返し行われる，パターンの決まった意思決定を定型的意思決定（programmed decisions）といい，通常行われる常規的な手続きによって処理され，組織階層からみると下位の管理領域では，その役割が高くなっている．これに対して，非定型的意思決定（non-programed decisions）は，内外の環境を含めて，基本的には何が起こるかわからない事態に対する意思決定であり，1回限りのもの，あるいは定型化できないものが該当する．おもに経営領域の意思決定であり，戦略的な意思決定も含まれる．コンピュータの普及により，OR，シミュレーションをはじめとして数多くの予測技法が開発され，用いられてきた結果，経済や社会の変動を分析・予測することが一般的に行われるようになってきた．図表11-2は，定型的意思決定の領域と非定型的意思決定の領域を示したものである．

サイモンが価値前提として捨象した道徳的問題について，バーナードは道徳水準として取り上げている．『経営者の役割』の第17章「管理責任の性質」

は，道徳についての深い洞察が行われている．バーナードは「道徳とは個人における人格的諸力，すなわち個人に内在する一般的，安定的な性向であって，かかる性向と一致しない直接的，特殊的な欲望，衝動，あるいは関心はこれを禁止，統制，あるいは修正し，…（中略）合理的過程とか熟慮の問題であるよりもむしろ，情操，感情，情緒，内的強制の問題」[11]と定義している．すべての人は私的な道徳規準（私的準則）をもっており，通常は道徳的存在であるが，いくつかの私的な道徳準則によって支配されている場合がある．道徳準則がどのようなものかによって，人の道徳状態が決定されるのである．しかも，同じ道徳規準をもっていたとしても同じ判断をするわけではなく，また各自に内在する道徳性がどんなものであれ，それが高くとも低くとも，人間は常に基準通りに行動するとは限らない．どのように行動するかはその人の資質によるとしている[12]．個々の存在により価値基準の違うものを合理的な範疇でとらえることはできず，サイモンは，道徳的観点を含む価値基準を排除せざるを得なかったといえる．バーナードの場合は，人間の意思決定のなかにおける道徳性を重んじている．道徳準則は私的準則と公的準則（私的準則が共通性をもつ場合）の2つのものがあり，人は職位とは無関係的に私的な道徳準則をもつ．こうした道徳規準は，信念を形成し，人間の価値判断だけではなく管理者としてのリーダーシップにも反映される．

11.4 マーチ＝サイモン理論

サイモンとの共著『オーガニゼーションズ』のもう1人の著者であるマーチ（March, J. G.）は，1953年イェール大学で政治学の博士号を取得後，53年から63年までカーネギー工科大学（カーネギー・メロン大学）で工業経営を教え，64年から70年まではカリフォルニア大学（アーバイン）で心理学と社会学，70年以降はスタンフォード大学で政治学，社会学の教授として今日に至っている．主な著書は，*A Behavioral Theory of the Firm*，前述の著書以外に『企業の行動理論』（Cyert, R. M. & March, J. G., 1963＝1967）がある．マー

チ＝サイモン理論の前提は，人間を意思決定者であり，問題解決能力保持者であるとする人間観にある．組織における人間行動を説明するためには，人間をどのようにとらえるかが重要な意味をもつ．経営人として把握される人間は，基本的に意思決定者であり，問題解決能力保持者であるが，しかし現実の人間は，それに加えて経済人的，あるいは社会人的な性格を併せもった以上の存在である．マーチ＝サイモンは，人間を有機体や複雑な情報処理システムとみなしながら，人間有機体特有の性格が組織のなかの人間行動の性格のある部分の基礎になっていると考えている．第1の伝統的な組織理論あるいは経済人モデルは，人間有機体を単純な機械と考え，機械のもつ能力，速度，持久力，費用などを目的達成の制約条件として理解していた．第2の官僚制や社会人モデルでは，環境は，刺激あるいは刺激の体系であり，個人は刺激に喚起され，刺激に適した反応行動を取るものとして理解される．有機体は，喚起された所与の要素から，豊富な連想のネットワークをもち，ある1つのきっかけが多数の反応を喚起し，その結果，さまざまな態度，選考評価などが行われる．具体的には，組織の目的のなかに組み込まれ，動機づけられることによって，人間行動にどのような影響を及ぼすかが考察される．第3の経営人モデルである意思決定者としての人間は，合理的な人間としての諸性質をもっている．マーチ＝サイモンの理論展開は，人間行動の機械的側面（経済人モデル），動機的側面（官僚制，動機づけ，組織均衡，コンフリクト：社会人モデル），そして，制約的な合理的側面（経営人）など広範に及んでいる．ここでは，第3のモデルを前提として，意思決定の合理的側面『オーガニゼーション』に従いながら展開していくことにする．ただし，合理的側面は，組織の変動要因の少ない短期的適応構造と変動に対応してプログラムを生み出し，それを修正する組織内の構造，つまり長期的適応構造との2つのものがある．ここでは，問題解決の過程である短期的適応構造を取り上げ，学習を基本とした長期変動構造については取り上げない．

　マーチ＝サイモンは，意思決定過程における，いくつかの合理性の概念の

検討から論を始めている．合理性といっても，経営人的な合理性だけではなく，経済人的な合理性，統計学的な合理性などさまざまに表現されている．経済人的・統計学的合理性は，所与のものとして多くの代替的選択肢が提供され，その諸結果も付与されている．こうした理論には，① 確実性の理論，② リスクの理論，③ 不確実性の理論の3つのカテゴリーがある[13]．確実性の理論は，代替的選択肢と個々の代替的結果についての正確な知識をもち，明白な選択をすることが可能である．リスクの理論は，代替的選択肢の諸結果を確率分布に基づいて判断する能力をもち，期待効用が最大であるような選択を行う．また，不確実性の理論は，選択肢の諸結果が起こりうる諸結果のある部分的な組合せには属しているが，特定の諸結果については明確な確率を付与できないものであり，この場合は合理性の定義が問題となり，「ミニマックス・リスク」の原則を用いることが望まれる．しかし，統計学的な合理性の概念は，確実性の理論を除いては常識的な合理性の概念と一致しないし，代替的選択肢は所与のものであり，その諸結果はすべて既知であり，すべての組合せに対して，完全な効用序列（基数的関数）をもつことを前提としている．こうした合理性は，主観的に合理的であるにすぎない．現象学的には，一定の準拠枠（frame of reference）に基づく合理性しかありえないし，この準拠枠は合理的人間のもつ知識の限界によって決められる．合理性は，ある特定化された準拠枠によることが望ましいし，合理性の主観的・客観的な性格を知る必要がある．

　マーチ＝サイモンは，合理的選択について2つの基本的性格を組み込んでいる[14]．(1) 選択は常に，現実の情況について限定され，近似値的で単純化された「モデル」に関してなされる．これを「情況定義（definition of situation）」と呼ぶ．(2) 情況定義の諸要素は，「所与」ではなく，それ自体，選択者自らの活動と環境のなかでの他人の活動を含む心理学的・社会学的過程の結果である．情況定義を行う方法としては，環境からの刺激に対する反応ができるだけ常軌化されることが望ましく，過去において同じような刺激へ

の反応プログラムがあれば，同時的に実行プログラムが喚起されることになる．しかし，実行プログラムがない場合，問題解決活動を行うためには，行為の代替的選択肢や諸結果を探索する必要があり，有効な実行プログラムが見いだせないときは全体的な実行プログラムが開発されなければならない．繰り返される反応は，高度に常軌化され，反応プログラムのレパートリーの情況定義がなされ，そのなかから反応を選択するプログラムや，新しい実行プログラムの作成が喚起されることになる．探索過程の設計では，実体的計画と手続的計画があり，前者は新しい実行プログラムの作成，後者は問題解決過程それ自体のプログラム作成を意味している．こうした活動も何らかの形で常軌化の対象となる．たとえば，ランダムな要素をもつ探索活動は，チェック・リストを使用することにより，システム化が可能なものとなる．

　どのような代替的選択肢や結果が望ましいかは，いかなる基準で問題解決を行うかによっている．最適な選択肢を見いだすことと，満足できる選択肢を見いだすことは，基本的な違いがある[15]．その選択肢が「最適」であるためには，① すべての代替的な選択肢を比較しうる諸基準の集合が存在し，② その選択肢が諸基準からみて，他のすべての代替的選択肢よりよい場合である．一方，① 満足しうるぎりぎりの代替的選択肢をはっきりさせる諸基準の集合が存在し，② その選択肢がこれら諸基準のすべてに適合するか，あるいはそれを超えている場合，その選択肢は「満足」であるという．たいていの人間の意思決定は，それが個人的であれ，組織的であれ，満足できる代替的選択肢を発見し，選択することに関係しており，最適な選択肢を見いだすことは例外的な場合に限られる．また，こうした基準を満たす探索過程において，代替的選択肢の限界改善度と選択肢を探索する限界費用とが見合うような水準に基準を設定する必要がある．

　ある情況下において，環境からの刺激が，直ちに高度に複雑で体系化された反応の集合を喚起させることがある[16]．この反応を「実行プログラム」あるいは「プログラム」という．人間の行動の大部分，とくに常軌的なことをし

ている人びとや組織内の行動のほとんどは，実行プログラムによって支配されている．「プログラム」という言葉は，硬直性を意味するのではなく，それを始動させる刺激のもつ性格に適応性をもちうる．活動が常軌化されるということは，一定の刺激に対しては固定的な反応が形成されることを意味しており，その結果，選択は単純化されることになる．逆に，問題解決的な種類のプログラム作成の活動が必要となる，その程度によって，活動は非常軌的なものと見なしうるのである．

ここで展開されたことは，主として合理性に対する認知限界，すなわち，人間の問題解決過程と人間の合理的選択の諸特質についてであった．人間の知的能力には限界があり，合理的行動のために必要なことは，問題の複雑性のすべてをとらえるのではなく，単純化したモデルとして対象を把握することにあった．結論的には，単純化モデルは以下のような性質をもっている．[17]

(1) 最適化 (optimizing) ではなく，満足化 (satisficing) を基準とする．準変数の満足レベルを達成すればよい．(2) 行為の代替的選択肢と行為の結果は探索の過程を通じて逐次的に発見される．(3) 組織と人間は，行為のプログラムのレパートリーをもち，反復的な選択のさいに，代替的選択肢として役立てる．(4) 特定の行為のプログラムのそれぞれが，限定された範囲内の情況と結果に対応している．(5) それぞれの行為のプログラムは，他のプログラムとは半独立的に実行される．諸プログラムは全体的に緩やかに連結しているにすぎない．組織が多くのプログラムのレパートリーをもっていれば，ある情況に対して適切なプログラムを選択することができるが，こうした場合，組織は短期的に適応的であるという．さらに，新たなプログラムを加えたり，修正過程をもつことにより，長期的な適応の基本的な視点となる．短期的な適応を問題解決といい，長期的な適応を学習と呼んでいる．

バーナード，サイモン，マーチ理論の延長線上にサイアート＝マーチの『企業行動理論』があるが，組織の意思決定過程を現実の企業を対象として経済的意思決定過程として研究を行ったものである．

注)
1) Barnard, C. I.（1938＝1965：199-203）
2) 同上訳書：202
3) 同上訳書：211-214
4) 同上訳書：212
5) Simon, H. A.（1957＝1970：11）
6) 同上訳書：13
7) 同上訳書：429
8) Simon, H. A.（1945＝1965：58）
9) 同上訳書：86
10) 同上訳書：96
11) バーナード，前掲訳書：272-273
12) 同上訳書：274-278
13) March, J. G. and H. A. Simon（1958＝1977：209）
14) 同上訳書：211-212
15) 同上訳書：213-214
16) 同上訳書：215-216
17) 同上訳書：258-259

◆ 参考文献

Barnard, C. I.（1938）*The Functions of the Executive*.（山本安二郎ほか訳，1965，『経営者の役割』ダイヤモンド社）

Cyert, R. M. and J. G. March（1963）A *Behavioral Theory of the Firm*.（松田武彦他訳，1967，『企業の行動理論』ダイヤモンド社）

March, J. G. and H. A. Simon（1958）*Organizations*.（土屋守章訳，1977，『オーガニゼーションズ』ダイヤモンド社）

Simon, H. A.（1945）*Administrative Behavior*.（松田武彦ほか訳，1965，『経営行動』ダイヤモンド社）

──（1957）*Models of Man*.（宮沢光一監訳，1970，『人間行動のモデル』同文舘出版）

──（1977）*The New Science of Management Decision*.（稲葉元吉・倉井武夫訳，1979，『意思決定の科学』産業能率大学出版部）

第12章

組織文化論

12.1 はじめに

　鬱蒼と生い茂る木々を分け入り，その密林の奥地（いわゆる"未開の地"）に住む人びとと出会いともに暮らすことで，彼ら/彼女らの自らとは異なる生活習慣や規範，価値観に触れる．文化人類学者たちのそういった研究スタイルよろしく，鬱屈としたコンクリートジャングルを分け入り，その密林の奥地（いわゆる"企業"）に蠢く人びとに出会うことで，われわれは，自らとは異なるビジネス習慣や価値観，儀礼・儀式に触れることができる．そう，企業組織にもそれぞれ独自の習慣や価値観が存在し，ときにそれは，未開の地に赴いた人類学者が感じるのと同じように，部外者にとって理解しがたいものであることすらある．このような組織固有の行動習慣や価値，もう少し言い換えるならば，「組織で共有される価値や意味およびシンボルの体系」を経営学では「組織文化（organizational culture）」と呼ぶ．そして，企業にいかなる組織文化が根付いているのか？　を読み解いていくのが本章で検討する組織文化論の大きな目的の1つである．本章では，この組織文化論の歴史的流れとそれぞれの議論の問題意識や概要を検討しながら，「組織文化論とは何か？」について明らかにしていきたい．

12.2 組織文化論の登場の背景

　組織文化論が経営学界においても実業界においても耳目を集めるようになったのは，遡ること数十年前，1980年代のことである．今や，当時の隆盛は

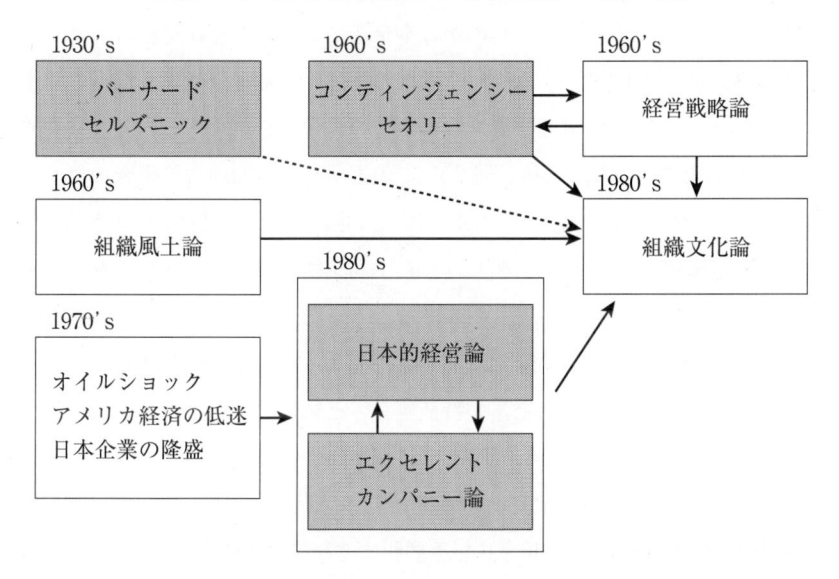

図表12-1 組織文化論登場の社会的背景・理論的背景

```
1930's              1960's                  1960's
バーナード           コンティンジェンシー      経営戦略論
セルズニック         セオリー

1960's                                      1980's
組織風土論                                   組織文化論
                    1980's
1970's              日本的経営論
オイルショック
アメリカ経済の低迷    エクセレント
日本企業の隆盛       カンパニー論
```

鳴りを潜め，取り立てて専門的に研究する者も少なくなってきたが，現在の経営学とりわけ経営組織論において，「組織文化」は，「組織構造」などと同様に組織を構成する当たり前の一要素と認識されるに至っている．以上のように，今や当たり前化している「組織文化」であるが，ではなぜ1980年代に人びとの耳目を集めるようになったのか？まずは，その登場の背景についてみていくこととしよう．

(1) 社会的背景

組織文化論の登場の背景は，概ね図表12-1のようになろう．なかでもまずもって触れるべきは，その社会的背景（図表12-1では下半分に当たる）である．組織文化論が登場する数年前に当たる1971年のニクソンショック，加えて1973年と1978年の2度にわたって起きたオイルショックは，世界経済（とりわけ先進諸国の経済）に大きな打撃を与えた．それにより，戦後の世界経済の右肩上がりの成長カーブは，一気に下降に転じることとなってしまっ

た.そのような世界的な経済の低迷のなか,いち早く立ち直り,国際的な競争力をメキメキとつけていったのが日本企業であった.それを目の当たりにした欧米,とりわけアメリカの研究者たちは,その日本企業の大躍進の秘密をさぐりはじめ,その躍進の鍵を日本独特の経営スタイルすなわち,日本的経営に見いだすようになった.また,このような日本的経営の研究のなかには,『セオリーZ』(1981) などのように,日本的経営の特質の1つである行動習慣や価値観には,日本企業のみならず高業績を続けるアメリカ企業においても共通して存在しているものがあることを明らかにする研究が登場してきた.このように,日本的経営に関する研究は,企業の国籍を問わず優れた業績を叩き出し続ける優良企業の特徴研究へと結びつき,とりわけピーターズ&ウォーターマン (Peters, T. J. & Waterman, R. H.) の『エクセレントカンパニー』(1982=2003) は空前の爆発的ヒットとなった.そして,彼らの「共通の価値観 (shared value)」を重要視する研究姿勢が組織における文化の研究へと研究者の,そして実践家たちの目を向けさせるに至ったのである.また,彼らの「超優良企業になるために組織が備えるべき特質としての組織文化」というスタンスは,その後の組織文化研究(組織文化をマネジメントのための一変数・ツールと捉える組織文化研究.後述の機能主義組織文化論)の方向性を決定づけた重要な研究の1つであったといえる.

以上のように,組織文化論の登場の背景として,「世界的な経済低迷期における日本企業ないし超優良企業の躍進」と「その成功要因としての『共通の価値観』の存在の発見」がまず挙げられよう.

(2) 理論的背景

つぎに,組織文化論登場の背景として挙げられるのが,経営学の歴史的文脈,つまり理論的背景である(図表12-1の上半分に当たる).とりわけ登場の背景となったのは,1960～70年代にかけて盛んに議論されたコンティンジェンシー理論と経営戦略論という2つの議論の限界あるいは議論への懐疑であ

ろう．

　コンティンジェンシー理論とは，「組織はその環境と不可分な関係を持ち，その組織が置かれている環境との適合関係によって，どのような組織構造が有効性を持つのかが決定される」とする組織論である．たとえば，環境の不確実性が高ければ有機的組織が，環境の不確実性が低ければ機械的組織が適合的であるといったバーンズ＝ストーカー（Burns, T. & M. Stalker）やローレンス＝ローシュ（Lawrence, P. R. & J. W. Lorsch）の研究が有名である．彼らの研究のもう1つの特徴は，サイモン（Simon, H. A.）以来の「洗練された科学」の追求を目指した研究であることである．それゆえ，彼らの研究のほとんどは，定量的な調査・分析手法を用いている．しかし一方で，その最大の特徴でもある環境との適合関係に関する主張が非常に環境決定論的なのではないかという批判を受けることになる．つまり，組織や経営者の能力や主体性が蔑ろにされているか，あるいは主体性を加味しているとしても極めて合理的な意思決定主体を前提とし現実的ではないというのである．たしかに，実際の組織の環境適応は，環境決定論的あるいは合理的主体の合理的選択によって決まるというより，経営者などの主体の信念や価値観に基づく環境認識やその末の意思決定によってなされるものである．以上のような問題を克服するコンティンジェンシー理論の動きが，その後の組織文化論の展開を生む1つの契機となっているといえよう．

　つぎに，今述べたコンティンジェンシー理論とほぼ同時期に経営学で議論された経営戦略論，とりわけ戦略計画学派の抱えた問題からの懐疑というものも組織文化論が注目される1つのきっかけとなっているといわれている．この戦略計画学派とは，たとえばアンゾフ（Ansoff, H. I.）やスタイナー（Steiner, G.），BCG（ボストンコンサルティンググループ）らに代表される初期の経営戦略論のことであり，自組織の置かれた状況を分析・把握し，その分析結果を基に「戦略計画を策定すること」を重んじた学派のことである．経営戦略論は，戦後の世界経済の成長とともに実業界においても研究の世界

においても成長した研究の1つであるが，前述のように世界経済の低迷期に入り，エクセレントカンパニーが注目を集める頃から懐疑の目を向け始められる．たとえば，それは ① ミンツバーグ (Mintzberg, H.) らによって戦略イコール計画を立てることではなく，現実には事後的に形成される（振り返ったらその道が戦略となる）こともあること，あるいは ② 分析麻痺症候群のように，分析偏重主義が戦略の現実乖離すなわち現実妥当性，実行可能性を欠いてしまう（それによって実際にうまくいかない）ということといったものが代表的である．以上のように，当時の経営戦略論の過度の合理主義や分析や計画の偏重が現実において妥当性を欠いているのではないかという懐疑を生み出し，合理性の対局ともみえる価値や規範といったものの重要性に目が向けられるようになっていったのである．

ちなみに，図表12-1では，今取り上げたものの他にバーナードや組織風土論などが挙げられているが，バーナード (Barnard, C. I.) やセルズニック (Selznick, P.) は，組織文化論が登場する遥か昔から組織の価値に着目する研究を行っており，組織文化論に少なからず影響を与えているとされている．また，組織風土 (organizational climate) 論は，「組織構成員たちが持つ組織に対する感覚や認知」と定義される組織風土とリーダーシップや集団凝集性との関係を議論する，社会心理学系の研究である．萌芽期の組織文化論の多くが，組織風土論同様に，定量的な研究手法を用いていたのには，少なからずこの組織風土論の影響があったと考えられよう．

12.3 2つの組織文化論[1]

以上のようないくつかの背景のなかから，登場する組織文化論は，1980年代に入り多くの研究者たちによって本格的に研究がなされるようになっていった．少し先取りしていうならば，この萌芽期・成長期における組織文化論は，その機能性を追求する機能主義組織文化論 (functionalism) が中心であり，その後転換期に入り，組織の現実理解の理解を目指す解釈主義組織文化

論（interpretivism）がオルタナティヴとして勢力を拡大していくこととなる．そしてさらに，組織文化論は衰退期とでもいうべき時期を迎え，彼ら（とりわけ解釈主義的組織文化論研究者たち）の研究は社会構成主義（social constructionism）の組織論へと移行ないし少なからず継承されていっている．本節では，まず機能主義的組織文化論と解釈主義的組織文化論の2つの組織文化論について，その問題意識や概要について議論していくことにしたい．

(1) 機能主義組織文化論

1980年代に入り，先述のように時宜を得た研究であった組織文化論は，いうなれば大ブレークを果たした．当初の研究は，エクセレントカンパニーなどの問題意識を継承し，高業績あるいは組織の存続のためのあるべき組織文化とは何かを探る研究が大半を占めていた．このような組織の一変数あるいはマネジメントツールとして組織文化を捉える研究を機能主義的組織文化論と呼ぶ．本章では，機能主義的組織文化論とはいかなる研究なのか，さらに明らかにしていくために，代表的な2つの研究をつぎに概観していくことにしよう．

1）ディールとケネディの「強い文化」論
　—機能主義組織文化論の代表的研究 ①

ディールとケネディ（Deal, T. E. & Kennedy, A. A.）の『シンボリックマネジャー』（原著タイトルは *Corporate Culture*）は，エクセレントカンパニーとちょうど同じ年に発刊され，組織文化論ブームの立役者であるといわれる組織文化論研究萌芽期の代表的研究の1つである．彼らの研究は，エクセレントカンパニー同様に，持続的な高業績をあげる企業の成功要因を探るものであった．彼らは，そのために約半年間，アメリカの約80社の企業の調査を行った．その結果，彼らは，アメリカ企業の成功（持続的高業績）の秘訣は，

「強い企業文化」の保持であり，それが高業績をあげる基盤となっていると結論づけたのである．彼らのいう，この企業文化（本章でいう組織文化）とは，「理念，神話，英雄，象徴の合体」[2]，「人が平常いかに行動すべきかを明確に示す，非公式なきまりの体系」[3]であり，彼らによれば，この文化は，「逞しい，男っぽい文化」，「よく働き/よく遊ぶ文化」，「会社を賭ける文化」，「手続きの文化」といった4つのタイプが存在するという．また，ここでいう「強い」とは，組織内での共有および浸透の度合い，そして文化の示す内容（いかに行動すべきか）の明確さを指している．すなわち，シンプルでかつ一枚岩であればあるほど，その文化は「強い文化である」ということになろう．彼らによれば，持続的な高業績をあげる企業は，行動の指針を明確に示す価値や意味の体系を，経営者の理念や英雄，儀礼・儀式ならびに伝播のネットワークを通じて，広くかつ深く共有・浸透させているのである．

さらに，ディールとケネディは，この強い文化を形成し，維持していくことこそが管理者の果たす役割であるとし，このような管理者の文化管理的役割を「シンボリック・マネジメント」と呼び，その任を負う管理者を「シンボリック・マネジャー」と名付けた．彼らによれば，シンボリック・マネジャーは，企業文化の伝達（形成）や保護（維持），変革のために，文化と文化の長期的成功に影響を及ぼす要因，そして文化のなかでの自分たちの役割を理解し，自らの行為の象徴的影響力を意識しながら，会社の日常業務というドラマにおける演技者（脚本家，監督，俳優）として振る舞う必要があるのである（図表12-2参照）．ちなみに，このような舞台のメタファーは，おそらくゴフマン（Goffman, E.）の影響であると考えられ，すなわち先述したように単に社会心理学からの影響ばかりを受けているのではないということがここから窺い知ることができよう．

以上のように，ディールとケネディの議論において組織文化（強い企業文化）は，高業績のために必携の要素であり，すなわち「持続的高業績のための道具（ツール）」である．本節の冒頭でも述べたように，彼らのような議

図表12-2　強い文化とシンボリック・マネジメント

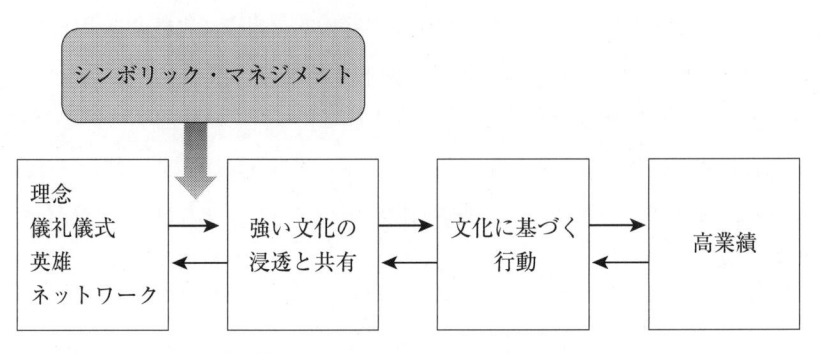

```
        ┌─────────────────────┐
        │ シンボリック・マネジメント │
        └──────────┬──────────┘
                   ▼
┌──────────┐  ┌──────────┐  ┌──────────┐  ┌──────────┐
│ 理念     │  │ 強い文化の│  │ 文化に基づく│  │          │
│ 儀礼儀式 │⇄ │ 浸透と共有│⇄ │  行動    │⇄ │  高業績  │
│ 英雄     │  │          │  │          │  │          │
│ネットワーク│  │          │  │          │  │          │
└──────────┘  └──────────┘  └──────────┘  └──────────┘
```

論は，機能主義組織文化論と呼ばれ，1980年代の組織文化論の主役であった．また，ブームが過ぎ，対抗的パースペクティヴも登場し，さらには新たな展開に道を譲りつつある（詳細は後述）今日の組織文化論であるが，それでもやはり機能主義組織文化論は，組織文化に関する議論の主流を担っているのである．

では，つぎに，ディールらがブームに火をつけて間もなくの1980年代半ばに発表され，機能主義組織文化論の確立に貢献したといえる研究であるシャイン（Shein, E. H.）の研究に議論を移すことにしよう．

2）シャインの「環境適応/組織内統合のための組織文化」論
　―機能主義組織文化論の代表的研究②

前項のディールらの研究は，エクセレント・カンパニーなどの超優良企業研究からの影響もあり，高業績を達成するためのツールとしての組織文化（あるべき文化としての強い文化）というロジックが示されていた．一方，シャインの組織文化論は，組織が維持存続していくための外部環境の適応および組織内部の統合のツールとして組織文化を扱う議論であり，つまり，あるべき文化の提示というより，組織文化の組織における機能性を明らかにしようとする議論であるといえる．それゆえ，機能主義組織文化論としては，デ

ィールとケネディに比して洗練されている感がある．

　さて，シャインは，それまでの単純かつ静態的な組織文化概念を退け，より精密かつ動態的，そして理論的な組織文化概念を構築しようと試みている．彼によれば，組織文化とは，「ある特定のグループが外部への適応や内部統合の問題に対処する際に学習した，グループ自身によって，創られ，発見され，または発展させられた基本的仮定のパターン──それはよく機能して有効と認められ，したがって，新しいメンバーにそうした問題に関しての知覚，思考，感情の正しい方法として教え込まれる[4]」ものである．さらに，組織文化は，明示的で表層的なレベル（人工物）から暗示的で本質的，深層的なレベル（基本的仮定）へと3つのレベルに区分することができ，またこれら3つのレベルは一種の循環的な相互作用の関係にあるとしている（詳細は図表12-3参照のこと）．

　さて，以上の定義からも理解できるように，シャインのいう組織文化とは，外部環境への適応や組織内部の統合に関する問題を繰り返し解決していくうちに学習によって形成されるものである．まず，それは，組織が何らかの問題に直面した際，リーダーが自分自身の仮定あるいは価値観に基づき，

図表12-3　シャインの組織文化概念

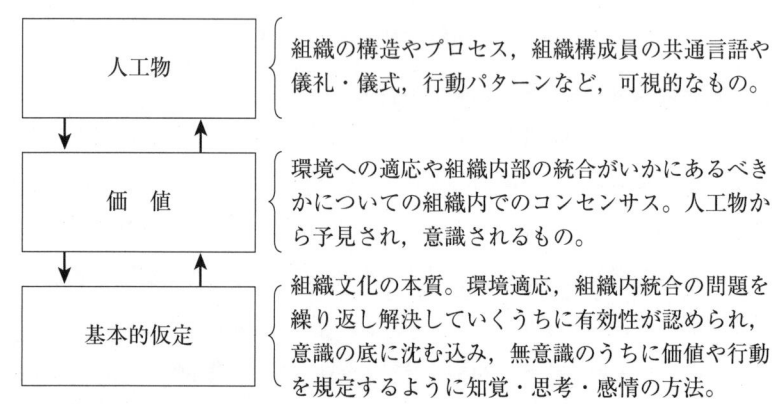

人工物	組織の構造やプロセス，組織構成員の共通言語や儀礼・儀式，行動パターンなど，可視的なもの。
価　値	環境への適応や組織内部の統合がいかにあるべきかについての組織内でのコンセンサス。人工物から予見され，意識されるもの。
基本的仮定	組織文化の本質。環境適応，組織内統合の問題を繰り返し解決していくうちに有効性が認められ，意識の底に沈む込み，無意識のうちに価値や行動を規定するように知覚・思考・感情の方法。

出所）間嶋崇（2007）『組織不祥事──組織文化論による分析』文眞堂

問題解決に対してアクションや施策（ビジョンの提示や組織構造・管理システムなどのデザイン）を示すことに始まる（リーダーの仮定/価値の人工物化）．そして，他の組織構成員たちは，そのリーダーのアクションや施策をある種の価値的仮説（この問題にはこう対処すべし）と捉え（人工物の価値化），それに従って問題解決を行いながら，仮説の是非を意識的，無意識的に学習する．このような学習が繰り返し行われていくことで，有効と認められたものが構成員すべてで共有される基本的仮定，つまり組織文化となっていくというのである（価値の仮定化）．以上のようにして形成された組織文化は，つぎに繰り返し起こる問題はもちろんのこと，新たに起こる問題に対してもその問題の理解や，その解決策に対する構成員間での合意を得やすくさせる（仮定の価値化）．そして，それは，構成員の統制された行動となって立ち現れ，環境への適応や内部の統合がなされていくのである（価値の人工物化）．

ただし，この組織文化は，これまでの経験を外れるような環境の激変のさなかにおいては，環境認識や問題解決手法を見誤らせる恐れ，あるいは組織変革を妨げる慣性力となる恐れ，すなわち逆機能を起こす危険性をもっている．そういった事態において，重要なのがリーダーシップであり，リーダーを中心として組織文化を変革していく必要があるとシャインは主張している．

3）機能主義組織文化論の衰退

以上が機能主義組織文化論の代表的研究者の主張である．繰り返しになるが，要するに，機能主義組織文化論は，組織文化を組織を構成する1変数として捉え，その1変数を操作することで業績や組織内外の適応・統合に役立てることができるとする議論である．言い換えれば，機能主義にあって組織文化は，操作可能なマネジメントツールであるというのである．しかし，本当に組織文化は操作可能なのだろうか？　さらに，そもそも文化は本当にマネジメントツールなのだろうか？　その昔，社会学においてパーソンズが批

判されたのと同じように，組織文化論においては，個人（構成員）は，組織文化によって過剰に社会化された（型に嵌められた）存在であり，文化を超えた判断能力を喪失した存在として捉えられてはいないだろうか？ しかも，文化がマネジメントツールであるならば，構成員たちは文化を介し組織の従属物になってしまっていないだろうか？ 機能主義のいう組織文化は，経営者側のレトリックをあまりに重視し，従業員にとっての意味を軽視しているのではないか？ 組織文化論では，このような批判が80年代後半から90年代にかけて噴出し，それら機能主義とは異なる視覚の組織文化論が登場した．それが解釈主義組織文化論である．

(2) 解釈主義組織文化論

解釈主義組織文化論は，現象学的社会学や解釈人類学などといった主観主義的傾向の強い他領域の研究の影響を受け，「組織が持つべき文化とは何か？」を解明するのではなく，「その組織でいかなる組織文化がいかように社会的に構成され，共有されているのか？」を明らかにしようとする組織文化論である．すなわち，解釈主義組織文化論においては，組織文化は，マネジメントツールでもなければ，1変数でもない．文化は組織そのもののルートメタファー（根茎隠喩）であり，彼らが目指しているのは，「組織構成員たちによる組織的現実の理解」の理解なのである．すなわち，解釈主義組織文化論では，機能主義のようなマネジメント視点ではなく（だけでなく），組織の構成員たちの反応（彼らの現実理解，意味の共有）に着目しているのである．また，解釈主義組織文化論のほとんどは，定性的手法を用い，組織構成員たちの日々の言動を細かく記した「分厚い記述」のなかから当該組織の組織文化（共有された意味）を明らかにしようとすることも特徴の1つといえよう．では，解釈主義組織文化論をもう少し理解するために，本節でも前節同様に，代表的研究者の議論について概観することにしよう．

1）ギデオン・クンダの「洗脳するマネジメント」研究
　―解釈主義組織文化論の代表的研究

　クンダ（Kunda, G.）の研究は，アメリカで90年代前半に発表された研究で，文化マネジメントの裏側で一体何が起こっているのか？（経営者たちはどのようにマネジメントしようとし，それに対して従業員たちは何を思いどんな反応を示すのか？）を明らかにしようとする研究である．クンダは，当時，組織文化をマネジメントすることで熱狂的な優良企業をつくり上げているこ

図表12-4　クンダの組織文化論

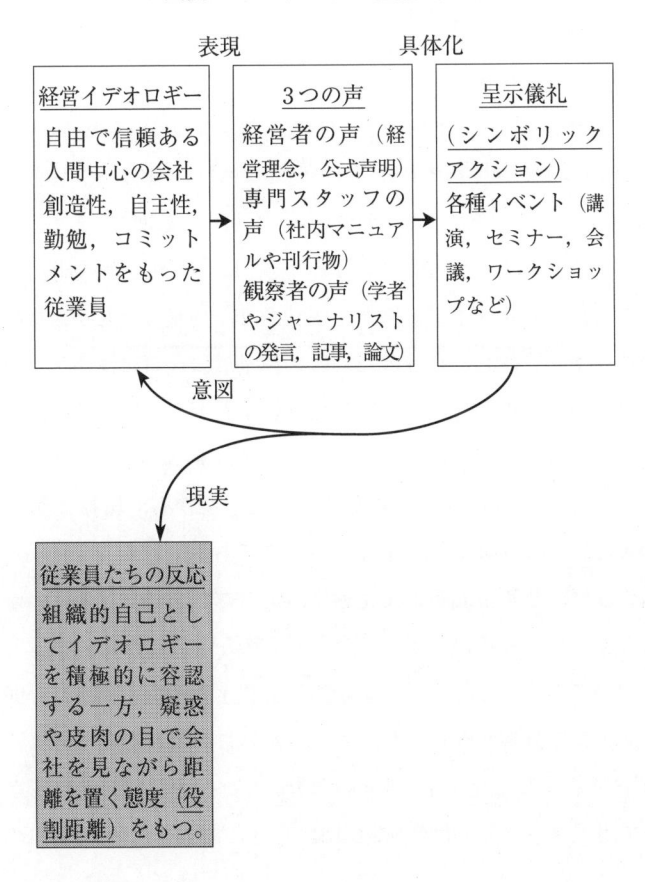

	表現	具体化
経営イデオロギー 自由で信頼ある人間中心の会社 創造性，自主性，勤勉，コミットメントをもった従業員	3つの声 経営者の声（経営理念，公式声明） 専門スタッフの声（社内マニュアルや刊行物） 観察者の声（学者やジャーナリストの発言，記事，論文）	呈示儀礼 （シンボリックアクション） 各種イベント（講演，セミナー，会議，ワークショップなど）

意図　　　　　　　現実

従業員たちの反応
組織的自己としてイデオロギーを積極的に容認する一方，疑惑や皮肉の目で会社を見ながら距離を置く態度（役割距離）をもつ．

とで話題になっていたTEC社（仮称）というIT企業に入り込み，この研究を行った．

クンダによれば，TEC社では，経営陣が社内に注入したい組織文化（クンダはこれを「経営イデオロギー」と呼ぶ）として ① 組織は，自由で信頼ある人間中心であるべきであること，加えて ② 従業員は創造性，自主・自律性，勤勉，忠誠心をもつべきであることといった概ね2つの価値が掲げられていた（図表12-4参照）．さらにTECでは，この2つの価値を社内で共有すべく，経営陣や文化マネジメントの専門部署のつくる資料や外部の研究者たちの言説など，さらには社内での各種イベントを通して従業員たちに浸透させようと努めた．その結果，実際には，従業員たちは一方で会社に愛着をもち積極的にそれら価値を容認し行動に移す反面，もう一方では疑惑や皮肉の目で会社や自身を捉え，役割距離（自身が課せられている役割について否定したり，容認する自分は本当の自分ではないと認識したり，演技でもって従っているフリをしたりするなど，会社の価値から一歩引いた態度をとること）をもつ傾向にあったのである．すなわち，TEC社では，表向きは機能主義組織文化論が示すように文化マネジメントを成功させ，従業員たちがみな自由闊達な雰囲気のなかで自律し，会社のために積極果敢に仕事に没頭しているように捉えられていた．だがしかし，実際には従業員たちは経営陣が意図した価値と共にそれとは相反する価値をも持ち合わせ（すなわちアンビヴァレントな価値をもち），その2つのバランスをうまくとりながら，組織に属しながらも呑み込まれないよう日々苦闘をしていたのである．

以上のように，解釈主義組織文化論は，あるべき組織文化とはいかなるものかではなく，今ある組織文化はいかなるものかを明らかにしようとする組織文化論なのである．このクンダを始め，解釈主義組織文化論は，90年代においてさまざまな議論がなされた．もちろん，このような非マネジリアルな志向の議論が果たして経営学と呼べるのか？　といった批判も多くあったが，それでも経営学とりわけ経営組織論の一角にあらたな研究視角の可能性

を示したことには一定の意義があったのではないかと考えられる.

12.4 おわりに

　本章では，機能主義，解釈主義という2つの主義の組織文化論を概観し，組織文化とは何か？　組織文化論とはいかなる研究か？　を議論してきた．しかし，冒頭にも若干触れたが，今やその組織文化論もほとんど議論されなくなっている．組織文化という概念は組織の構成要素の1つとして常識化されたものの，（むしろそのためか）取り立てて研究がなされることが極めて少なくなっているのが現状である．代わって現在では，ポスト構造主義といった思想的な背景をもった「社会構成主義の組織論」なる議論が俄に注目を浴びつつある．この研究は，組織における現実が言説的実践（ディスコースと呼ばれる．より簡単にいえば「言葉」のこと）を通じていかに構成されているのか？　さらには，その現実のなかに隠された権力性（ダークサイドと呼ばれる）が潜んでいやしないか？　といったことを明らかにする議論である．この社会構成主義は，文化という言葉は用いないものの，解釈主義組織文化論とよく似た問題意識や手法を用いた議論でもある．それゆえ，文化論との関連性や相違点など，興味深い点が多々あるが，これらの議論についてはまた別の機会に譲ることにしたい.

注）
1) 本節は，拙稿「第12章　組織文化論」佐久間信夫・坪井順一編（2005）『現代の経営組織論』学文社：175-179を大幅に加筆修正したものである．
2) Deal, T. E. and A. A. Kennedy (1982) *Corporate Cultures*, Addison-Westley.（城山三郎訳, 1983,『シンボリック・マネジャー』新潮社：14）
3) *Ibid*.（1982=1983：29）
4) Schein, E. H. (1985) *Organizational Culture & Leadership*, Jossey & Bass.（清水紀彦・浜田幸雄訳, 1989,『組織文化とリーダーシップ』ダイヤモンド社：12）

◆参考文献

Kunda, G. (1992) *Engineering Culture*, Temple University.（金井寿宏監修, 2005,『洗脳するマネジメント―企業文化を操作せよ』日経BP社）

Peters, T. J. and R. H. Waterman (1982) *In Search of Excellence*, Harper & Row.（大前研一訳, 2003,『エクセレント・カンパニー』英治出版）

Schein, E. H. (1992) *Organizational Culture & Leadership,* 2nd ed., Jossey & Bass.

Schultz, M. (1994) *On Studying Organizational Cultures*, Walter de Gruyter.

第13章

組織変革論

13.1 はじめに

　一般的に組織変化は，組織が新しいアイデアや行動に関与することと定義され，2つの局面の効果的な組み合わせが強調される．すなわち新しいアイデアを組織内で創造したり外部から取り込むことと，新しい組織に変革する活動を自由闊達だが終始一貫して実践する局面である．日本の組織変革リサーチを概略すると，戦略的組織変革，イノベーション，変革マネジメント等のリサーチは多くの変革モデルを示しているが，変革を実践する側の視点に立つリサーチは，あまり顧みられることがなかった．しかも多くの変革モデルの基礎は，トップマネジメントと戦略スタッフの変革計画作成から実行局面のリサーチであり，コンサルタントを含めた変革現場で，人びとが実情に合わせて変革案を解釈・実践することを，人が変わる過程として扱うリサーチではない．そのため実際には，ほとんどの変革の試みが失敗に終わりながら，実践側から計画する側に対する変革の意義を問う機会もなく，単に失敗は実践側の実行努力不足であるというニュースを目にすることが多い．それどころか，組織業務を実際にする側からの変革実践の理論リサーチは寡聞にして不明である．

　しかし目を海外に転じると，生き生きと変革実践をリサーチ・応用する領域があり，その1つとして人や組織や社会の変革に関してリサーチと実践を積み重ねてきた組織開発（organization development）がある．組織開発は，人や組織の持続的学習の働きかけを通して自己認識と自立変革能力を獲得さ

せる有効な方法であり，50年代以降，世界で広く応用されてきた理論と実践である．この章では，組織変革の実践局面に注目し，組織開発の論理に基づいて組織変革を理解する．

13.2 組織開発の歴史

歴史が浅いにも関わらず組織開発の起源は曖昧である．ドイツからアメリカ（1933年）に移民してきたレビン（Lewin, K.）が，マグレガー（McGregor, D.）の援助でMITのグループダイナミクス研究所（Research Center for Group Dynamics）を始めた1946年夏に，コネチカット州のニューブリテンの州立教育カレッジで開いたワークショップが，組織開発の主要理論の1つであるTグループ（トレーニンググループの略称）の始まりとされている．当時のアメリカは1929年から続く大恐慌のさなかで，失業は20％を超え，GDPも低迷した時期であるが，1933年から1939年にかけてホーソンリサーチが実施される時であり，レビンはアイオワ大学大学院で講義しながら，リピット（Lippitt, R.）たちとリーダーシップスタイルの研究を続け，またマロー（Marrow, A. J.）やフレンチ（French, W. L.），コッホ（Coch, L.）たちとパジャマ工場での変革の抵抗と参加型意思決定の実践研究を，また戦時中に農務省の依頼で食習慣セミナーを社会学者のミード（Mead, M.）と開いて，アクションリサーチのアイデアを構想した時期であった．つまり戦前から戦後を通じて民主的な思想が最善の解決策であり，その実践を生涯の課題にしたレビンの原動力は，レビンが生い立ちと重ねて戦争という問題に立ち向かう過程で喚起され，人種・民族融和を含めた社会民主化運動の高まりが呼応するかのように，レビンの意欲を下支えしたことは想像に難くない．初期の組織開発で特徴的なことは，フォレット（Follett, P. M.）のマネジメント概念，グループダイナミクス，デューイ（Dewey, J.）の教育学など，一見するとばらばらな流れが，レビンの登場と時を同じくして，民主的価値観を基礎とした人の成長発展の論理と，その価値観に基づく実践へと収斂していった点で

ある．その後1947年に，現在のNTL (National Training Laboratory Institute) の原型が設立され，Tグループトレーナーの育成プログラムを展開する過程で，Tグループや感受性訓練やアクションリサーチなどの技法が開発されて組織開発理論が発展していった．

　他方，ビジネスにおける組織開発は，マグレガーが1950年代に企業のコンサルティングを通じて『企業の人間的側面』を出版し，教育や心理臨床やコミュニティで応用されていた組織開発をビジネス社会に応用して実践可能性を提示しただけでなく，マグレガーが大学リサーチャーとコンサルタントを兼ねる組織開発のリサーチスタイルを示した．また企業対象のリーダーシップセミナーを通じてブレーク (Blake, R. R.)，ムートン (Mouton, J. W.) 達が規範的アプローチと呼ばれるマネジリアルグリッドやチームビルディング技法を生み出し，組織開発はビジネスにおける研究・教育体系を整えてゆく．また組織開発のリサーチャーたちは，イギリスのタビストック研究所と社会-技術システムやアクションリサーチの研究交流を進めてゆくなかで，後の人的資源管理理論の基礎を固めた．1950年代中頃には，マズロー (Maslow, A.) やロジャース (Rogers, C.) やNTLが，集団による個人的成長を実践するリサーチやセミナーを開き，日本では動機づけやキャリアマネジメントとして紹介されるヒューマニスティック心理学をリサーチ領域として発展させ，マグレガーのX・Y理論や組織と人の成熟の矛盾をテーマにするアージリス (Argyris, C.) の『パーソナリティと組織』がビジネス向けに出版されるなど，ビジネスにおける組織開発のリサーチと実践も発展していった．

13.3 組織開発の概要

　組織開発は理論と実践の両面にわたり，しかも個人レベルから組織レベルまでの多元的で持続的な組織変化を取り扱うため，組織開発の関心領域は広範囲に及んでいる．一般的なアカデミックリサーチの分類では，組織開発

は，マクロな視点で理論中心の組織論の成果を応用する知識体系と位置づけられるが，実際には心理学やグループダイナミクスを基軸にしたリサーチや実践が蓄積されているので，ミクロレベルの理論体系の社会心理学や組織行動論を応用した実践知識体系でもある．

一般的に組織開発は，次のように言語表現される．すなわち，行動科学理論を基礎にした知識や実践技法を，トップ主導のシステム思考に基づく計画的発展活動として，クライアント組織構造やリーダーシップや意思決定問題解決に変革実践家が働きかけて，組織全体の長期健全性と有効性を，クライアントが自立して向上させる能力を獲得することである．

戦略的組織変革との違いは，長期の変革努力，トップによる変革支援，コンサルタントに代表される変革実践家とクライアントとの参加型変革を特徴として強調する点にある．すなわち組織開発は，変革コンサルティングにありがちな戦略的変革案の提案が目的ではなく，現状問題分析から変革定着までの変革過程に実践家が関わり，働きかける方と働きかけられる方が相互に学び合うという，ある種の協働学習こそが組織開発の本質だからである．さらに重要なポイントは，言語表現される知識体系は組織開発の半分であり，残りはそれを応用してクライアントが変わる実践にある．いわば教科書は知識体系を伝達できても，読者が実際に実践する輪に入って，自分を含めて全体が変わることを体験しなければ，意味を深く理解できない．知識が料理のレシピであり調理道具であるとすれば，それらが高級であっても料理という実践をしなければ空腹を満たさず，レシピの意味を理解できないのと同じことである．

13.4 組織開発プロセス

組織開発プロセスの目的は，多数の因果関係に働きかけて組織を意図した「姿」に変えることであり，次の4段階で構成される基本パターンに沿って進行する．

(1) 参入と契約段階

　変革の必要性を感じたクライアント組織は，コンサルタントに依頼して協力的な部門で直面している状況と問題の予備調査をする．ある程度の概要がつかめると，クライアント組織とコンサルタントとが変革実践可能性について話し合い，変革に必要な資源や技能を想定し実行可能性を確認し，コンサルタントと契約を交わすことになる．売り上げや利益を短期に劇的に増やすコンサルティング契約より，人の行動や意識を変える事が目標になり，その点でクライアントから評価を受けるので，むしろ契約段階は，コンサルタントの実践手法・技法選択や素直なコンサルティング能力表明がコンサルティングの倫理として重要になる．なぜなら中長期に輻輳的な組織全体の変革を契約する場合は，組織開発の深い知識と実践能力と持続的関与の意欲が重要になるからである．

(2) 診断段階

　クライアント組織の現実を知るための重要な段階が診断段階である．多様な情報を多方面から集めて状況要因間関係を再構成して理解を深める段階であるが，個人から組織全体までを変革に含む組織開発では，「漏れや抜け落ち」を防ぐ意味を含めて，レビンの解凍・変化・再凍結モデルや，ワイズボードの6ボックスモデルやナドラーの適応モデルなどの診断モデルを使うことが多い．ただし，これらモデルは問題発見の診断用具にすぎず，多くの組織メンバーがコンサルタントと対等に診断過程に参加することが，当事者意識を高めて現実的で効果的な分析を可能にする点で重要である．

(3) 変革計画立案と介入方法の選択と実践

　この段階は，分析結果から明らかになった現実に立ち向かう組織開発プロセスの重要局面である．クライアント組織メンバーとコンサルタントが協力して，組織メンバー自身が変わるという課題に取り組む過程は，組織の準備

態勢からビジョン作り，組織的な支援，変革促進活動が，組織全体への変革運動の波及までを含む長く複雑な過程である．詳しい介入方法は後で説明するが，組織開発では，コンサルタントや変革実践者などの外部者を通じた変革は，介入（intervention）という独特の用語で表現される．つまり介入は，組織内の変革支援体制作りや変革途上の迷いを防ぐための励ましや，動き始めた新しい組織行動を逆戻りさせない仕掛けであり，変革実践には外部者による意図的な働きかけが重要という意味で，独特な表現を使うのである．

(4) 評価と制度定着段階

最後は変革実践の評価段階であり，組織メンバーによる多面的なフィードバックから変革実践を持続するのか，部分修正のまま持続するのか，あるいは一時停止して見直すのかを判断する段階である．仮に変革実践が良好であれば，新しい行動を制度として組織が定着させるために，新しい報酬や訓練・能力開発制度が確立され，新しい組織文化に向けて組織が動態化してゆくことが望ましい．

13.5 組織開発の介入プロセスと方法

(1) 介入の意味

介入プロセスは，組織開発コンサルタントがクライアント組織に，変革実践を働きかける過程なだけに，特定の実践ツールにリサーチや実践の関心が偏りがちである．しかしシャイン（Schein, E. H.）がいうように，組織開発の実践家がすることは行動の大きさに関わらずすべて介入であり，それはつぶやくような質問の場合もある．[1] 一般的な介入定義は，活動している集団，組織が，クライアントの有効性や健全性を高めるのを支援するために参加することであり，意図的な現状活動の中断を意味する．そして次の4つの特徴が指摘される．

a）考慮の上の現状中断：変革実践に重要なことは，変革の必要性を理

解することであり，そのためには，突然の介入が引き起こす混乱や否定を避けるためにも，既存の考え方や活動方法や人間関係を一時棚上げにすることである．よく使われるメタファーとして，より良い交響曲の公演をしたければ，一時演奏を中断し，全体の曲構想を練り直し，部分練習を済ませてから，改めて演奏するという繰り返しが必要だという例のように，ともかく現状活動を止めることである．

b）　日常活動状態の組織への参加：この特徴は，変革を特別視して日常の組織活動と切り離して組織を理解するのではなく，人々が活動している普通の状態を変革介入対象とすることである．組織開発の変革実践の意味や意義を考えると，介入は，現状をろくに考慮せずに作りあげた仮想問題に対して，決して理想の組織図や計画を当てはめることではない．むしろ組織で日常仕事をする人の潜在的な能力を最大限に引き出す，具体的な変革実践介入が，本来の組織能力を発揮するのに必要である．

c）　組織の健全性と有効性を高めること：組織メンバーと変革実践の必要性が適切に結びついているかは，変革実践に関する情報が十分に流通し選択の自由が残されているかで決められる．つまり十分で正しい情報が必要に応じて提供され，変革実践活動と変革後の組織像とが結びつけて説明されて，さらにメンバーが自発的に変革実践を選び取る意思を示さなければ変革は達成できない．変革実践を拒否することを認める点で「夢想・生ぬるい」という印象をもつかもしれないが，途中で思わぬ困難に直面して「なぜこんな……」と迷う時に，言い訳の余地を作る「強制」より，自発的な覚悟は顕著な効果を示す．

d）　組織の自立変革組能力獲得：変革実践技法は行動科学で裏付けられた知識を基礎としていなければならない．医学や工学を想像するとわかるように，薬の処方や機械や建物の製造・施工は，多種多様なリサーチの裏付けがなければ危険なように，人に関わる実践技法も危険である．その意味で組織開発は実践技法の寄せ集めではなく，社会心理学を中心に蓄積されたリサ

ーチの知識体系である．したがって組織開発がリサーチとコンサルタントの実践の両面をもつので，クライアント・コンサルタント・リサーチャーのコミュニティが，具体的な実践体験とリサーチ成果の横断的に共有する，OD Network（www.odnetwork.org）のようなコミュニティが組織開発の初期から存在する．また組織開発の変革実践を通じて行動を変える過程が，組織メンバーが変革知識を自分たちの実践活動を通じて学習する過程でもある．この意味で組織開発は教育的と理解されるが，安全な場から教師が誤りのない知識を効率的に伝達する集合講演形式の学校ではなく，むしろ指導者役のコンサルタントは自分を触媒に変革を起こしながら，変革渦中でコンサルタントも成長発展してゆく，いわば大人の実践を通じた相互学習といえる．この意味でHRDが職場を通じた学習としてワークプレイスラーニングやアダルトラーニングやODを展開するのは当然であろう．

13.6 介入プロセスと方法

介入ツールは具体的実践技法であり，海外から組織開発のツールを「輸入」して当てはめるのは可能なため，いくらかの人達にとっては，次に紹介するツールは既知かも知れないが，標準的な組織開発の教科書に沿って紹介する[2]．

(1) 個人・集団に対する介入ツール

a） プロセスコンサルテーション：これは，シャインが朝鮮戦争の洗脳研究からテーマとしてきた基本的な人の変わるプロセスの考え方なので，ツールではなく組織開発の基本的論理と位置づける方がふさわしいのかもしれない．この介入ツールは集団の人間関係を通じて，より良い問題解決に向けて多様な試みを自発的に実践できるよう人の認識と理解に働きかける，いわば支援（helping）である．組織開発が医者・患者モデルを避けるべきと指摘するのは，専門家と患者（クライアント）関係に基づく診断と処方は，クラ

イアントに自発的な変革意志を生まないことや，専門家は全人的視点から診断できないので，むしろ相手の理解を素直に表明する実践ができれば，コミュニケーション・対人関係・意思決定・成果を良くするための組織メンバー相互の働きかけは，専門家と同等であるという考え方に基づく．同じことは集団に対しても当てはまり，コミュニケーション，集団メンバーの役割，意思決定，集団規範，リーダーシップに対する理解の違いと集団課題を浮かび上がらせて，より良くなろうとする自発的な力を集団が発揮するよう介入することが，プロセスコンサルテーションである．個人でも集団でも重要な点は，自分自身の理解を深める組織メンバーの努力によって，自分自身の振り返りと問題発見と解決方法の模索が持続するように，介入者は当事者の外から，こうした努力を支えることである．シャインの基本的な思想が応用されたツールは，ファシリテーションやコンサルテーションや支援に関する名前で無数に応用されており，馴染みのある手法と思われる．

(2) 集団・部門に対する介入ツール

a) 職務デザイン：職務デザイン介入とは，職務の多様性と自律性を与えることで，人は仕事に動機づけられて満足と生産性の向上を手にすることができるという論理に基づく介入である．一般的に職務デザインとして扱われるオルダハム（Oldham, G.）・ハックマン（Hackman, J.）の職務特性モデルのように，組織と当事者が望む職務が設定されれば，職務における人の心理的な健全さが高まり，個人・組織ともに職務成果が高まり，それがより高い水準の成果を求める動機づけ要因になるという論理が，一般的な介入論理である．したがって職務の存在意義や学習意欲や責任感醸成などの心理的な満足と職務成果との関連性から，コンサルタントが，組織全体の視点から職務内容の変更に介入することになる．介入ポイントは当事者の仕事意識を自然にもたせる工夫であり，それは職務拡大，顧客接触，挑戦的な課題提供を，職務の技術的な制約範囲内で可能な限り実現する点であるといわれる．

b） 社会-技術システムと自主管理チーム：組織開発初期に関わりのあるテーマに社会-技術システムがある．組織活動に必要な技術は，どんなに優れていても組織（社会）と適合していなければ，望む成果をもたらさないという論理である．この概念は，技術と組織状況に合わせて適切に組み替えてゆくメンバーの主体的学習の側面から，後に北欧やオーストラリアの産業民主化運動へと展開し，次に紹介する大規模組織変革の基本的論理へと受け継がれてゆく．この介入は，自主管理チームと呼ばれ，チームの関わる状況と作業と技術を分析して，チームとしての自律性と成果を同時に達成するために，メンバーが良好な人間関係，知識の共有，協働作業，良質な意思決定を実現できるようにする方法である．もちろん多数のチームが協力して組織全体の成果を高めなければならないので，各チーム状況に応じた技術的な能力向上学習と，人間関係を向上させる社会的学習が，組織全体として有機的に連結される実践介入も重要である．

(3) **組織全体・コミュニティに対する介入ツール**

a） 大規模組織変革・オープンスペース・ワールドカフェ・フューチャーサーチ・アメリカスピークス：この介入方法の原点は1950年代の社会-技術アプローチに遡る．つまり産業民主化運動が示すように，作業集団が目標達成に必要な知識や技能を自発的に学ぶことで，より高い目標達成に向けて自律変革することを発見したからである．また技術と人の相互作用だけでなく，多様な外部利害関係者の意図的な取り込みと，彼らの素朴で多様なフィードバックが，変革努力を引き出す原動力であることを発見して，その原動力を応用した大規模組織変革の基礎になっているからでもある．その後買収企業間の異文化統合をリサーチしサーチカンファレンスという介入ツールが生まれ，また将来像を構想した後で現状問題認識する介入方法が提案され，最終的にはワイズボード（Weisbord, M. R.）がフューチャーサーチを，またオウエン（Owens, H.）がオープンスペーステクノロジーを，ダンネミラー

(Dannemillar, K.)がホールスケール変革を1980年代から1990年代にかけて介入実践して成果を上げて，一気に普及した介入ツールである．その後ワールドカフェが，またアメリカスピークスが実践介入されて成果を上げて，こうした大規模組織変革介入は一般的な手法となった[3]．

これら手法は，部分変革がシステム全体に影響を及ぼすシステム論理を前提にして，組織メンバーは将来像構想に関しては対等な立場にあるという視点に立つ．さらに，利害関係者を全員巻き込んで構想させると，相当な人数の集まる構想作業の過程で人びとはファシリテーターやリーダーになり，人びとの潜在能力が引き出され，むしろ専門家の介入の必要性が減るという論理が，この手法の特質である．一般的に大規模組織変革介入が共有する原則として，1）組織への関わり方にかかわらず，何らかの構想や意見をもって組織に参加している利害関係者はすべて対等に参加できる，2）多様な視点からの現実理解を対等に傾聴し，対話から多様な現実理解を浮かび上がらせることで長期的で広範囲に効果的な解決を模索でき，3）自分の意見表明と影響発揮を実感できる場が対等に与えられて，4）対立解消の場ではなく違いを理解した上で参加者全員が共有できる基盤を探すことの4つがある[4]．すでにかなりのツールが日本に導入されているので，詳しい解説は省くが，重要なポイントは組織開発のツールであり，関わる全員がその過程で変化を実践するツールなので，形式を模倣しても，組織開発の想定する変化は何も起こらない．

b）ポジティブアプローチ：アプリシエイティブインクワイアリーは，大規模組織変革アプローチとポジティブ組織変革の両方のアプローチを兼ね備えた点に特徴がある．介入ツールとして有名な4つのD（Discovery・Dreams・Design・Delivery）で示されるツール構造は簡単明瞭な構造であるが，ポジティブアプローチという点で論理は組織開発のなかでも独特である．つまり，変革を必要とする問題の指摘・抽出と削除・解決という欠点追求アプローチは，当事者にすれば欠点を指摘されて非難されたくないため，

問題の分析時点で人は不安を感じて,人は不都合なことを隠蔽したり,見ても見ないふりをするので,部分問題は解決できても根本問題は放置されがちになる.そこでクーパーライダー(Cooperrider, D.)たちは,逆にポジティブコア探しという強みに焦点を当てるポジティブアプローチとして介入をスタートさせた.個人レベルではピーク体験,組織レベルではポジティブコアを,顧客や従業員家族まで巻き込んで探す過程で,自分たちの思わぬ存在意義や意味を知り,それを自分たちの理解に重ねてポジティブコアを確定し,それに基づいて将来像を構想して,そこから逆に現在の課題を明らかにするという変革実践であり,そのプロセスにコンサルタントが介入する.社会的構成主義の社会的関係性が「現実」を作るのを利用して,ポジティブコア探しの過程で多様な人びととの対話から与えられる,自分たちとは違うポジティブな「現実」と,自分たちが意識してきたポジティブな「現実」とのズレを知り,これを乗り越える新しい中核価値観に組み直して将来像を展望すると組織の認識枠組みも変わりやすく,また将来から現在を振り返ることで,直面する課題が無理なく引き出されるという論理が,ポジティブアプローチである.この介入方法は,ネガティブな問題探しを強制しなくとも,ポジティブにバイアスをかけた中核価値観探索から,新たな中核価値観の解釈と意味を与えられる結果,既存の認識枠組みは緩められ,変革を受け入れやすくなるという介入方法である.すでに日本でも多くの企業に導入されて実績を上げている介入ツールである.

13.7 組織変革論のまとめ

組織開発の背景や歴史に続いて,骨格となる定義と組織開発プロセスから,具体的な介入プロセスとツールの紹介へと展開してきたので,最後に組織開発の価値観を解説して締めくくることにする.社会科学理論でありながら価値観を対象にすることに疑問をもつかもしれないが,これこそが組織開発の特徴でもあり,批判対象にもなる重要な点である.組織開発の価値観

は，時代背景やリサーチャーにより異なるが，一般的なテキストが指摘する3つの価値観に沿って解説する．

(1) 民主主義

　第2次世界大戦前のアメリカを基本に，社会的実践運動のなかから生まれた民主的なアイデアやリサーチ結果が，戦後の西欧における民主主義思想の高まりを受け継いだ産業民主主義へと発展し，そこに1950年代のマズローをはじめとする人間主義的な動機づけ理論台頭が重なり合って民主主義が社会の原理として理解されたように，組織開発も時代背景とリサーチの潮流に影響を受けて民主主義を重要な論理とした．しかし時代背景に加えてグループダイナミクスやリーダーシップや動機づけのリサーチで，変革実践に関わるコンサルタントが介入プロセスで平等・公平にクライアントを扱い，選択の自由や情報の透明性や正義を実践する方が高い成果を示した点も，組織開発が民主主義に価値を置いた重要な理由である．つまり権威的で強制的な変革実践は人を組織や集団の部品と見なし，逆に放任は当事者に任せて実践参加を放棄することを意味し，いずれにせよ，どちらも自分の意思で自分の人生を選び取る自由と結果を味わうという，人の自発的な発展・成長には結びつかない．したがってコンサルタントは，当事者として民主主義という価値観で変革実践に関わり，クライアント組織が自発的に変革実践する意義を自覚するまで，多様な介入手法を通じて支援して，クライアントを本質的な問題解決に導かなければならない．こうした長期の間接的な人の本質を刺激し続ける時に，ともすれば互いに安易な方法に流れないためにも，コンサルタントとクライアントが互いに拠り所とする倫理的・実践的判断・行動基準が民主主義である．

(2) 人間主義

　人間主義とは，成長・発展可能性を潜在的にもつ存在として，コンサルタ

ントは尊敬と高潔さをもって全人的な視点から人と接するべきという視点を前提にする．また人は，自分の可能性を理解して，それを育み，できる限り社会に活かすことが，人として健全であるという視点も含まれる．すべての人が全知全能ではなく，限られた能力しか発揮できないのが現実であるが，その限られた範囲ですら成長努力と支援が結びつけば，人は人生に意義を見いだすという意味である．仮に社会が，こうした視点を支援するならば，小さな努力は社会的な意義をもち，他の小さな努力と結びいて社会全体を成長させる動力となる．その意味で，楽観でも悲観でもなく本当の能力を素直に理解して育む持続的な努力は，報酬や名誉に関係なく，それ自身に究極の価値があるはずである．したがって人間主義の意味を理解すれば，これほど実現の難しい価値観もないはずである．

(3) 発展・発達学習

人は失敗から学ぶのであり，失敗の過程が変革を実践している過程であるという理解である．ほとんどの場合，成長・発展は挑戦と失敗を意味するので，コンサルタントは，人があきらめないように努力の持続を支援するべきであるという視点である．たとえば失敗続きの部門や組織は，むしろ努力の方向性を定め，継続的な支援をすることで，問題を解決するだけでなく，学ぶことの重要さを理解して，挑戦の意義を深く理解する部門や組織になることができる．あるいは成功した場合，人は評価に簡単に適応して挑戦を恐れるが，同時により新しい領域や課題に挑戦する意欲も生まれる．そこで挑戦に伴う失敗やマイナス評価の恐れや不安と向き合い，新しい挑戦に取り組む努力から持続的な発展・成長を模索することは，成果報酬とは関係なく，それ自身に究極の価値があるはずである．いずれにせよ真正な組織の将来像を目指す本音や前提を交えた素直な組織メンバーの対話が，全人的な尊敬と信頼に裏付けられた組織内で実践され，ようやく実現するという極めて実現の難しい価値観である．

最後に，組織開発の価値観は固定して理解されるべきではなく，むしろクライアントが成長・発展するように，組織開発に関わるリサーチャーやコンサルタントの発達に応じて価値観も発展する点を付け加えておく．つまり組織開発に関わる人びとが，常に挑戦に直面して組織開発の存在意義をリサーチや実践を通じて問い続けなければ，既存の論理体系を固守することが課題となり組織開発の論理と矛盾する．とりわけコンサルタントは，組織開発の介入過程で自分自身を変革過程の一部分として，クライアントと一緒に変革を実践するので，組織開発のあり方はコンサルタントの実践活動に現れることになる．この意味で，まずコンサルタントが組織開発の価値観に沿って，揺らぐことなく実践できなければならない．自らが身体的，精神的，情緒的，知的に自分を確認して，そして全人的かつ持続的に価値観を実践しているかを確認して，その上でクライアントと変革実践に取り組めなければ，組織開発は単なる飾り物になる．いわば自分自身の組織開発の実践に応じてクライアントの変革実践ができるのであり，この意味が理解できるならば，読者は組織開発の難しさと挑戦的な意義が理解できるはずである．

注）
1) Schein, E. (1987) *Process Consultation Volume II*, Addison-Wesley : 5-17.
2) 本章では組織開発の標準的教科書として章末の参考文献として紹介する，Brenda & Michael (2006) と Cummings & Worley (2009) と French & Bell (1999) を参照している．
3) 各介入技法を個別にしないが，記載してあるキーワードを Google で検索すると，必要な情報は手に入る．日本語で入手できる文献として以下のものを紹介する．マイケル・J・マーコード著，清宮普美代・堀本麻由子訳 (2004)『実践アクションラーニング入門―問題解決と組織』ダイヤモンド社，ダイアナ・ホイットニー著，ヒューマンバリュー監修 (2006)『ポジティブ・チェンジ―主体性と組織力を高める AI』ヒューマンバリュー
4) 大規模組織変革の説明は，Bunker & Alban (2006) を参照している．

◆参考文献

Brenda, B. J. and B. Michael, eds. (2006) *The NTL Handbook of Organization Development and Change*, Pfeiffer.

Bunker, B. B. and B. T. Alban (2006) *The Handbook of Large Group Methods*, Jossey-Bass.

Cummings, T. G. and C. G. Worley (2009) *Organization Development & Change*, 9th ed., South Western Cengage learning.

French, W. L. and C. H. Bell (1999) *Organization Development*, 6th ed., Prentice-Hall.

ウォーナー・バーク, W. 著, 小林薫訳 (1987)『組織開発教科書―その理念と実践』プレジデント社

第IV部

組織論の近年の動向

第14章

組織学習論

14.1 はじめに

多くの組織論の文献が指摘するように，個人と組織の有機的な学習が組織の生き残りを決めるのは疑いのないところだが，論点や示唆が多すぎて簡潔に展望するのは難しい．本章では次の3点から組織学習を説明する．最初は組織行動論が基礎とする個人レベルの学習行動論であり，組織メンバーの満足と組織全体の成果への貢献を学習として理解する枠組みである．2つめは，成功した組織状況と組織特性の関連性から学習した結果を理解する方法である．いわば戦略的な成功例を学習成果として理解する枠組みである．3つめは組織変革リサーチを基にして，組織変革を学習の視点から理解する方法であり，この場合は，既存知識や認識枠組みだけでなく変化実践を含めた新しい学習の定義が重要になると思われる．

14.2 組織行動論における学習理論

(1) オペラント学習

1900年代初頭にソーンダイク（Thorndike, E L.）によって唱えられた効果の法則が出発点とされ，人の行動を強化・修正する学習である．効果の法則とは，望ましい結果が手に入る場合，人はその行動を繰り返す（強化）し，また望ましくない結果が与えられる場合，その行動をしなくなるか，意欲や頻度は少なくなるだろうという論理である．つまり状況と行動のペアとして学習をとらえて，行動の強化という視点を明確にして，後の行動科学理論の

基礎を与えて，オペラント学習や，報酬による行動変化という組織行動論の学習の基礎を形作った点で意義深い．

さてオペラント学習とは，1950年代にスキナー（Skinner, B F.）によって生み出された，個人の主体的学習プロセスを理解する用語として有名である．すなわち人の主体的な学習とは，オペラントと呼ばれる人の行動に影響を与える要因によって決められた学習結果としての行動であり，その意味で人の行動はすべて学習結果であるといえるからである．日常の行動を思い出すとわかるように，私たちの行動は，手に入れるものがあるから行動するのであり，手に入る結果次第で行動が変わることを意味する．つまりオペラント学習では，何が行動結果として起こるかが重要であり，そのため学習結果としての行動が，どのくらいの頻度と強さをもって生じるかが重要となる．言い換えれば，経営者や管理者は望ましい行動を，望ましい水準（頻度と積極さ）で引き起こすために，行動結果として多様な刺激を与えることで行動を変化させる，つまり人を誘導して行動を引き起こさせる工夫をすることが重要であるという意味になる．

(2) **強化学習**（Reinforcement）

この学習理論は，前提条件と行動と結果の関連性から学習を理解する視点である．つまり状況要因と行動から手に入れる結果が明確であり，欲しいものであれば，人は結果欲しさに，管理者の想定する望ましい行動をするであろうし，また結果として与えるもの次第では，行動を強化させ，変更させることもできるという理解である．

前提条件とは，規則や目標やアドバイスを含めて多様だが，行動を決める人にとって理解可能であり，また行動の結果手に入るものが明確なことが重要である．結果とは，職務の達成度により，プラスの評価もマイナスの評価もあり得るが，行動帰結として与えられるものを意味する．

一般的に強化学習は，次の状況で使われる．部下と管理者が，今期の目標

について話し合いをして目標を設定し、その後目標を達成できた場合は管理者が部下の達成をほめて行動を強めるか、そうでない場合、管理者は黙っているか叱ることで行動の変化を促すという状況である。

一般的にスキナーは懲罰の効果を明確に取り上げたり、人の行動の操作性を強調しただけでなく、娘を実験材料にしたことで、人の自発性を軽視しているという評価を受けがちであるが必ずしもそうではない。望ましくない行動に対して何も評価を与えなければ行動が消えてゆくという発想は、報酬や懲罰を与える側に偏りがちな学習に対して、いまだに新鮮な視点を提供しているように思われる。

(3) 社会学習理論

社会学習理論は、ルーサンス (Luthans, F.)、クレイトナー (Kreitner, R.) などの、いわゆる初期 OB Mods (Organizational Behavior Modifications) アプローチに遡る。OB Mods は、組織や管理者が望ましい成果を効率的に実現するためにビジネスの世界においては、スキナーたちの論理は都合良く、ルーサンス、クレイトナーたちは、ビジネスに合う論理に応用・修正して、報酬と懲罰という結果と行動要因の付加・除去を組み合わせて業績向上のマネジメントに工夫したものである。しかしスキナーたちの論理は、残念ながら管理者や上司の立場から操作的に行動を変更させる、いわば操作学習であり、学習者（当事者）の感情や考え方の側面を明確に含まなかった。この部分を補う形で登場するのが、バンデュラ (Bandura, A.) たちの社会学習理論であり、その成果を取り込んだのが、動機づけ理論である。

社会学習論とは、他人の社会行動を観察しながら、置かれた状況と行動結果を自分に置き換えて、自らの内面にイメージを作りあげることである。人真似による学習といえば理解しやすいが、模倣を超えて内面に自分のメンタルイメージを作りあげる過程を重視する点で、外的条件に左右される学習と人の認識行為に注目する認知心理学とが結びつく学習理論である。一般的に

社会学習論は多数の次元で構成されるが，ここでは以下の主要次元を解説する[1]．

　シンボル化とは，記憶された体験をイメージとして視覚化して，自分の行動を導く指針に使うことである．スポーツや音楽の世界に「あこがれ」が存在する場合，「あこがれ」を真似て人は行動を始めることを意味する．日常生活では，なじみのない状況で自分がどうすればよいのかわからない時，影響力のありそうな人の行動を観察して，それを場のルールと理解することがシンボル化である．

　模倣学習とは，他者の行動とその帰結や結果を観察して，「ある状況で，どんな人が，何をすれば，どんな結果が生じるのか……」を理解することである．いわば「誰でもできる……簡単料理……」といったビデオ番組などが，適切な例であり，この学習を効果的にするためには以下のような学習者に配慮した条件が必要とされる．すなわち，1）観察するモデル行動があること，2）モデル行動を正確に観察できること，3）後でモデル行動を思い出せること，4）学習者が行動に必要な技能・能力が与えられること，5）モデル行動を実践することで報酬が手に入ることである．

　自己効力とは，特定状況で人が発揮できる成果に関する見積もりである．一般的にパーソナリティの要素と理解され，状況が困難な場合でも必要な努力を実践する能力があることを意味する．「できます……」と根拠なしに「ホラを吹く」のは論外であり，むしろ見積もりが高いので困難に直面しても，「こんなはずでは……」とよりいっそう努力する心理的傾向を示す．一般的に自己効力が学習に与える影響は，1）目標と実践方法の選択に影響する，2）職務実践の努力に影響する，3）困難にもかかわらず職務遂行を持続することである．

　すなわち社会学習論は，他人の行動観察から試行錯誤をせずに，類似状況で必要な行動ができるようになる学習であり，試行錯誤のコストを経済的・心理的に下げ，また意図的な既存知識体系を入れ替え，日常における人の行

動が学習であると理解する点で，持続的で実践的な学習を説明している点に特徴がある．また人は自分の認知枠組みで理解するので，他人の行動を観察して，理解や意味づけに違いが生じ，同じ状況でも学ぶ内容に違いが出る可能性を，社会学習論は指摘している．つまりこの理論は，ささいなことでも深い学習が可能であるという点や，内面のイメージは現実に縛られないので，深遠なモデルに向けて人がひたむきに努力する学習を示唆している点で意義深い．

14.3 戦略論・経営管理論における学習理論

(1) 組織学習としての科学的管理法

科学的管理法のテイラーは管理の点から学習について語った最初の人物であろう．つまり彼が求めていたのは合理的生産方法であり，時間研究や動作研究を通じて明らかにした原理をマネジメント知識として体系化し，科学的管理方法にしたからである．同様に科学的管理法を学び，現場に応用して組織が効率的に生産することを実践する人として，マネジメントの専門性を確立した功績も見逃せない．生産量に応じて追加生産に関わるコストは低減してゆく，いわば学習曲線を示すからである．また生産ラインの状況によっては微調整や変更が必要になるが，生産状況を測定して現場に情報をフィードバックすることで最適な生産に向けて修正が可能になるという点で，改善を実施しやすい組織学習を示している．

この意味で単位時間の生産性によって効率性を測定する手法は，組織のさまざまな意思決定に応用されて，基本的な組織マネジメントとそれを実現する専門家としての管理者を出現させた点で画期的なことであった．しかしテイラーが体験を通じて確立した合理的な生産方法と，そこで使われる生産性という尺度は，同時に組織的な学習が単位時間当たりの生産性尺度に制約されることを示す．

(2) 組織学習としての分析型戦略的マネジメント

サイモン (Simon, H. A.) やサイアート (Cyert, R. M.)・マーチ (March, J. G.) たちが示した企業組織の適応モデルを学習として眺めると，環境変化をデータベースから分析・予測して，また組織内の資源や展開方法を分析して，両者の組み合わせから適切な戦略を構想・選択・実行することが，環境で効果的な組織として生き残る，いわば戦略を求める学習である．その意味で直観や体験に基づいて戦略を構想していた時代と違い，ポーター (Porter, M. E.) の主張した競争戦略やプロダクトポートフォリオマネジメントに示される戦略的マネジメントは，まさに個人学習をベースに組織的な環境適応学習に関する知識体系の産物である．

しかし，個人レベルの学習の限界を乗り越えるために工夫される組織的な学習機構は，その機構が精緻であるほど同質的に肥大化しやすく，また硬直化しやすい．つまり個人の認識の予測不可能性と，選択肢の帰結を計算しきれない弱点がある．したがって個人の能力限界を組織的に補うために，より良い予測精度の期待できる短期予測を積み重ねる階層組織を工夫し，また計算可能な狭い範囲内で適切な代替案を探索・選択する単位に分割される，水平的な機能組織を工夫して，両者の総計から組織的に合理性を確保する論理で，組織設計者たちは，こうした限界を乗り切ろうとした．戦略的マネジメントは，個人の認識学習の限界を反映して，既存枠組みの範囲内での精緻化に陥りがちなため，既存枠組みを否定する学習は機構的に難しい．なぜなら環境変化が起こる度に，組織管理者は組織機構の精緻さを増やして学習能力を維持するために，組織階層を追加し組織の機能もさらに細かく分割するため，組織が自然に同質的に肥大化するからである．組織が成功体験している場合，肥大化に拍車がかかり，いわば学習するほど「誤った」方向に「確信」をもって「論理的」に組織は意思決定し続けることになる．

戦略的マネジメントは，組織内外の分析から適切な適応手段を選択する合理的な意思決定であり，先に述べたように精緻な組織機構に基づく分析と計

画立案を可能にするが，しかし環境変化への学習能力増強のために組織機構が肥大化する場合，既存の学習方法を否定・疑問視する活動がやりにくいため，組織が既存の機構で現状に満足した場合や既存機構で処理できない問題に直面した時に，既存機構を守る選択を組織メンバーに促す点で組織学習としての弱点がある．

(3) 組織学習としてのプロセス型戦略的マネジメント

企業組織と環境が相互にダイナミックな適応行動を想定するプロセス型戦略的マネジメントは，環境の変革圧力に順応することを目標とした分析型戦略論と違い，より広い組織的コンテクストにおける組織の相互・創発的な戦略形成過程を目標に取り込んだ戦略的マネジメントである．環境適応パターンや戦略タイプを想定した，いわば組織が適応手段を自発的に作りあげてゆくプロセスを戦略と結びつける発想は，まさに人がスキーマに沿って社会的コンテクストに意味を与えて理解してゆく人の適応学習行動の応用であり，その意味でワイク（Weick, K.）がいう，「人の意味生成の過程は組織化の過程と同じであり，ともに単純な意味・目標に収斂する過程である」という指摘は鋭い[2]．したがって不確実な環境に直面した組織は，個人レベルで意味生成と付与が生じるだけでなく，それらが組織レベルの目標，価値観や信念・理念として収斂共有される認知行為として組織化の過程が適応行動になる．事業と組織の拡大や市場競争を通じて獲得された組織内外の社会的コンテクストへの理解が，利益や売り上げという経済指標を基準にした組織の価値観となるだけでなく，この価値観を日常のビジネスでの共有行動基準とすることで，細かな規則を参照しなくとも，多様な状況で組織メンバーは同じような行動を，しかも組織にとって望ましい行動を実行することになる．言い換えれば組織にとって，望ましい環境適応のパターンが練り上げられてゆく過程は，基本的な戦略パタンと価値観のできあがる過程を意味する．そして日常の業務活動で生じる多様な問題や現象に対して，組織メンバーは基本的な

戦略パターンと，その背後にある価値観を当てはめて，自分の仕事の意味，業務活動の意味や組織の存在理由を再確認して，既存の価値観をさらに強化共有する．つまり組織は，組織で共有された価値観に基づいて個人レベルの意味生成と付与が行われるため，市場環境が複雑多様化しても，組織を精緻化・肥大化せずに，比較的簡単な組織の価値観や理念を意思決定基準として効果的に適応できるという，プロセス型の戦略マネジメントの論理ができあがる．

　こうした戦略論を学習として眺めると，まず学習の理解の違いがあり，それは個人レベルの学習で説明したスキナーに代表される行動学習理論と，バンデュラ以降に展開する認知心理学を基礎にした学習理論との違いである．行動学習理論では人の内面は観察不可能であるため，人の心的な要因を意図的に排除して論理を組み立てたのに対して，認知心理学は，状況要因に対して人は価値観などの内面にある認知枠組みに基づいて行動すると想定し，スキーマ概念を使って人が社会的コンテクストに構造と意味を与えるという論理を展開した．もちろん分析型戦略マネジメントは認識能力の限界を組織化の理由に，認識能力の制約をメカニズムで補おうとしたのに対して，プロセス型戦略マネジメントは，意味生成と付与を通じて組織の理念や価値観共有という人の主体的な認識能力に着目し，共有された価値観による意思決定が複雑・不確実な環境に効果的に適応する可能性を，無数の事例を使って明らかにした．特に日本では，開発・生産・流通組織での事例を中心に，目に見えない資産としての暗黙的な知識やノウハウや技能を資源ベースの戦略論と結びつけてプロセス型戦略マネジメントとして普及しているが，ファイナンス中心の国際的な戦略論の研究領域では，圧倒的少数派に所属する．

　ところで，いわゆるパラダイム論に代表されるように，学習を認識枠組み形成過程として理解することは，同時に枠組みに組織の環境理解が限定されることを意味する．組織内の学習は既存行動の改善・改良を通じて，より良い知識を獲得するという既存枠組み内での学習があるだけでなく，行動の前

提となる認識枠組みや構造を変える学習もある．つまり思考様式に影響を与える価値観や信念を変える変革学習である．アージリス（Argyris, C.）やショーン（Schon, D.）たちの，いわゆるダブルループ学習のように，一般的に組織内メンバーは共有している暗黙の仮定に基づく「日常の理論」で行動や意思決定をしており，よほど意識することが起きなければ，応用していることすら気づかない「現実」の理解方法がある．もちろん経験と実績に裏付けられた学習の産物であり，また問題解決の精度を高め効率的な学習を促す点で重要な学習サイクルである．しかし既存の枠では理解しきれない事象に直面した場合，既存枠組みの範囲内でしか解決できず，多くの場合問題すら認識できないため，誤りを意識せずに意思決定を論理的に判断・実行することになりがちである．

　しかしアージリスが主張するように，ダブルループ学習は容易ではなく，人は防衛的理由によって無知や欠点の批判や指摘を恐れるため，部分的に考えや意図を隠すだけでなく，まして人は難しい状況に直面すると，互いに防衛的に行動するため，疑問を感じながらも互いに詮索をしないまま組織的に行動するという，いわば「ごまかした事を，ごまかす」連鎖に陥りやすい[3]．対立を恐れずに素直に価値観を話し合うことを組織が促しても，管理者によって発言に安全が保証され，厳しい指摘を素直に受け止める感情的に安定したメンバーで組織が構成されていなければ，いわゆるダブルループ学習は現実的に不可能だろう．かつてメディアを賑わした食品偽装事件をみても，内部告発者を含めて社会心理学が指摘する分極化が社内全体に巻き起こって，いわばヒステリックな論争しか残らないのでは，「事件」周辺の多くの内部者は沈黙せざるを得ないのが日本の状況ではないだろうか．しかし海外とて例外ではなく，実際にアージリスたちがアクションサイエンスの実践手法として，推論のはしごやアクションマップやレフトハンドコラムのように，人の弱みをえぐり出すような手法を，しかも素直に告白するプロセスをへて第三者を参加させる手法をしきりに主張するのは，同じ状況に直面しているか

らであろう．その点でむしろ実践を通じて気づきを重ねて変革学習をしてゆく，いわば人が素直に「できません，知りませんでした」ということを認めて既存の枠組みを緩めながら，知識の追加と認識枠組みの再編成を課題にする方が，過去の認識枠組みの意図的な否定や棄却という基本的な人の価値観をないがしろにする戦略的変革の主張よりは，望みがあるように思われる．

14.4 組織変革における学習理論

　同じ学習という用語を使いながら組織の学習には，マネジメント文献上2つの領域がある．つまり個人の学習を基本にして，組織的な機構を通じて学習成果を蓄積活用する領域が，組織学習（organization learning）である．他方，個人の学習も基本構成要因であるが，組織全体の学習を取り扱う学習組織（learning organization）という領域もある．組織学習は，主に組織内の個人学習に関するリサーチと文献が蓄積されているが，学習組織は，常に成長・発展してゆく理念的な存在として組織を想定するところに違いがある．したがって，個人の変革実践を基礎に組織変革の実践家が中心となって，あたかも学習する生き物のように組織が変わってゆく様の記述が中心である．

　学習組織の歴史は新しく，組織学習に関心が集まり始めていた1990年，センゲ（Senge, P. M.）が *Fifth Discipline* を発表し，多くの実践家たちがアカデミズム中心の組織学習から応用実践的な組織全体の学習の意味に気づき追随し始めた．そのため常に学習する組織という理想論的なコンセプトが多くの人を引き付けて発展した点で流行として扱われがちである．実際にアカデミズム側からセンゲたちの主張に対して，当時アカデミズムの論理実証のスタンスからは，センゲたちのコンセプトや課題のリサーチは同意できないという批判がおこった．しかし現実には，彼らのセミナーや文献は人気を集め，システム思考と結びつけた人や組織が，学習し続ける存在になるための効果的な経験則を提示するまでになった．センゲの関心は，社会的な問題を

シミュレーションを使って複雑系の点から解明を試みた点にある．そして部分最適の誤りに気づき，1990年の著作においてシステム全体の問題解決を理解して実践するために取り組み始めたといわれる[4]．

　学習組織にとって本質的な部分は，アカデミズム側に組織学習リサーチが蓄積されていたので，むしろセンゲたちが，それらの蓄積を実践応用する方法に注目して学習組織を展開した点であろう．つまりセンゲたちの主張は，組織学習として蓄積されたリサーチを基礎とするため，いずれも健全な主張だけでなく，徹底して実践応用の視点からとらえ直しているので，参加した経営者や管理者たちが，現場に持ち帰ってからの応用成功率は高くなる．言い換えれば，知識として理解する組織の学習と，変革し続ける組織になるための学習は，同じ学習を異なる側面から理解しており，大局的に眺めればアカデミズムと実践家の社会的な知識創造の連鎖として結びつくけれども，実践には実践に適した知識が必要であり，それはアカデミズムが蓄積した組織学習では役に立たないことを表している．さらに学習し続ける人や組織とは，常に現実に立ち向かい成長発展を実践することになるので，認識だけでなく感情に裏打ちされた実践が必要になる．アカデミズムが対象と切り離された価値中立的な観察者にとどまる限り，学習組織を論評する立場には立てない．もしリサーチャー兼実践家として実践に踏み込むとすれば，実践プロセスの一部分として成長発展を体験することが求められる．つまり，実践を通じた社会的関係性の変化は，すべての参加者が相互に変化を与える過程であり，先のアージリスの指摘だけでなく，シャーマー（Scharmer, C. O.）たちのセオリーUのように，全員が素直に自己をさらけ出して，他者との関係性のなかからより良い成長発展という価値観に向けて模索する共創的な努力が必要になるからである．

　学習組織とは，センゲによれば「本当に必要な結果を実現する能力を互いに高め合う集団」であり，普及している学習組織の定義では，主体的に知識を創造，獲得し，それらを組織に応用して，新しい知識や洞察に基づいて行

動を変えてゆくことであり,次の3つの特徴を指摘する[5].つまり学習組織は,1)組織内外から流れ込む新しいアイデアや情報が常に注入され,2)組織メンバーの多様な障壁を取り除いて,新しい情報や知識やアイデアが常に流通し,3)メンバーの行動は常に新しい知識によって変わり続ける3点が共通する特徴という.

人と同じように,常に学習し成長発展し続ける組織は,常に学習状態にあることが組織の環境適応能力に影響するので,人と同じく学習の持続が重要な課題になる.そして持続的な学習が組織的に促進される要因は,支持的な学習環境,具体的な学習と実践,学習を促すリーダーシップであると指摘する.

14.5 組織学習論のまとめ

学習し続ける組織の成立条件を理解する場合,キーワードとして「大人の職場学習:Workplace Learning・Adult Learning」が有効であろう.教育分野では,ヨーロッパやアメリカを中心に1950年代から馴染みのあるテーマであり,大人の学習を対象にするため,アメリカではHuman Resource Developmentの中心テーマとして,古くからASTD(American Society for Training & Development)が大人の学習とビジネスを結びつけたリサーチ・教育・資格認定活動を続けている.つまり仕事を通じて大人を成長させ,生産活動と顧客の消費活動を通じて広く社会の繁栄を実現することを目的にした,大人の変革実践学習である.子ども中心の教育・学習と違い,大人は社会体験と知識が組み合わさった特定の認識枠組みをもっているので,その活用がポイントになる.

一般的に大人の学習モデルとして,コルブ(Kolb, D.)の体験学習サイクルが使われる[6].すなわち,1)社会的コンテクストを通じた直接・具体的体験段階,2)多角的な振り返りや観察を通じた体験の意味を理解する内省・観察段階,3)前段階で獲得した意味を関連づけて体系にする抽象・概念化段

階，4）枠組みに沿って行動することで意味体系を確認する自発的な実験段階の4段階である．このモデルは，古くから学習や動機づけの理論で主張されてきた論理を，大人の学習として抽象―具体次元と，内観内省―行動次元という2次元で，しかもサイクルとして総合的に表現したモデルとして広範囲に応用される．

最後に大人の学習モデルを応用して，具体的に変革実践させる方法をまとめておく．事業や技術変化に応じて変わる職務状況と自己の能力と社会生活を見積もると具体的な課題が出やすくなる．そして知識と実践の組み合わせ学習として学習支援者が内容を設計し，職場の協力の下で学習者を支えながら，職務状況と人生設計に必要な課題を解決する知識・技能・実践能力を，当事者が獲得できるようにするのが大人の学習である．

人によっては知識学習と実践だけの単純なことに，なぜ理屈が必要なのか理解に苦しむと思うが現実は簡単でない．多くの行動経済学が明らかにするように，人は社会的コンテクストに影響されて簡単に適応してしまうので，適応結果としての非合理な行動を意識するのは容易ではない．適応を壊して影響を受けている社会的コンテクストに気づく，つまり自分に気づくには，不愉快な現実に意図的に立ち向かい続けることが，今のところわかっている最善の解決策だからである．いいかえれば，人が持続的な成長・発展をするには，快適な場から抜け出て，終わりなき不愉快さに直面する状況を歩み続けるのが学習だからである．

注）
1) 社会学習論の説明は，以下の文献を参照している．Luthans, F. (2008) *Organizational Behavior*, 11th ed., McGraw-Hill: 324-407; Hellriegel, D. and W. J. Slocum, Jr. (2010) *Organizational Behavior,* 12th ed., South-Western Cengage Learning: 96-122.
2) Weick, K. E. (1995) *Sensemaking in Organizations*, SAGE: 63-82.
3) Argyris, C. (2004) *Reasons and Rationalizations: The limits to Organ-*

izational Knowledge, Oxford University Press: 67.
4) センゲに関する論評は,以下の文献に基づく. Roth, G. (2008) "The Order and Chaos of the Learning Organization," T. G. Cummings, ed., *Handbook of Organization Development*, SAGE: 475-497.
5) 学習組織に関しては以下を参照した. Senge, P. M. (1990) *Fifth Descipline: The Art and Practice of the Learning Organizations*, Doubleday / Currency.
6) Kolb, D. (1984) *Experiencial Learning*, Prentice-Hall.

◆参考文献

Cummings, T. G. (2008) *Handbook of Organization Development*, Sage.
Daft, L. R. and D. Marcic (2010) *Understanding Management*, 7th ed., South-Western Cengage Learning.
Hellriegel, D. and W. J. Slocum, Jr. (2009) *Organizational Behavior*, 12th ed., South-Western Cengage Learning.
Scharmer, C. O. (2009) *Theory U: Leading from the Future as It Emerges*, Berrett-Koehler Publishers, Inc.
Werner, J. M. and R. L. Desimone (2009) *Human Resource development*, 5th ed., South-Western Cengage Learning.
ダフト, R. L. 著, 高本晴夫訳 (2002)『組織の経営学―戦略と意思決定を支える』ダイヤモンド社
ロビンス, S. P. 著, 高本晴夫訳 (2009)『組織行動のマネジメント―入門から実践へ』ダイヤモンド社

第15章

組織不祥事論

15.1 はじめに

"Mottainai（もったいない）"．この言葉は，今や「カラオケ」や「カワイイ！」と並ぶ世界で通用する日本語である．しかし，この「もったいない」精神．文脈によっては，この精神に従順でないことが問題ともなれば，その逆にこの精神に従順であるが故に問題となることもある[1]．たとえば，前者については，家庭やスーパー，コンビニ，外食業などで出る過剰の食品（食材）廃棄がそれに該当しよう．これはしごく当たり前の問題であり，「もったいない」という言葉が世界的な言葉となったのもこの問題を取り上げてのことである．しかし一方で，たとえば，消費（賞味）期限の改ざん，消費期限切れ食材の使用による食品加工などのような後者に該当する問題もあるのである．つまり，「もったいない（まだ食べられるだろう）」精神が逆機能を起こし，消費者蔑ろの行動（場合によっては健康被害という不利益を招く）に生産者を駆り立ててしまうという問題である．今日のような先の見えない不確実状況下にあって，底知れぬ先行きへの不安や終わりなき競争のもたらすプレッシャーは，ときに組織をこの逆機能を導いてしまう．このような組織によるステークホルダーへ不利益をもたらす意図的で組織的な活動は，現在，「組織不祥事」と呼ばれ，その頻発から俄に注目を集めている．

本章では，この組織不祥事がなぜ起きてしまうのか？ いかにしたら防げる（予防あるいは再発防止）のか？ を議論する研究を議論していくことを目的としている．次節では，そもそも「組織不祥事とは何か？」について簡

図表15-1 「もったいない」と文脈

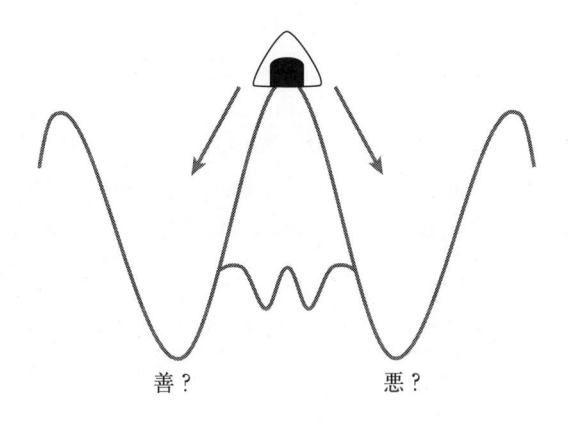

善？　　　悪？

単にではあるが検討していくことにしよう．

15.2 組織不祥事とは？

　「企業不祥事」という言葉は，あまり喜ばしきことではないが半ば日常用語化しているといえる．食品の産地偽装に消費期限偽装あるいは使い回しといったずさんな食品衛生管理，製品の欠陥隠匿，設備点検の虚偽記載，顧客情報の漏洩，粉飾決算，所得隠し，インサイダー取引等々…．明確な定義が口をついて出ることはないだろうが，それでも多くの人が以上のような具体的な事象のイメージをもち，その意味を暗黙的に理解していることだろう．本章では，企業という具体的な1協働システムのみならず，協働システム全般（企業以外にも医療機関や教育機関，警察，官庁，NPOなど），さらにはその中核たる組織（ここでは，バーナード（Barnard, C. I.）に倣い，2人以上の人々の調整された活動ないし諸力のシステムとする）に注目し，企業のそれを含め，あらゆる協働システムにおける不祥事を「組織不祥事」と呼ぶことにする．そして，ここではその組織不祥事のことを「公共の利益に反し，（ステークホルダーを中心とした）社会や自然環境に重大な不利益をもたらす協働システムにおける組織的現象」と定義することにする．また，本章では，意図的

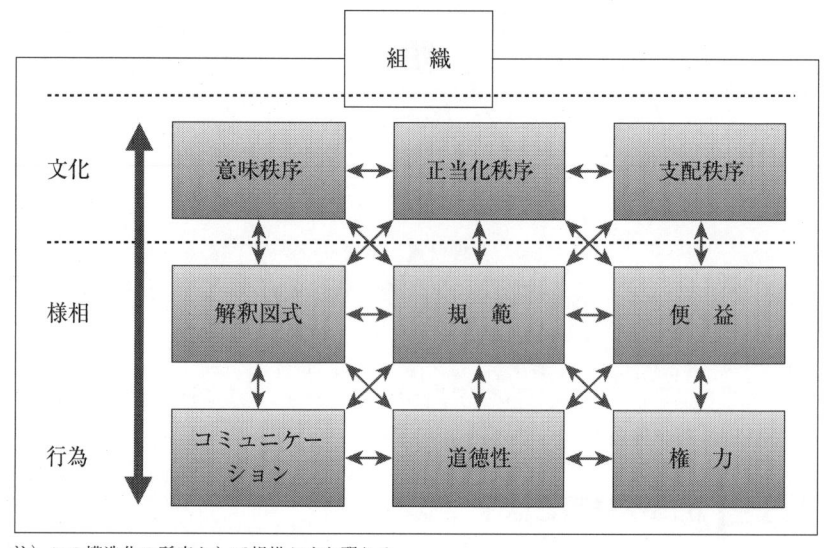

図表15-2　組織における組織文化の構造化

	意味秩序 ↔	正当化秩序 ↔	支配秩序
文化	↕ ╳	↕ ╳	↕
様相	解釈図式 ↔	規　範 ↔	便　益
	↕ ╳	↕ ╳	↕
行為	コミュニケーション ↔	道徳性 ↔	権　力

注）この構造化の所産として組織が立ち現れる。
出所）間嶋崇（2007：79）を加筆修正

な不利益を与える行為が含まれる事象を組織不祥事とし，またはじめから違法行為や逸脱行為を目的として発足した組織（犯罪組織など）の起こす社会/自然への不利益はここに含まないこととする．

さて，この組織不祥事は，何も近年になって突如出現した新しい現象というわけではない．その昔から変わらず存在する<u>とされる</u>古くて新しい現象である．ただ，昨今注目されているのは（あるいはマスコミによって注目させられているのは），顧客が直接不利益を被る類いの不祥事（たとえば，製品の欠陥隠しや賞味期限改ざん，医療ミスの隠匿など）が頻発しているように<u>思える</u>という点からである．それに伴い，組織不祥事はなぜ起こるのか？　いかにしたら防ぐ（未然の防止，再発防止）ことができるのか？　に関する議論も増加傾向にある．

ではつぎに，本章では組織不祥事はなぜ起きるのか？　その発生のメカニ

ズムを議論する研究を検討していくことにしよう．

15.3 組織不祥事の発生メカニズム

本節では，組織不祥事発生メカニズムについて議論する拙著（2007）とハッチ＆シュルツ（Hatch, M. J. & M. Schultz）（2004）の2つの研究について検討していく．

(1) 間嶋の組織不祥事研究―組織文化の構造化モデル

まず，間嶋（2007）では，イギリスの社会学者であるギデンズ（Giddens, A.）の構造化理論を組織文化論に応用し，組織文化が組織構成員の相互行為との間で創り創られる関係にあることを示した．もう少し詳しくいうならば，図表15-2にあるように，組織文化，様相，相互行為にはそれぞれ3つの次元（側面ないし要素）があり，それら計9つの要素が複雑に絡み合う（相互影響関係をする）ことによって，組織文化が創られ，はたまた構成員の行為が創られるということである．ちなみに，ここで様相とは，組織文化と構成員の相互行為とを結ぶ媒介であり，行為者が行為する際に直接参照するものである．そして，この構造化によって，その所産として組織（的現象）が立ち現れるとする．また，この相互行為と組織文化の相互影響関係は，共時的でありながら，通時的なもの（時間的な流れのなかで連続的に行われるもの）であり，さらに今日の大企業など規模の大きな協働システム（複合公式組織）においては特に，単位組織毎に構造化が行われながらそれぞれがリンクをし，（階層や部署を跨いで）組織全体としても構造化する．

さて，以上のような構造化のアイデアを用いることで，組織不祥事を構造化に関わる9つの要素の絡み合いの帰結として分析・説明することができる．たとえば，図表15-3にあるように，① 一部の人びとの便益（利害）に囚われた権力の行使（ちょっとした出来心）が支配の秩序（権力構造）や正当化秩序（道徳的本質）を歪め，それが成功体験と相絡まって ② 規範（日常

図表15-3　組織文化の構造化と組織不祥事

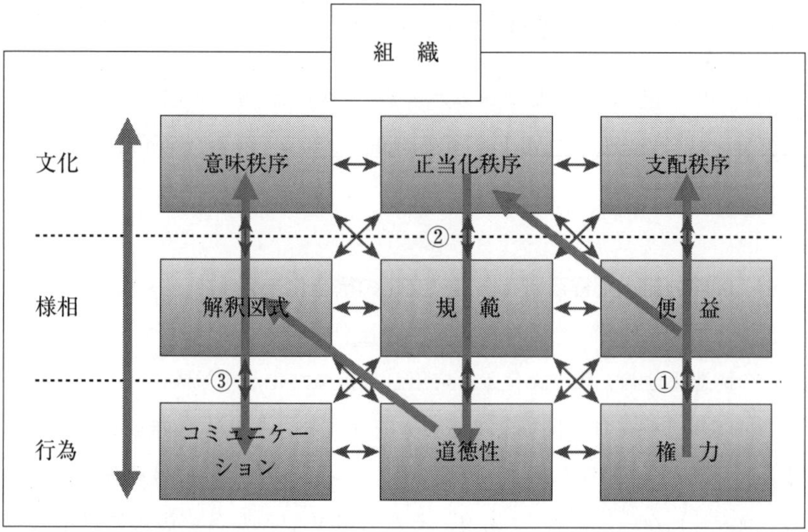

文化	意味秩序	正当化秩序	支配秩序
様相	解釈図式	規範	便益
行為	コミュニケーション	道徳性	権力

出所）間嶋崇（2007：119）を加筆修正

的な善悪の価値基準）を通して道徳的行為の内容を変えていき，さらに ③ 解釈図式（日常的なものの見え方，意味付け）を通して意味秩序，そして日常の何気ないコミュニケーションをも歪め，最後にはそれら歪んだ考え方（「少しくらい逸脱してもバレなきゃかまわない」）や行為があたかも当たり前（常識）であるかのごとく錯覚し，組織不祥事に結実する―というようにである．拙著（2007）では，実際の不祥事をいくつかこのフレームワークで分析しているが，それによると，組織不祥事は，① 外部圧力が引き金となり，② 組織における支配秩序・正当化秩序の構造化が先行し，③ その後に意味秩序の構造化（すなわち常識化）がなされるという上述の例示と同様のプロセスを辿って発生する傾向があるということがわかっている．

拙著（2007）では以上のような組織不祥事の発生メカニズムを主張しているが，それを敷衍すると，組織不祥事を防止するには，構造化という相互影響関係のメカニズムに注意する必要があることが自ずとみえてくるだろう．

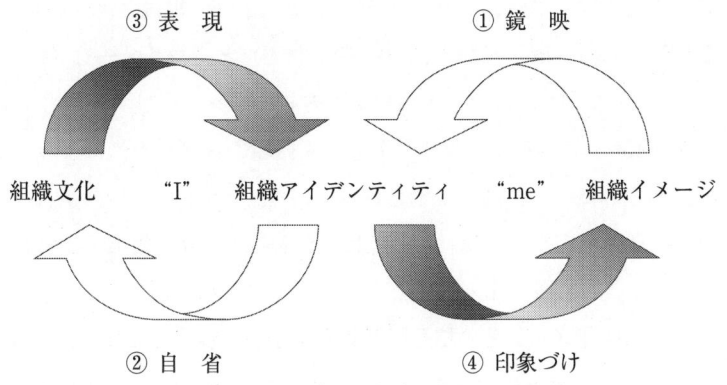

図表15-4 組織アイデンティティの形成プロセス

③ 表　現　　　　　　　　① 鏡　映

組織文化　"I"　組織アイデンティティ　"me"　組織イメージ

② 自　省　　　　　　　　④ 印象づけ

出所）Hatch, M. J. and M. Schultz（2004：384）を邦訳，一部加筆

　すなわち，不祥事の防止は，単に，不祥事を抑止する諸施策（倫理綱領の策定や倫理担当部署の設置など）を導入するだけでなく，それらの下で実際に諸施策はいかに解釈され（諸施策→様相），そこでいかなる価値観が醸成され（様相→文化），そしてさらに，実践において抑止諸施策はいかように用いられているのか（文化・様相→行為）という包括的な視野のなかで取り組むべきであるということである．

(2) ハッチ&シュルツの組織アイデンティティ研究にみる組織不祥事発生メカニズム

　ハッチ&シュルツの議論は，そもそもは組織のアイデンティティ（「われわれは何者か？」に関する組織における理解）の生成過程に関する研究であり，直接的には組織不祥事分析を問題意識の中核に据えた議論ではない．しかし，彼女らの議論は，組織アイデンティティの機能不全が組織不祥事を招くという議論に結びついており，また先述の拙著（2007）の議論が主に組織内部のメカニズムにスポットを当てがちであったのに対し，彼女らの議論は組織の外部環境とのかかわりから組織不祥事が発生メカニズムを説明できると

いう点で非常に興味深いため,本章で検討することにした.

さて,彼女らによれば,組織アイデンティティは,組織文化(組織で共有される仮定,信念,価値.詳細は第12章参照のこと)と組織イメージ(組織の他者として行為する者によってもたれる組織に関する観念のセット)との相互影響関係,図表15-4にあるような8の字を描く循環的なプロセスによって形成される.ちなみに,この図表で示される「I」と「me」は,社会学者ミード(Meed, G. H.)のいう「主我」と「客我」を表しており,組織アイデンティティ(自我)は,組織文化との相互影響関係のなかで主我の部分を創り出し,一方で組織イメージとの相互影響関係のなかで客我の部分を創出しているということになる.また,このプロセスをもう少し詳しくみていくならば,色の薄い方の矢印(①→②)は,組織イメージから鏡映(mirroring)されたアイデンティティが組織内での自省(reflecting)によって組織文化に埋め込まれていくという一連のプロセスを表し,一方で色の濃い方の矢印(③→④)は,組織文化的理解を表現(expressing)するアイデンティティが他者へ印象(impressing)を残していくというプロセスを表している.このような8の字のプロセスを通して,組織アイデンティティが形成されるというのだが,彼女らによれば,この8の字の循環が途切れる,すなわち組織文化と組織イメージがうまく連携されないと,不健全な組織アイデンティティが形成され,以下のような2つの機能不全をきたしてしまうというのである.

まず,1つめの機能不全は,外部に耳を貸さず組織文化のみを参照することで(つまり,②と③だけのサイクルで)形成されたアイデンティティから生じる「組織ナルシシズム」である.これは,自分本位で独りよがりな状態のことで,これによって社会の道徳や倫理からズレた行動に陥る恐れがある.たとえば,自分の利得ばかりに目を奪われた顧客無視の行動,もう少し具体的には,食材の使い回しや,食品表示偽装などは,この機能不全の最たる例といえよう.

つぎに,2つめの機能不全は,過剰に組織イメージを気にしすぎて,いわ

図表15-5　組織アイデンティティの機能不全

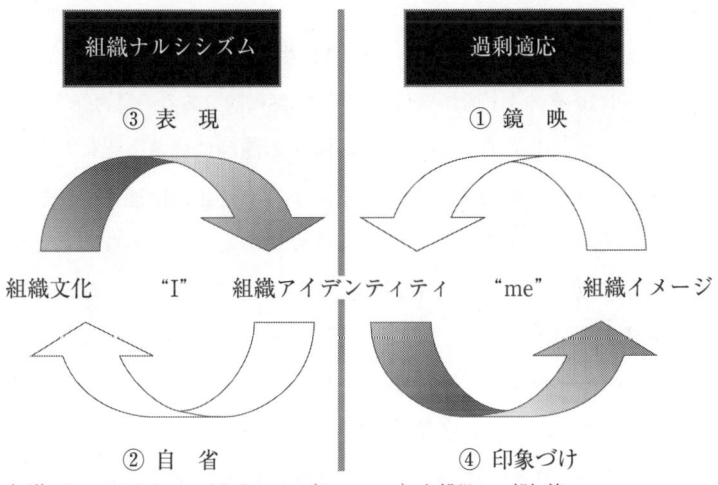

組織ナルシシズム		過剰適応
③ 表 現		① 鏡 映
組織文化　"I"　組織アイデンティティ　"me"　組織イメージ		
② 自 省		④ 印象づけ

出所）Hatch, M. J. and M. Schultz（2004：384）を邦訳，一部加筆

ゆる外面を取り繕うことで（つまり，①と④だけのサイクルで）形成されたアイデンティティから生じる「過剰適応」である．これによって，組織は自分を見失い，社会に流されるその場しのぎの行動を取ってしまう．たとえば，物言う株主の攻勢に圧され株主価値に気を奪われることで，粉飾決算などの不正を働くといった問題はここから生まれると考えられよう．ハッチ＆シュルツによれば，以上のような機能不全に陥らないようにするには，組織内外でのオープンなコミュニケーションが行えるようにすること，すなわちいわゆる「風通しのよい組織」づくりが肝要であるということである．

　以上が組織不祥事の発生メカニズムを議論する研究例であったが，組織不祥事がなぜいかに起きるのか？に関する議論は，昨今この2つにとどまらず非常に盛んに行われており，いわゆる「枚挙に暇がない」状態にある．たとえば，日本においては，築達延征（2004）はCMSの観点から，また小川達也（2009）は組織学習の観点から不祥事の発生メカニズムを議論している．

15.4 組織不祥事はいかに防げるのか？

さて，以上では組織における不祥事の発生メカニズムについてみてきたが，ではつぎに，その不祥事が起きない（未然に防ぐあるいは再発を防ぐ）ようにするにはいかにしたら良いか？　に関する議論に移ることにしよう．

2006年の会社法や金融商品取引法など，不祥事防止に関連する法制度も年を追うごとに充実，厳格さを増している昨今であるが，そのなかで組織レベルでの不祥事の防止策として今日最も強く叫ばれているのは，組織における倫理観の醸成と浸透であろう．高・ドナルドソン（2003），水尾順一（2003），ドリスコル&ホフマン（Dawn-Marie Driscoll & W. M. Hoffman）（2000=2001）など学界においても，また，実業界（たとえば経団連（2003）（2005）（2008））においても経営倫理ないし企業倫理の醸成と浸透が強く主張されている．そして，その倫理の醸成・浸透のための諸施策として，① 倫理綱領・行動憲章（それらを具体的な行動に落とし込んだ業務マニュアル）の制定，② 倫理担当部署や委員会の設置，③ 倫理相談窓口の設置，④ 倫理に関する教育・研修制度の構築などが挙げられている（図表15-6）．現実においても実業界においては，それらをますます実施する傾向がみられている．たとえば，経団連（(社)日本経済団体連合会）の2008年のアンケート調査（経団連会員の1,337社のうち593社が回答）では，企業において倫理綱領・行動憲章を制定している企業は，2003年の79.1%，2005年の83.0%だったのが，2008年には97.8%（580社）にまで上り，年々増加傾向にあるとしている．また，教育・研修についても96.0%（569社）が取り組むなど，倫理浸透・徹底策

図表15-6　組織不祥事防止策としての倫理醸成諸施策

①倫理綱領・行動憲章の制定ならびにその業務マニュアル化
②倫理担当部署や社内横断的な倫理委員会の設置
③倫理相談窓口（ヘルプライン，ホットライン）の設置
④倫理教育，研修制度の構築

にも多くの企業が取り組んでいるようである．

　また，ドリスコル＆ホフマンは，上述のような組織に倫理観を醸成・浸透させるための諸施策を，具体的に以下のような10のステップを踏んで取り入れるべきであると主張している．

① 自己評価

　自組織がいかなる組織文化を形成しているか評価する．評価は，コンサルタントなど社外の第三者に依頼することが望ましい．

② トップのコミットメント

　倫理担当副社長の設置などトップマネジメント層での倫理に対する強いコミットを醸成する．

③ 倫理行動規範の作成

　内外への明示化のために文書化された倫理行動規範を作成する．行動規範内では主題を端的に示し，さらにQ&A方式を付与するにとどめ，詳細はウェブや電話相談窓口で質問機会の提供を行うことが望ましい．

④ 周知徹底の手段

　倫理規範を組織のあらゆる機会（研修，会合，冊子，カード，ビデオなど）において耳にしたり，目にしたりできるようにする．

⑤ 教育研修制度

　倫理的な認識，思考，行動，リーダーシップが取れるよう研修を行う．トップはもちろんのこと，ミドル，ロワーにも研修を徹底させる必要がある．

⑥ 支援制度

　従業員のみならずステークホルダーにも開けた，つまり組織内外に開いた倫理にかかわる疑問に答えるウェブないし電話による窓口（エシックスライン）を設置する．研修も大切だが，この支援制度の構築も同様に重要である．

⑦ 組織ぐるみの信認と参画

組織全体からの信認と参画を促すために，組織の倫理的活動を支援する部門横断的な委員会を設置する．

⑧ 一貫した倫理基準とその適応

階層，部署を越えて倫理基準の一貫性の維持を心がける．トップやスター選手への例外を認めるような一貫していない基準・行動を認めない．

⑨ 監査と評価

②～⑧が機能しているか否かを監査・評価する．

⑩ 修正と改善

⑨の監査・評価の結果を鑑みて，修正・改善を図る．変化を恐れず，監査し，修正するという自己変革ができるか否かが非常に重要である．

15.5 おわりに

以上のように，組織不祥事の防止策として，倫理的な組織づくりが叫ばれており，その倫理的組織をつくるためにさまざまな倫理醸成・浸透諸施策が提案されているのである．しかし，これらの諸施策の実施は，いくつかの問題を孕んでいるのが現状である．たとえば，倫理綱領の徹底や社内リスク低減のための業務マニュアルが組織構成員の行動を過度に縛り組織構成員たちのチャレンジングな動きを減じさせたり，一方でたとえば，日常の作業のすべての記録を残すために文書作成負担が増すなどして疲労感を増大させたりしている．

また，これら諸施策は，その他にもさまざまな逆機能とでも呼ぶべき支障を来している，あるいはダークサイドを孕んでいるということがいくつかの研究から明らかになってきている．たとえば，HelinとSandstromは，アメリカのある多国籍企業のスウェーデン法人において，アメリカ本社が倫理観の浸透を意図して実施した企業倫理綱領の策定，配布，承諾が実際には（実践において）いかように受け止められたかを調査した．すると，そのスウェーデン支社では，アメリカ本社の提示した綱領を従業員全員が承諾をした

ものの，実のところみなその綱領を他人事だと捉えていたのである（綱領に書いてあることは正しいし大切なことだ，しかしこれは私には関係ないといった態度．ここでは「距離を置く戦略」と呼称されていた）．また，Gordon や Clegg, Kornberger の研究によれば，警察官による不祥事の蔓延るオーストラリアのある州警察において，不祥事抑止のための策（倫理観の浸透策）として実施したさまざまな諸施策（たとえば，風通しの良い組織づくりなど）がことごとく失敗に終わったという．というのも外見上は，さまざまな取り組みが儀礼的役割を果たし，警察の正当性を高めていたが，実際内部においては諸施策がかえって不祥事に利用されてしまっていたというのである (Gordon, R., Clegg, S. & M. Kornberger, 2009 ; Helin, S. & J. Sandstrom, 2010)．つまり，組織における倫理観は，以上のような倫理醸成・浸透諸施策やそれを主張する経営倫理研究が想定するよりも非常に複雑であり，そう簡単に醸成されたり，浸透したりするものではないということである．

　以上のようなことから，現在では，そもそも組織の倫理とは現実においていかなるものであるのか？　浸透諸施策が導入された後，現実に組織構成員たちはそれ（諸施策やそれが実施されている現状）をどう解釈し，どう実践しているのか？　といった問題に注目が集まりつつある．つまり，「組織たるやあるいは組織の倫理たるやかくあるべし」というこれまでの議論からこぼれ落ちていた問題にスポットが当たりつつあるのである．すなわち，これは，ポストモダニティであるとかハイモダニティであるとかいわれる不安定な今日において，（経営）倫理とは何か？　はたまた経営とは何か？　といった「これまで」があらためて問われはじめていることの現れであると考えられよう．

注

1) 谷口勇仁・小山嚴也（2007）「雪印乳業集団食中毒事件の新たな解釈―汚染脱脂粉乳製造・出荷プロセスの分析」『組織科学』41(1)：77-88

◆参考文献

Driscoll, Dawn-Marie & W. M. Hoffman (2000) *Ethics Matters: How to Implement Values-Driven Management*, Bentley College. (菱山隆二・小山博之訳, 2001, 『ビジネス倫理10のステップ―エシック・オフィサーの組織改革』生産性出版)

Gordon, R., Clegg, S. and M. Kornberger (2009) "Embedded Ethics: Discourse and Power in the New South Wales Police Service," *Organization Studies*, 30-1.

Hatch, M. J. and M. Schultz eds. (2004) *Organizational Identity*, Oxford Press.

Helin, S. and J. Sandstrom (2010) "Resisting a corporate code of ethics and the reinforcement of management control," *Organization Studies*, 31-5.

小川達也 (2009)「企業不祥事のメカニズムと経営教育の課題：負の組織学習の存在とその克服に向けて」『経営教育研究』12(1)：57-68.

高巌・T. ドナルドソン (2003)『ビジネス・エシックス―企業の社会的責任と倫理法令遵守マネジメント・システム (新版)』文眞堂

築達延征 (2004)「倫理崩壊時のCollective Myopia (集合近眼) の状態と非常識な常識による呪縛―現象学・社会的構築主義・ハーバーマス・フーコーの方法論による実践診断理論」『組織科学』37(4)：24-32

日本経済団体連合会 (2003)『企業倫理・企業行動に関するアンケート』(http://www.keidanren.or.jp/japanese/policy/rinri.html) (2010年12月現在)

―― (2005)『企業倫理・企業行動に関するアンケート集計結果』(http://www.keidanren.or.jp/japanese/policy/rinri.html) (2010年12月現在)

―― (2008)『企業倫理への取組みに関するアンケート調査結果』(http://www.keidanren.or.jp/japanese/policy/rinri.html) (2010年12月現在)

間嶋崇 (2007)『組織不祥事―組織文化論による分析』文眞堂

―― (2008)「組織アイデンティティと組織不祥事」『専修大学経営研究所所報』第174号

―― (2010)「『実践としての経営倫理』研究に関する一考察―組織不祥事分析に対する有効性と限界の検討」『専修経営学論集』第90号

水尾順一 (2003)『セルフ・ガバナンスの経営倫理』千倉書房

第16章

コーポレート・ガバナンス論

16.1 はじめに

　コーポレート・ガバナンスは，株主あるいはステークホルダーが企業や経営者を監視することである．株主が，主として会社機関を通して経営者を監視するのが狭義のコーポレート・ガバナンスであり，ステークホルダーがさまざまな方法で企業や経営者を監視するのが広義のコーポレート・ガバナンスである．

　企業や経営者を監視する方法には，企業の外から，たとえば株式市場や監督官庁が監視する方法と，企業内部の会社機関を通して監視する方法がある．株式市場を通して監視する方法は「市場の規律」と呼ばれ，コーポレート・ガバナンスにおける重要な機能の1つであるが，ここでは，取り上げない．経営組織論のなかで取り上げられるコーポレート・ガバナンスは，会社機関を介したそれである．株式会社の機関は経営者の監視を目的の1つとして設置されているのであるが，十分に機能してこなかった．近年，各国でコーポレート・ガバナンス改革が行われているが，それは主として取締役会を中心とする会社機関の改革である．日本においても2005年に会社法が制定され，株式会社の機関設計が柔軟になり，株式会社はさまざまな機関を選択することができるようになった．

　本章では，日本の株式会社の組織構造とその実際の機能を取り上げ，コーポレート・ガバナンスの現状と改革の状況についてみていくことにする．その際に，とくに会社法の下での会社機関構造とその運営について検討していく．

16.2 株式会社の機関設計の多様化

(1) 非公開会社および会計参与

　従来，株式会社の機関には株主総会，取締役会，監査役（会），会計監査人などがあったが，会社法ではこれらの機関に加えて「会計参与」が新設された。会社法の特徴の1つは，これらの機関の組み合わせによる機関設計の自由度が飛躍的に増大したことであり，株式会社の機関設計は30パターン以上に増加した。株式会社はその成長の度合いやその他の必要に応じてこれらの会社機関を柔軟に選択できることになった。

　会社機関の選択は株式譲渡制限会社とそれ以外の会社で大きな違いがある。株式譲渡制限会社は，すべての株式に譲渡制限が付けられており，取締役会の承認がないと株式を譲渡することができない会社である。株式譲渡制限会社は「支配権の移動に経営者が関与できる会社[1]」であり，会社法では非公開会社[2]と呼ばれる。これに対し，株式の一部に譲渡制限が付けられていたとしても，株式のすべてに譲渡制限が付けられているわけではない会社は公開会社と呼ばれることになった。したがって「上場企業は必ず『公開会社』に該当する。ただ『公開会社』の中には上場企業ではない会社も多数存在する」のであり，「上場企業でも，上場している普通株式などについては譲渡制限を設定できないが，上場しない優先株式など特定の種類株式については[3]譲渡制限を付することができる[4]」。

　ここで，新設された会計参与の職務などについて確認しておくことにしたい[5]。会計参与の職務は取締役（委員会設置会社の場合は執行役）と共同して，計算書類を作成することである。会計参与は株主総会で選任され，その任期は原則2年であるが，株式譲渡制限会社においては，10年まで延長することができる。

　会計参与は公認会計士（監査法人でも良い）または税理士でなければならず，その会社または子会社の取締役，執行役，監査役，会計監査人，支配

人，その他の使用人を兼任することはできない．しかし，顧問税理士が会計参与に就任することは禁止されていない．株式会社に会計参与を設置するかどうかは任意であり，取締役会設置会社が監査役または委員会を設置したうえ，さらに会計参与を設置することもできる．会計参与は会社の業務や財産について調査する強い権限が与えられている一方で，説明責任が課せられており，「計算書類を5年間保存し，株主および債権者の閲覧・謄写の請求に応えなければならない」．会計参与の責任は重く，株主代表訴訟の対象ともなる．

会計参与は中小企業における計算書類の信頼性を確保するために新設されたものということができる．大企業においては，会計士による監査が義務付けられており，また，専門能力を有する経理スタッフが充実していることもあり，計算書類には一定の正確性が保証されると考えることができる．しかし，中小企業では，こうした条件が満たされていないため，計算書類の正確性が必ずしも保証されず，金融機関からの融資を受けにくいという側面があった．中小企業は会計参与を設置することによって，金融機関からの融資を円滑に受けられ，また融資条件の優遇を受けられるようになることが期待される．

会社法では株式会社の機関設計の自由度が増しただけでなく，意思決定の迅速化や役員の任期の柔軟化などもはかられた．すなわち，定款に規定を設けることにより，取締役会の議決を書面か電子メールで行うことが可能になり，取締役会の意思決定を迅速に行うことができるようになった．従来，監査役設置会社の取締役の任期は2年，監査役の任期は4年であったが，会社法では，株式譲渡制限会社の取締役および監査役の任期は10年となった．これは従来の有限会社（取締役の任期に制限はなかった）が株式会社に一体化されたことに合わせた変更である．

(2) 会社法のもとでの機関設計の特徴

このように，会社法によって株式会社の機関設計はきわめて複雑になったのであるが，機関の選択は①取締役会を設置しているか否か，②公開会社であるか否か，③大会社であるか否か，によって大きく分かれることになる．以下ではまずその主要な特徴についてみていくことにしよう[6]．

まず第1に，株式譲渡制限会社においては，取締役会の設置が任意になった．株式会社はすべて株主総会と取締役の設置が義務づけられるが，株式譲渡制限会社は1人の取締役を置くだけでも良い．これに対し株式譲渡制限会社以外の会社は取締役会の設置が義務づけられる．

旧商法では，株式会社に取締役会の設置を義務づけ，所有と経営の分離を強制していた．しかし中小企業においては所有と経営が一体であり，所有者が同時に経営者でもある企業が多くみられる．こうした企業においては取締役会を置かず，株主総会が業務執行事項をすべて決定することができるようになった．有限会社が廃止され，株式会社に一本化されたため，したがって株式会社に所有と経営が一体化している会社が加わったため，こうした機関設計が必要となった．

第2に，取締役会を設置した株式会社は監査役または委員会（委員会設置会社を意味する）のいずれかを設置しなければならない．けれども大会社以外の株式譲渡制限会社では，監査役あるいは委員会を設置せず，会計参与を設置することもできる．

第3に，監査役（会）と委員会を同時に設置することはできない．委員会設置会社では，監査役ではなく，監査委員会が監査を担当する．また，取締役会を設置しない場合は，監査役（会）や委員会を設置することができない．

第4に，大会社は会計監査人を設置しなければならない．大会社以外の会社では会計監査人を置かなくてもいい．会計監査人を設置する場合は監査役または委員会のいずれかを設置しなければならない．なお「大会社であっても株式譲渡制限会社であれば，監査役会の設置が強制されなくなる．その場

合は監査役を1名以上置けばよい」[7]．上場会社の子会社が大会社であり，株式譲渡制限会社であるような場合にはこのような方法で機関を簡素化することができる．旧商法では，大会社は3名以上の監査役を置き，その半数以上に社外監査役を選任することが求められていた．しかし，上場企業が子会社を設立する際に，その子会社の株式のすべてに譲渡制限を付ければ，子会社を設立するたびに3名以上の監査役を置くなどの措置は必要がなくなった．

(3) 取締役会設置会社と取締役会非設置会社

株式譲渡制限会社以外の会社は取締役会を設置しなければならず，取締役会設置会社は監査役設置会社か委員会設置会社のどちらかを選択しなければならない．ただし，取締役会設置会社であっても，大会社以外の株式譲渡制限会社に限っては，監査役設置会社あるいは委員会設置会社を選ばず，会計参与設置会社を選択することができる．

会社法以前の株式会社は監査役設置会社あるいは委員会設置会社のどちらかであったから，取締役会設置会社には会社法によって会社機関に大きな変化が生じることはなかった．「強いて言えば，会計参与設置会社という新たな類型が生じる点[8]」だけが変ったといえる．

これに対して取締役会非設置会社に関しては，従来の有限会社型の機関が株式会社の機関として採用されるため，株式会社の機関設計に大きな変化が生じることになる．株式譲渡制限会社に関しては取締役会の設置は任意であり，取締役会非設置会社においては取締役は1人以上でよく，監査役の設置も任意である．取締役会非設置会社においては株主総会の権限が強化され，株主総会は会社の組織，運営などすべてについて決議することができる．取締役を代表取締役1人にするという機関設計は，中小の同族会社やグループ会社の株式譲渡制限会社である100％子会社などでの採用が考えられる[9]．

また，株式譲渡制限会社においては，取締役の資格を株主に限ることができる．株式譲渡制限会社においては監査役の監査の範囲を会計監査に限定

し，業務監査を除外することができる．ただし，株式譲渡制限会社であっても監査役会設置会社および会計監査人設置会社では監査の範囲を会計監査に限定することはできない．株式譲渡制限会社においては，監査役を置かない（監査役非設置会社）という選択も可能であり，このような監査役非設置会社が監査の範囲を会計監査に限定する会社では，株主の権限が強化される．すなわち，これらの会社では，一定の条件の下で，株主が取締役会を招集することができ，この取締役会で意見を述べることができる．

16.3 監査役会設置会社

(1) 監査役会設置会社の機関

大規模な公開会社には，監査役会設置会社と委員会設置会社があるが[10]，これらの会社の機関に関しては会社法による変更はほとんどなかった．会計参与が新設されたのでこれらの大規模な監査役設置会社と委員会設置会社においても会計参与を設置することができるようになった．以下では，大規模な公開会社としての監査役設置会社と委員会設置会社のコーポレート・ガバナンスについて，会社機関の側面からみていくことにする．本節ではまず監査役設置会社を取り上げる．

大規模な監査役設置会社には株主総会，取締役会，監査役会，代表取締役などの機関が法律で設置を義務づけられているが，従来，これらの機関は十分その機能を果たしていないといわれてきた．近年，欧米では取締役会を中心とする会社機関についてコーポレート・ガバナンス（企業統治）の改革が進められてきた．世界的なコーポレート・ガバナンス改革に歩調を合わせて，日本においても取締役会や株主総会の機能改善に企業が自主的に取り組む例が多くみられるようになった．

そこで本節では，まずこれまでの監査役会設置会社の各機関が抱えていた本質的な問題点を明らかにし，次に企業統治改革の気運が日本で活発になった1990年代後半以降，どの程度企業統治の改善が進められたのかを検討する．

(2) 株主総会の機能と実態

株主総会は，株式会社の最高機関であり，法令または定款に定められた事項に関しての決定権が認められている．会社法に定められた株主総会の権限は，①定款変更，合併，事業譲渡，解散，株式交換などの会社の基本的事項，②取締役，監査役，会計参与などの選任・解任，③配当など剰余金の配分や取締役等の役員報酬といった株主の利益にかかわる事項について決定することである．

株主総会での決議の方法には，主として普通決議，特別決議，特殊決議の3つがある[11]．普通決議の定足数は議決権の過半数であり，出席した株主の議決権の過半数によって決議される．役員の選任・解任，取締役の報酬，計算書類の承認，剰余金の分配などは普通決議によって行われる．

特別決議の定足数も，議決権を行使できる株主の議決権の過半数であるが，決議には出席した株主の議決権の3分の2以上の賛成を必要とする．監査役の解任，定款の変更，事業譲渡，解散・合併，会社分割などの重要事項は特別決議によって行わなければならない．したがって会社の3分の1以上の株式を所有する者はこれらの重要事項に関して拒否権をもつことになる．

特殊決議の定足数は議決権を行使できる株主数の半数以上であり，株主総会に出席した株主の議決権の3分の2以上の賛成によって決議される．特殊決議によって決議されるのは「その発行する株式全部について譲渡に会社の承認を要する旨の定款変更決議」（783条1項）など特殊な事項である．

次に日本企業の株主総会について，コーポレート・ガバナンスの側面から，1990年代までどのような問題点が指摘され，それがどの程度改善されてきたのかについてみていくことにしよう．

日本の株主総会に関してこれまで問題にされてきたのは，まず第1に総会開催日の集中である．わが国においては上場企業が特定の日時に一斉に株主総会を開催するのが慣行となっている．たとえば，1996年は6月27日午前に2,241社が総会を開催した．これは6月中に総会を開く企業の88%に相当

する[12]．株主総会の一斉開催はいわゆる総会屋対策を名目に行われてきたのであるが，これによって複数の会社の株式を保有する個人株主も総会から排除されることになるのである．

日本の株主総会の第2の問題点は，総会の時間がきわめて短いことである．欧米では，1年に1度の株主総会を株主と会社の貴重なコミュニケーションの機会ととらえ，経営者が十分時間をかけて経営状況を説明している．これに対し日本では，1990年代まで大部分の総会が30分程度で終了し，質問もまったくないのが普通であった．株主総会はほとんどの株主にとって発言することも議決権を行使することもなく，経営者の提案を無条件に承認するための機関となってしまっていた．

第3の問題は，株主総会の非民主的運営であり，これが1990年代までの日本の株主総会の最も大きな問題であった．経営者は白紙委任状に基づく圧倒的な議決権を背景に株主総会を運営してきた．さらに，問題を抱えた企業の株主総会においてしばしばみられるように，総会に社員株主やOB株主を多数出席させ，一部の出席者の質問の要求を，「異議なし」，「議事進行」，の斉唱でかきけして強引に議事運営を行ってきた．1992年には，50名以上の多数の社員株主を出席させた会社が18.6％にのぼった[13]．

これらの問題はいずれも長年にわたって是正が叫ばれてきたものであるが，最近徐々に改善の動きがみられる．すなわち，1999年頃を境に総会開催日の集中度の低下，総会の所要時間の長期化，個人株主の発言の機会の増加など株主総会運営の民主化が進んだ．特筆すべきは，株主総会を株主に開かれたものにしようとする努力が大企業経営者の間に次第に浸透し，個人株主の質問に丁寧に回答し，そのため所要時間の長くなる企業が増加したことである．

総会平均所要時間は1996年以降増加を続けており，2時間を超える会社も2001年には44社，2006年は88社に増加した[14]．2時間を超える会社では電力会社9社に対する原発反対運動を行っている株主のように，「運動型株主」に

よる発言で長時間化したものがほとんどであった．株主提案は2001年には過去最高の18件にのぼり，2005年は23件，2006年は19件とほぼ横ばい状態が続いてきたが，2007年には投資ファンドからの提案が増加し，34件に急増した．株主提案は「運動型株主」を中心に行われている．「運動型株主」としては労働運動型株主（東日本旅客鉄道），株主オンブズマン（三井住友銀行），住民運動株主（旭化成）などの例をあげることができるが，インターネットを活用しているものもある．近年，株式相互所有解消の流れが加速するなかで，経営者は個人株主を重視する姿勢を強めており，以前のように個人株主の発言を封じ込めようとする態度は変わりつつある．

このように日本の株主総会は1990年代と比べ大きく改善されたように思われる．その最も大きな理由は，90年代後半から株式相互持合いの解消が進み，外国人機関投資家のコーポレート・ガバナンス活動が活発になったことであろう．また，日本の機関投資家も従来の「モノ言わぬ株主」から大きくその姿勢を転換した．従来，日本の機関投資家は経営者の提案に賛成するのが普通であったが，株主にとって不利益となる議案には積極的に反対票を投ずるようになった．これまで機関投資家の反対が多かった議案は，役員退職金支給，買収防衛を目的とする定款変更などである．

後に述べるように，取締役会や監査役会などにおいてもコーポレート・ガバナンスの改善がみられるが，それは機関投資家の活動によるところが大きい．内外の機関投資家は独立性の低い社外監査役や社外取締役の選任に反対し，配当の増加や企業価値の向上を求めて強い圧力をかけ続けている．経営者は機関投資家のこうした要求に応える形でコーポレート・ガバナンスの改善に努めるようになってきている．わが国のコーポレート・ガバナンスの改善は法律の改正よりも，むしろこうした機関投資家の活動によって進められているということができる．

(3) 監査役会の機能と実態

　監査役は株主総会で選任され，その任期は4年である．監査役は「当該会社もしくはその子会社の取締役もしくは支配人その他の使用人または当該子会社の会計参与もしくは執行役を兼ねることができない」(331条第2項．333条第3項1号)．つまり監査役にはその会社からの独立性・中立性が求められており，監査役の解任には，総会の特別決議を必要とする[15]．

　監査役の職務は取締役の職務執行を監査することおよび監査報告を作成することである．監査役の監査の範囲には会計監査と業務監査の両方が含まれており，複数の監査役がいる場合でも，各監査役は単独でその権限を行使する（独任制）．監査役は取締役や会計参与に対し，事業の報告を求め，会社の業務や財産の状況を調査することができる．また，取締役が法令や定款に違反する行為がある場合，あるいは違反するおそれがある場合には，監査役はその行為を止めることを請求でき，必要があれば裁判所に差止請求訴訟の提起，仮処分の申立てを行うことができる（会社法385条）．

　大規模な公開会社は3人以上の監査役で構成される監査役会を設置しなければならず，その半数以上が社外監査役でなければならない．社外監査役は「過去に当該会社またはその子会社の取締役，会計参与もしくは執行役または支配人その他の使用人となったことがない者」でなければならない．また監査役会は監査役のなかから常勤監査役を選定しなければならない．

　監査役会は，①監査報告書の作成，②常勤監査役の選定及び解職，③監査役の職務執行の決定，④取締役等から報告・書類を受ける等の権限をもつ．このうち③監査役の職務執行の決定とは，「監査のための方針，監査のための調査方法，各々の監査役の職務分担」などについて監査役会で決議することである[16]．ただし，監査役の独任制にもとづき，他の監査役の分担範囲についても，必要があれば，監査役のもつ調査権を行使して調査することができる．監査役会の決議は監査役の過半数によって行われる．

　監査役は法制度上は経営者層の監視をするのに最も適した機関であるが，

それにも関わらず，形骸化し，長年にわたって十分その機能を果たしてこなかった．監査役が無機能化した理由は，監査役の人事権を事実上，経営者が掌握していること，したがって監査役の独立性が低いこと，監査役の情報収集能力が限定されたものであったこと，などである．

　機関投資家は独立性の低い社外監査役の選任に株主総会で反対する姿勢を強めている．機関投資家の圧力により，近年社外監査役の独立性を厳格に捉える傾向が強まっており，社長の監査役人事への介入は弱くなっている．さらに監査役が内部統制部門と連携することなどにより，社内情報へのアクセスも従来より格段に向上するなど，監査役の企業統治機能は改善しつつあるということができる．

(4) 取締役会の機能と実態

　取締役は株主総会で選任され，業務執行を担当する．公開会社である監査役設置会社の取締役の任期は2年である．取締役の義務には民法に規定された「善管注意義務」と会社法に規定された「忠実義務」とがある[17]．「善管注意義務」は「善良な管理者の注意をもって業務を執行する義務」であり，「忠実義務」は「法令・定款ならびに株主総会の決議を遵守し，会社のため忠実に職務を行う義務」のことである．

　取締役会はすべての取締役で構成され，業務執行の決定，取締役の業務執行の監督，代表取締役の選任と解任などの職務を行う．取締役会は日常の業務執行に関する決定について，代表取締役に権限を委譲することができる．しかし，①重要な財産の処分及び譲受け，②多額の借財，③支配人その他の重要な使用人の選任及び解任，④支店その他の重要な組織の設置・変更・廃止などの重要事項については権限を委譲することができず，取締役会で決議しなければならない．

　取締役会のもう1つの重要な職務は，取締役の職務執行を監督することである．取締役会は代表取締役，業務担当取締役，平取締役などの職務執行を

適法性，妥当性の側面から監督しなければならない．

　取締役会の決議は，取締役の過半数が出席し，出席した取締役の過半数によって行われる．取締役会の決議は，定款により，書面または電磁的記録によって行うことができる．巨大な多国籍企業のように，取締役が各国に分散している場合でも，インターネットなどを使い，迅速な意思決定ができることになる．

　代表取締役は，対外的に会社を代表し，取締役会の決めた基本方針に従って業務執行にあたる．わが国においては従来，代表取締役である社長の権限がきわめて強く，現実においては取締役会が株主のために代表取締役らの仕事を厳しく監視するという機能が働いてこなかった．次に監査役設置会社における取締役会にどのような問題があったのかを確認し，近年それがどのように改善されてきているのかをみていくことにしよう．

16.4 監査役設置会社における取締役会の問題点とその改革

　取締役会は意思決定の機関であり，また株主に代わって株主の利益を保護するために業務執行を監督する役割を担っている．取締役会の株主に対するこの機能は受託機能と呼ばれている．アメリカの企業統治改革は取締役会を中心に行われてきたが，日本においても同様の改革が求められてきた．これまで，日本の取締役会には企業統治の観点から多くの問題点が指摘されてきた．これらの問題点の一部については近年大幅に改善がみられるものもある．どのような問題がどう改善されたのかをあきらかにするために，ここではまず1990年代までに指摘されてきた問題点をあげることにしよう．

　第1は，すでに述べたように，業務執行とそれに対する監視という2つの機能が分離されていないということである．取締役会は全社的見地からの意思決定と業務執行の監督を行い，代表取締役以下の役員が業務執行にあたることになっている．しかし，わが国の取締役会はほとんど業務執行担当者で占められており，意思決定および監督と業務執行の機能が人格的に分離され

ていない．したがって，業務執行担当者が同時に彼の監督者であるという矛盾した関係が成立している．近年，執行役員制を採用する企業が増加しており，2010年の段階で執行役員制を採用している企業は上場企業の半数に上った．これらの企業では，執行役員が業務執行を担当し，取締役会が業務の監視を担当するという形で両機能との分化が実現した．

　第2は，社外取締役が極めて少ないことである．わが国の取締役会の特徴は業務執行に携わる内部取締役の構成比率がいちじるしく高いことであるが，このことが取締役会の監督機能を無機能化させる重要な要因となっているのである．社外取締役の選任は，近年，ようやく上場企業の半数程度で行われるようになったが，全取締役に占める比率は未だ低く，この問題は解決されないままである．

　第3は，取締役会の構成者数が多いことである．特定の問題について，専門的な見地からのさまざまな見解が表明され，十分な討議が行われるためには，メンバーが少なすぎてはいけないし，かといって全員が議論に参加できるためには多すぎてもいけないわけである．わが国の取締役会の規模は，1990年代には，10～19名の会社が過半数を占めており，企業規模が大きくなるほど取締役会の規模も大きくなる傾向があった．かつて，トヨタ自動車や総合商社などでは，60名程度の取締役会もめずらしくなく，迅速な意思決定や特定の問題についての十分な議論をすることなどが困難であった．しかし，執行役員制を採用した企業では，取締役数はほぼ半数以下に減少し，この問題はほぼ解決した．

16.5 委員会設置会社の機関と運営

　日本の企業統治に関して多くの問題点が指摘されているなかで，一部の先進的企業は執行役員制や社外取締役，取締役会内常任委員会などを導入して，企業統治の改善を進めてきた．これらの取締役会を中心とする企業統治改革はアメリカのモデルの導入にほかならないが，これらの一部の先進企

業の動向を後追いする形で2002年に商法が改正され，アメリカ型企業統治モデルが法律で規定されることになった．

改正商法においては，大企業（資本金5億円以上または負債200億円以上の企業で，対象となる企業は2002年当時，約1万社）は，監査役会をもつ従来の企業統治モデルと監査役会を廃止したアメリカ型企業統治モデル，いわゆる委員会設置会社のいずれかを選択することができることになった．委員会設置会社を選択した企業には複数の社外取締役の選任が義務づけられ，取締役会のなかに指名委員会，報酬委員会，監査委員会の3つの委員会の設置が義務づけられる．3つの委員会は3人以上で構成され，その過半数が社外取締役で占められなければならない．取締役の任期は2年から1年に短縮され，取締役の権限が強化される一方で，株主総会でのチェックをより頻繁に受けることになった．

指名委員会は株主総会に提出する取締役の選任及び解任に関する議案の内容を決定する機関である．指名委員会は3人以上の取締役で構成され，その過半数が社外取締役でなければならない．取締役は従来，事実上社長をはじめとする経営者によって選任されるのが一般的であった．取締役は経営者の業務を監視する役割を担っているのであるが，経営者によって選任された取締役が経営者を厳しく監視するのは困難である．経営者からの独立性の強い指名委員会が次期取締役候補者を指名することによって，これまでのこうした問題点を解決しようとするものである．

監査委員会は，取締役や執行役の職務の執行を監査すること，および監査報告書の作成，株主総会に提出する会計監査人の選任・解任議案の内容の決定などの権限をもつ．監査委員会の委員には強い独立性が求められ，業務執行取締役は監査委員会の委員になることができない．監査委員会の委員は取締役でもあるので，監査委員会は適法性だけでなく，妥当性の監査の権限ももつ．監査委員会は執行役等に対し職務執行に関する事項の報告を求め，また，会社の業務および財産状況を調査する権限をもつ．監査委員会は合議制

により組織的に監査を行うことを原則としている．監査委員が単独で権限を行使できる（独任制）のは，執行役や取締役が不正行為をした場合の取締役すべてへの報告やこれらの行為の差止請求などに限られる．

報酬委員会は執行役等の個人別の報酬の内容を決定する機関である．報酬委員会は，個人別の報酬の内容に関する方針を定め，その方針に従って個人別に報酬の金額を決定しなければならない．

また，委員会設置会社では新たに執行役が置かれ，業務執行を担当する．委員会設置会社においては，取締役は業務を執行することができず，業務執行は原則として執行役が担当することになった．これにより，全社的意思決定および業務執行の監督を担当する取締役会と，業務執行を担当する執行役の役割分担を明確化した．取締役会はまた，取締役の職務執行を監督する権限をもつ．執行役は取締役会において選任・解任される．さらに，従来の代表取締役に代って代表執行役が設けられることになった．執行役が取締役を兼務することは可能であり，その人数も制限されていない．しかし，兼務する人数が多くなると，業務執行と監督とを分離するために制度化された委員会設置会社の目的に反することになる．執行役は取締役と同様，株主代表訴訟の対象となる．

委員会設置会社については社外の人物，すなわち社外取締役が会社の強い権限を握ることになるため，経済界の拒否反応は強く，2010年の段階で委員会等設置会社に移行した企業は112社にとどまる．

注）
1) 武井一浩（2006：64）
2) 従来は，一般に，株式を上場している会社のことを公開会社，株式を上場していない会社を非公開会社と呼んできたが，会社法では公開会社の定義が異なるので，注意が必要である．
3) 株式会社は配当や残余財産の分配において標準的な権利を与えられた普通株のほかに，普通株に比べ配当などを優先的に受け取ることができる優先株

や配当などを受け取る権利が劣る劣後株を発行することができる．これらの株式を種類株と呼んでいる．

4) 武井，前掲書：64
5) 太田達也（2005：80-93）
6) 同上書：40-43
7) 同上書：43
8) 同上書：44
9) 同上書：46
10) 2002年の商法改正によって導入されたが，当初は委員会等設置会社という名称で，大会社だけに採用が認められていた．2005年の会社法で，名称が変更され，大会社以外の企業でも採用が認められるようになった．
11) この他に「株主平等原則の例外を定めた定款規定（109条2項）に関する定款変更に関する総会決議」があるが，ここでは取り上げない．
12) 『日本経済新聞』1996年6月27日夕刊
13) 商事法務研究会編（1992）『株主総会白書（1992年版）』商事法務研究会：102
14) 商事法務研究会編『株主総会白書』各年度版
15) 森淳二朗・吉本健一編（2006）『会社法エッセンシャル』有斐閣：95-102
16) 加美和照（2007）『新訂　会社法（第9版）』勁草書房：335
17) 「善管注意義務」と「忠実義務」は同じ内容であるとする説（同質説）と異なる内容であるとする説（異質説）がある．異質説によれば，「善管注意義務」は取締役の職務遂行上の義務であり，「忠実義務」は「会社利益の犠牲において会社外の利益を追求してはならないという義務」である．森・吉本編，前掲書：81

◆参考文献

太田達也（2005）『新会社法と新しいビジネス実務』商事法務
佐久間信夫・大平義隆編著（2008）『改訂版　現代経営学』学文社
武井一浩（2006）『会社法を活かす経営』日本経済新聞社

第17章

社会的企業論

17.1 はじめに―社会的企業の台頭―

　バングラデシュの農村にごく普通の家族が暮らしていた．彼らはワラ葺き屋根の朽ちかけた泥の小屋に住み，夫は日雇い労働者として働き，妻は竹の椅子を編む内職をしていた．その妻が作る椅子は見事な工芸品であったが，1日中働いても2セントほどの収入にしかならなかった．

　ある経済学者の調査によると，女性たちの低所得の原因は，椅子の材料である竹の購入資金を高利貸に頼っていたからだった．これでは収入のほとんどが利子の返済で消えてしまう．経済学者は村の家庭を訪ねて回り，高利貸からの借金の実態を明らかにした．その結果，42世帯の借金額の合計はアメリカドルで27ドルに過ぎないことがわかった．そこで，経済学者は彼らに27ドルを貸すことにした．

　こうして創設されたのが，マイクロファイナンス（貧困向け無担保少額融資）を専門とするグラミン銀行である．わずか27ドルを42人に貸し付けた出来事が，現在では70億ドル相当を760万人に貸し付ける巨大金融事業となった．ちなみに文中の経済学者はムハマド・ユヌス（Muhammad Yunus）である．2006年，彼はグラミン銀行とともにノーベル平和賞を受賞した．[1]

　現代に生きる私たちは多くの社会的問題を抱えている．ローカル・レベルでは，高齢者・障害者の福祉，少子化と裏腹に増え続ける待機児童，地域活性化やまちづくり，またグローバル・レベルでは，地球温暖化や生物多様性，不法難民や最貧国の飢餓など，問題は実にさまざまである．

ローカル／グローバルを問わず，こうした社会的問題の解決は政府か市場かのいずれかが担うものと期待されてきた．しかし今日，政府・行政は慢性的な財政赤字を抱えているし，民間企業は大掛かりなリストラを断行しても経営不振から逃れられないでいる．もはや，政府か市場かという二者択一では済まされない時期に来ているのである．

　こうした状況下，新しい社会システムが台頭してきた．それは社会的問題に取り組む非営利組織（NPO：Non Profit Organization）である．わが国では，1998年12月に特定非営利活動促進法（NPO法）が施行されてから，これまでに約4万を超えるNPO法人が誕生している．今日，その形態は多様化し，伝統的なボランティアではなく，会社のようにビジネス手法を用いて運営するNPOも多くなってきた．また，社会貢献につながるような事業領域で活動する企業も注目されている．このように，社会的問題に取り組む事業主体はさまざまであるが，これらは総じて社会的企業（Social Enterprise）と呼ばれている．

17.2 社会的企業とは何か

　社会的問題に取り組む事業コンセプトにコミュニティ・ビジネスがある．これは，「地域住民がよい意味で企業的経営感覚をもち，生活者意識と市民意識のもとに活動する住民主体の地域事業」[2]，あるいは「地域の課題を地域住民が主体的に，ビジネスの手法を用いて解決する取り組み[3]」を指す．

　1998年のNPO法の施行によって「地域」を事業領域に掲げたNPOも誕生したが，その多くは従来のボランティア団体と同様であり，社会的問題の解決に向けて効率的に責任をもって遂行するタイプではなかった．そこで，ビジネス手法を用いて社会的問題の解決にあたるコミュニティ・ビジネスに期待が集まったのである．

　コミュニティ・ビジネスという言葉は「地域」をイメージしやすく，それが「活性化」を連想させるため，地方自治体などの行政機関に好まれる傾向

図表17-1　ソーシャル・ビジネスの3要件

①社会性	現在，解決が求められる社会的課題に取り組むことを事業活動のミッションとすること．＊解決すべき社会的課題の内容により，活動範囲に地域性が生じる場合もあるが，地域性の有無はソーシャル・ビジネスの基準に含めない．
②事業性	①のミッションをビジネスの形に表し，継続的に事業活動を進めていくこと．
③革新性	新しい社会商品・サービスや，それを提供するための仕組みを開発したり，活用したりすること．また，その活動が社会に広がることを通して新しい社会的価値を創出すること．

がある．ただ，私たちが直面している社会的問題は一定の地理的範囲に留まるものばかりではない．その意味では，コミュニティ・ビジネスよりもソーシャル・ビジネスという言葉のほうが理に適っている場合がある．

2008年4月の経済産業省「ソーシャル・ビジネス研究会報告書」では，図表17-1のような3つの要件を満たす事業活動をソーシャル・ビジネスと規定している[4]．なお，本章ではソーシャル・ビジネスの事業主体を社会的企業とする．

同報告書によれば，社会的企業の事業領域は「地域活性化・まちづくり」，「保険・医療・福祉」，「教育・人材育成」，「環境（保護・保全）」，「産業振興」，「子育て支援」，「障害者や高齢者，ホームレス等の自立支援」など多岐にわたる[5]．

また，谷本（2006）らは「政府の失敗」と「市場の失敗」の議論を踏まえ，1）政府・行政の対応を超える領域，2）市場の対応を超える領域，という2つを提示している[6]．1）は，福祉，教育，環境，健康，貧困，コミュニティ再開発，途上国への支援など，そのサービス提供を政府・行政が"独占的"に行ってきたものの，多様化する価値観やタテ割行政によってこぼれ落ちてしまった領域を指す．2）は，かつて政府・行政が独占的に供給していた領域で新規参入の可能性の低い，あるいは市場規模が小さく大企業の参入可能性の低い領域を指す．ただし，こうした領域は固定的ではない．時代

や国/地域によってさまざまである．

17.3 社会的企業の組織形態

前掲の報告書によると，社会的企業の組織形態はNPO法人が46.7%を占める一方で，有限会社や株式会社のような営利法人は20.5%に止まっている．一般に，社会的企業の組織選択は次の4つの基準で行われる[7]．

1) 市場的制約：市場性（収益性）の有無．事業の社会性は高いものの顧客数が少数である場合，あるいは社会的弱者が顧客となる場合には，基本的に寄付金や助成金を収入源とするNPOが選択される．

2) 資金的制約：資金調達の可能性．事業活動のための設備投資や初期投資が必要となる場合には，資本市場からの資金調達が容易な会社形態が選択される．

3) 法的制約：税制．NPO法人，認定NPO法人，普通法人（会社）などの法人形態による税率や，寄付金等に対する税制上の優遇措置が考慮される．

4) 社会的制約：信頼性．生産者，消費者，出資者の間に情報の非対称性がある場合には，非分配原則をもつNPOのほうが企業よりも信頼される．とはいえ，わが国では「NPO＝無償ボランティア」というイメージが根強いため，市場における取引や契約の場面では，NPOよりも企業のほうが信頼されることもある．

図表17-2は社会的企業の形態―慈善型NPO，事業型NPO，社会志向型企業，一般企業，中間組織―である．縦軸の市場性は収益の程度であり，横軸の社会性は事業の社会的課題に関わる程度を示している．中間組織は営利/非営利の中間領域に位置する形態であり，これに当てはまるものに協同組合やワーカーズ・コレクティブがある．これらは，出資・経営・労働の三位一体型の相互扶助を特徴としている．とくに，ソーシャル・ビジネスの分野ではワーカーズ・コレクティブの活躍が目覚ましい．その多くは法人格をも

図表17-2　社会的企業の位置付け

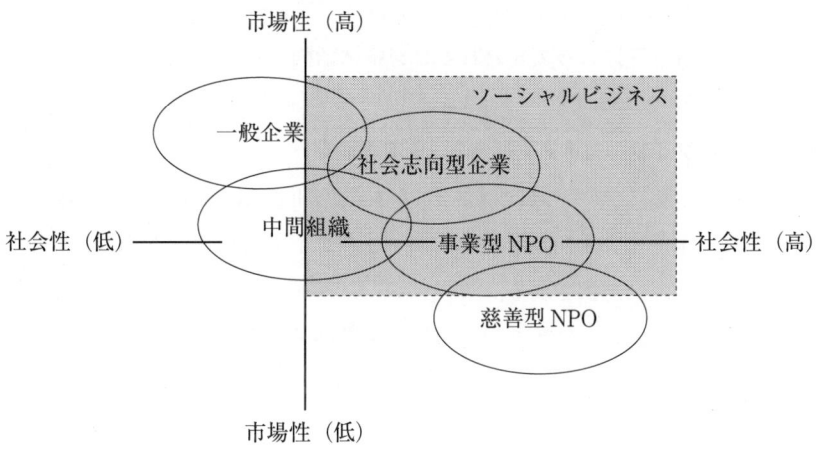

```
                        市場性（高）
                             │
          ┌──────┐    │┌──────────────────────┐
         (一般企業)  │ソーシャルビジネス        │
          │      ┌──┼───┐                      │
          └──────┤社会│志向型企業             │
              ┌──┼──┘│                      │
              │中間│組 │                      │
社会性（低）──┤組織│織 ├──事業型NPO──────────│──社会性（高）
              └──┬─┘ │                      │
                  │   │    ┌──────┐        │
                  │   │   (慈善型NPO)      │
                  │   │    └──────┘        │
                  │   └──────────────────────┘
                             │
                        市場性（低）
```

出所）谷本寛治編著（2006：15）

たない任意団体であるが，地域社会での女性や中高齢者による社会的な取り組みが注目されている．その他の4つの形態，慈善型NPOと事業型NPOは非営利タイプに，社会志向型企業とCSR型企業は営利タイプに大別できる．

(1) 非営利タイプ（慈善型NPO，事業型NPO）

サロモン（L. Salamon）によれば，NPOの基本要件は，①公式性，②非政府性，③非営利性，④自己管理性，⑤自発性，⑥公共性，である[8]．これを換言すると，ボランタリー・アソシエーション（人びとの自発的な意志によって形成され，政府から独立した組織であること），社会的ミッション（ローカル／グローバル・コミュニティにおける社会的問題の解決に取り組むことをミッションとすること），非分配原則（寄付や事業活動で得た収益をメンバー間で再分配してはいけないということ），となる[9]．

今日ではNPOも多様化し，従来の慈善型NPOに加えて事業型NPOという新しいタイプも多く現れるようになった．慈善型NPOは，寄付金と会

費による収入を頼りに無給のボランティア・スタッフによって担われるチャリティ活動であり，事業型NPOは，有料サービスの提供を主な収入源として有給のスタッフによって担われるビジネス活動である．

(2) 営利タイプ（社会志向型企業，CSR型企業）

先に紹介したグラミン銀行のように，社会的問題に真正面から取り組む営利の事業主体を社会志向型企業という．このタイプは事業型NPOよりも市場性が高い場合に選択される．

その他，ホームレスに雑誌販売の仕事を提供する有限会社ビッグイシューもこれに当たる．雑誌名は『The BIG ISSUE』．若者向けのオピニオン誌である．ベンダーと呼ばれるホームレスの販売員には，まず原資分として雑誌10冊が無償給与される．それをベンダーは1冊300円で販売し，その販売代金から雑誌を1冊140円で追加仕入する．つまり，ベンダーは1冊販売するごとに160円の収入を得ることができる．2003年の創業から2010年3月までの雑誌の総販売数は388万冊で，5億円超の収入をホームレスが得た．この仕事を通してホームレスを卒業した人も多い[10]．

また，企業の社会的責任（Corporate Social Responsibility）の要請と相まって，社会的問題の解決を事業内容の一部とする一般企業の取り組みも注目されている．こうした企業をCSR型企業と呼ぼう．たとえば，環境配慮型の自動車（エコカー）や電化製品（エコ家電），またBOP（Bottom of the Pyramid）と呼ばれる発展途上国の貧困層をターゲットにした事業を展開する企業などがこれに当たる．世界中の自動車メーカーが繰り広げる環境エコカーの開発・製造・販売競争はCO_2などの廃棄ガス削減につながっている．また所得水準の低い途上国で小さな使い切りパックのシャンプーや洗剤を販売しているP&Gやユニリーバは，顧客の衛生環境の向上に貢献している．

17.4 社会的企業の事例

社会的企業を営利/非営利で分類すると，事業型 NPO は非営利タイプ，CSR 型企業は営利タイプ，社会志向型企業はハイブリッド（混合）タイプの代表的な形態として位置づけられる（図表17-3）．ここで社会的企業の事例を形態毎に見てみよう．

図表17-3　社会的企業の分類

非営利	混合	営利
事業型 NPO	社会志向型企業	CSR 型企業
ネットワークオレンジ	グラミン・ダノンフーズ	ipoca

(1) 事業型 NPO　特定非営利活動法人「ネットワークオレンジ」

日本有数の水揚げ量を誇り，フカヒレで有名な三陸沿岸の漁業の町．この宮城県気仙沼市に，2010年1月，経済産業省所管の社団法人「東北ニュービジネス協議会」が開催する「ソーシャル・アントレプレナー大賞」に選ばれた NPO 法人「ネットワークオレンジ」がある．

ネットワークオレンジが産声を上げたのは2003年．同法人代表理事の小野寺美厚氏ら有志3人が中心となってビーズ・アクセサリー等を作成し，それを地元のフリーマーケットで販売したのが始まりだった．一連の活動には知的障害と身体障害をもった小野寺氏の双子の息子らが参加した．当時，気仙沼市における社会福祉の領域は老人福祉がほとんどで，知的・身体障害児福祉は2006年に障害者自立支援法が施行されるまで未整備の状態だった．

こうした状況にあって，小野寺氏は会費で運営するボランティアではなく，サービスの対価で経営する組織が望ましいと実感し，翌2004年，フリマ活動で得た30万円を資金に，任意団体「知的障害者の社会参加支援ネットワークオレンジ」を設立させた．これを機に，駄菓子屋を経営して販売業務を

障害者に体験させたり，企業からお菓子の袋詰め作業やメール便の配達業務を請け負って障害者に斡旋したりした．2007年には「みやぎNPO夢ファンド」（3年総額300万円）の助成を得て活動の充実を図り，さらに組織体制を整えるべく，2008年にNPOの法人格を得た．

　同法人の中心事業は知的障害児のデイケアサービスである．地元の特別支援（養護）学校が終わる午後3時から6時までの3時間，市内2ヵ所のオレンジキッズと称する施設で児童たちを預かる学童保育である．デイケアの料金は1日当たり6,800円で，自立支援医療受給者証の保持者は1割負担となる．日々の利用者は10～12人．待機児童がいるほどの盛況ぶりだ．特別支援学校の下校時間にはオレンジキッズの車が児童たちを迎えに行くので，家族は夕方まで子どもの世話から解放される．このサービスのおかげで，午前9時から午後5時までのフルタイム勤務も可能となる．

　気仙沼市には他にも同様の障害児施設があるが，オレンジキッズの評価は極めて高い．その理由は利用者の満足にあるようだ．デイケア施設を始めてまもなく，水をまったく飲むことができない12歳の自閉症の児童が入所してきた．児童はスポーツ飲料とわずか数種類の食べ物しか口にしない．そこで，保育士20年以上のキャリアをもつスタッフは，別の福祉NPO法人や関係団体と連携しつつ，児童に対するカウンセリングを根気強く続けた．その甲斐あって児童は水を飲むことができるようになった．こうした出来事は口コミで瞬く間に広まり利用希望者の増加につながった．その結果，2009年度の事業収入は前年比3倍の1,800万円となった（2010年度は3,000万円に届く勢い）．

　フリマ活動，任意団体，そしてNPO法人．ネットワークオレンジの発展過程を振り返り，いずれの形態であっても利用者が満足してくれなければ存続は難しいと小野寺氏はいう．成果を求められるのはNPOでも企業でも変わりはない（小野寺氏へのインタビュー（2010.11.16），および広報資料を参照）．

(2) 社会志向型企業　グラミン・ダノンフーズ
　　　(Grameen Danone Foods Ltd.)

　A．「ダノンは世界の多くの地域において，重要な食料供給源になっています．もちろん，飢餓が深刻な問題になっている開発途上国もいくつか含まれています．私たちはブラジル，インドネシア，そして中国でも大きなビジネスを行っています．最近ではインドにも拡大しました．実際，私たちのビジネスの40％以上は発展途上国の市場で展開されているのです．私たちはそういった国の裕福な人々だけに製品を販売したいと思っているわけではないのです．貧しい人々にも食べ物を提供する方法を見つけたいのです．」[11]

　B．「御社は一流の栄養食品の製造会社です．御社の製品のいくつかをバングラデシュの村に持ってくるために，合弁会社を設立するというのはいかがでしょうか．私たちはともに会社を創設し，それをグラミン・ダノンと呼ぶことにしませんか．バングラデシュの田舎の，とくに子どもの食事を改善できる健康的な食べ物を製造することができるかもしれません．製品を安く販売することができれば，何百万人もの人々の人生を本当に変えることができるに違いありません．」[12]

　これは2005年10月，フランス・パリのとあるレストランでの会話である．Aはダノン・グループCEO（最高経営責任者）のリブー，Bはグラミン銀行総裁のユヌスである．ダノンはフランスの巨大な食品メーカーであり，グラミン銀行はバングラデシュのマイクロファイナンスに特化した商業銀行である．会話にある2人の思いは，2006年にグラミン・ダノンフーズを誕生させた．その企業目的は，利益最大化ではなく社会的問題を解決することであり，利益は事業の存続や拡大のために追求される．したがって，グラミン側もダノン側も，投資資金の範囲を超えての配当は受け取らないことに合意している．

　グラミン・ダノンフーズの事業は，栄養強化ヨーグルトを栄養失調の子ど

もたちに食べさせることだ．ただしヨーグルトは薬ではなく美味しい食べ物でなければならない．価格も貧しい家庭であっても買うことができるぐらいでなければならない．そして販売方法も，そのヨーグルトを必要とする子どもたちが生活する農村地域で，その仕事を必要とする人々によって担われなければならない．そこで両社は強みを活かし，ダノン社は製品開発を，グラミン銀行は原材料調達と販売を担当することにした．こうして2007年に操業を開始した工場で，ビタミンA，鉄分，カルシウム，亜鉛，タンパク質，ヨウ素を強化したヨーグルト「ショクティドイ」（Shokti Doi）が生産された．ベンガル語で「パワーのためのヨーグルト」という意味をもつこの商品は，子どもが1日に摂取すべき栄養素の30％をカバーし，生きた乳酸菌は下痢の発生と重篤化を止める．このショクティドイは，保冷バックを抱えたグラミンレディと称する人たちによって訪問販売される．グラミンレディとはグラミン銀行から融資を受けている農村地域の女性である．またショクティドイの原材料となる牛乳は，グラミン銀行から融資を受けている周辺のマイクロファームから供給される．マイクロファームとは数頭の乳牛を飼っている小規模畜産農家であり，グラミン・ダノンはマイクロファームから市場価格より高値で牛乳を買い取っている．

　このビジネスモデルには，グラミン銀行を中核とするグラミンファミリーが関わっている．マイクロファームの運営には，グラミン・クリシ農業財団の研究成果（乳牛の品種改良や乳質向上）が活かされたり，グラミン・シャクティからの技術提供（有機肥料やバイオガス装置）を受けたりしている．こうしたネットワークを活かして，グラミン・ダノンは持続型のビジネスモデルを構築しているのである（ムハマド・ユヌス著（2008）『貧困のない世界を創る』早川書房，および，岡田正大（2010）「グラミン・ダノンフーズ（A）」『KBSケースライブラリー』慶應義塾大学ビジネス・スクールを参照）．

(3) CSR 型企業　株式会社 ipoca（イポカ）

　シャッター通りと揶揄される商店街の衰退は地方だけの話ではない．東京都品川区にある青物横丁商店街の代表は，「近隣に大型店が続々と出店し，競争は厳しくなるばかり．商店街の活気を取り戻すには大型店に負けないサービスを顧客に提供できなければならない」[13]と危機感を募らせる．この商店街も手をこまねいていたわけではない．これまでにも商店街共同で折り込みチラシを配布したり，Suica などの電子マネーを利用可能にしたり，商店街共通のポイントカードを作成したりした．だが大型店に客を奪われ続けた．

　2007年春，青物横丁商店街の関係者が中小企業の支援に熱心な税理士，一之瀬卓氏と出会ったことで事態は好転した．一之瀬氏が構想していた携帯電話による顧客情報管理（CRM）システムを，商店街のために実用化させるプロジェクトが浮上したのだ．こうして，一之瀬氏は2007年8月に株式会社 ipoca を設立し，青物横丁商店街との共同事業を2008年2月にスタートさせた．

　この商店街が導入した携帯 CRM システムの名称は「あおよこタッチャン」．非接触型 IC カード掲載の携帯電話を会員カード代わりに使用する．店頭にある専用端末に携帯電話をかざすだけで会員登録や来店回数がカウントされる．店舗側はその記録に応じてクーポン付メールを配信して集客を図る．このシステムの"売り"は，パソコンやインターネット回線を必要としない手軽さ，また月額利用料3,000円という安さにある．こうした点が IT 投資コストを捻出しにくい小規模小売店に評価されたのである．

　日経 BP 社主催の IT Japan Award 2008で準グランプリを得た「あおよこタッチャン」の CRM システムは，現在，全国各地の商店街で活躍している．その1つ，宮崎県の「Do まんなかモール」では，宮崎県や宮崎市などの行政機関による補助金や商工会議所などの支援を受けて「Do まんなかタッチャン」が稼働している．

　ipoca の主たる経営目的は商店街活性化ではない．営利企業である ipoca の場合，事業活動の1つが商店街をターゲットとした情報システムの構築で

あって，その活動自体が商店街活性化という社会問題の解決につながっているのである（一之瀬氏へのインタビュー（2010.2.12, 11.3），および，日経BP社「NIKKEI COMPUTER IT Japan Award 2008 特別編集版」を参照）．

17.5 ソーシャル・アントレプレナーの役割
―結びに代えて―

シュンペーター（Schumpeter, J. A.）は，経済発展の原動力となるイノベーション（新製品開発，新生産方式，新市場開拓，新原材料の開発，新組織の構築，およびその組み合わせ）の実行者をアントレプレナー（企業家：Entrepreneur）と呼んだ．またディース（Dees, J. G.）は，① 社会的価値を創造して保持するためのミッションの採択，② ミッション達成のための新しい機会の認識と絶え間ない追求，③ 持続的な革新，適応，学習プロセスへの従事，④ 現有資源に制限されない大胆な行動，⑤ 支持者への説明責任と成果に対する高い意識の明示，という5つをソーシャル・アントレプレナー（社会的企業家：Social Entrepreneur）の行動要件とした[14]．

先に取り上げた3つの社会的企業の事例でも，それぞれの事業体にソーシャル・アントレプレナーの存在を確認できる．彼らはシュンペーターのイノベーションを社会的な領域で実践しているし，ディースの5つの要件も満たしていよう．とりわけ，ネットワークオレンジの小野寺氏は成果に対する意識が高く，グラミン・ダノンフーズの創業者であるリブーとユヌスは持続的成長のためのネットワーク構築に優れ，ipocaの一之瀬氏は経済性と社会性とを統合する形で自社保有の技術を適用する感覚に優れている．

ソーシャル・アントレプレナーが取り組む事業は，単なる一過性の対処行動では済まされない．事業の中断は社会的問題を再発させてしまう．したがって，社会的事業の存続こそソーシャル・アントレプレナーのミッションなのである．社会的問題の解決にビジネス手法を用いることの必要性はここにある．

注）
1) ムハマド・ユヌス著，猪熊弘子訳（2008）『貧困のない世界を創る』早川書房：88-101, 同稿「グラミン銀行の軌跡と奇跡」一橋大学イノベーション研究センター編（2009）『一橋ビジネスレビュー』No. 57-1, 東洋経済新報社：7-8
2) 細内信孝（1999）『コミュニティ・ビジネス』中央大学出版部：13
3) 経済産業書関東経済産業局 HP（http://www.kanto.meti.go.jp/）
4) ソーシャル・ビジネス研究会（2008：3）
5) 同上書：5
6) 谷本寛治編著（2006：5-6）
7) 同上書：31-32
8) Salamon, L. M. (1997) *Holding the Center: America's Nonprofit Sector at a Crossroads*.（山内直人訳，1999,『NPO 最前線』岩波書店：105-107）
9) 谷本編著, 前掲書：8
10) 佐野章二（2010）『ビッグイシューの挑戦』講談社：6-7, 12-17
11) ムハマド・ユヌス, 前掲訳書：19-20
12) 同上書：21-22
13) 『NIKKEI COMPUTER IT Japan Award 2008 特別編集版』日経 BP 社：17-18
14) Dees, J. G. (1998) The Meaning of "Social Enterprise".（http://www.caseatduke.org/documents/dees_sedef.pdf）

◆参考文献

Dees, J. G. (1998) Enterprising Nonprofit, *Harvard Business Review*, January-February.
岡田正大（2010）「グラミン・ダノンフーズ（A）」『KBS ケースライブラリー』慶應義塾大学ビジネス・スクール
ソーシャル・ビジネス研究会（2008）「ソーシャル・ビジネス研究会報告書」経済産業省
谷本寛治編著（2006）『ソーシャル・エンタープライズ―社会的企業の台頭』中央経済社
谷本寛治・唐木宏一・SIJ 編著（2007）『ソーシャル・アントレプレナーシップ―想いが社会を変える』NTT 出版
塚本一郎・山岸秀雄編著（2008）『ソーシャル・エンタープライズ―社会貢献をビジネスにする』丸善

第18章

ポストモダンの組織論

18.1 ポストモダンとは何か

　ポストモダン（postmodern）のさしあたりの意味は，ポスト（post）とモダン（modern）に区分することで理解できる．すなわち，ポストは接頭辞として「〜の後の（after）」という意味をもち，「近代の」と訳されるモダン（modern）と結合している．このことから，ポストモダンは，「近代の後（の）」という意味になると解されるのである．同時にポストは，「〜の向こうに，〜を超えて（over against）」という意味をもつため，「脱近代（の）」という訳になるともいえる[1]．

　しかしながら，一般的に論じられる「ポストモダン」，そしてポストモダン組織論として使用される「ポストモダン」とは，こうした語彙上の意味だけにとどまらない．

　そもそもポストモダンとは，美術，映画，文学，音楽，建築，政治，文化，哲学などのきわめて多岐にわたる分野において展開されてきた，新たな思想や文化状況であると認識されている[2]．ポストモダンという言葉が広く知られるようになったのは，1970年代後半に建築の分野において使用されるようになってからであるという．建築におけるモダン思想は，都市，普遍化，国際性を理想とし，理性的かつ数学的な直線を基調として装飾や「遊び」を排除しつつ，可能な限り効率性や合理性を追求しようとする機能主義を基礎とするものであった．それとは対照的に，ポストモダンの建築思想は，モダンな建築思想が排除してきたような，斜めの線，重層化，不完全な線，ずら

された軸などの遊びや象徴的表現を用いることで，非対称性や脱中心性をもつように意図するものである．[3]

その後，建築のみにとどまらず，文学や映画，政治，文化，哲学などの各分野において，ポストモダン思想は広く受け入れられるようになった．とりわけポストモダン組織論を論じるうえで重要なのが，1960年代後半から1970年代にフランスを中心として盛んに論じられたポストモダン哲学であり，そうした哲学が出現する背景となった，欧米を中心とする先進国における社会的変化である．

ポストモダンを哲学のレベルに引き上げた重要な人物として，リオタール (Lyotard, Jean-François) がいる．[4] 事実，ポストモダン哲学が論じられるときには必ずといって良いほど，彼の著書『ポスト・モダンの条件』(1979) で提示された有名な定義が引用されている．リオタールによれば，ポストモダンとは，モダンな科学が依拠してきた「大きな物語」に対する不信感であるという．「大きな物語」とは，「《精神》の弁証法，意味の解釈学，理性的人間あるいは労働者としての主体の解放，富の発展」であり，「倫理・政治的な良き目的，すなわち普遍的な平和を達成しようと」するものである．[5] 言い換えるならば，「自由」や「解放」を旗印に，歴史が人類全体の幸福へ向けて進んでいくという普遍的で統一的な「大きな物語」が失墜し，代わって多数の差異化された「小さな物語」が浮上してくることをリオタールは主張するのである．

リオタールだけでなく，デリダ (Derrida, J.) やフーコー (Foucault, M.)，ドゥルーズ (Deleuze, G.)，ボードリヤール (Baudrillard, J.) などに代表されるポストモダン哲学の主要論者に共通する特徴として，懐疑の姿勢，反基礎づけ主義，反権威主義，イデオロギー的前提の拒否，などがあると指摘されている．[6] 日本においても，こうした哲学としてのポストモダンが，1980年代の「ニュー・アカデミズム」ブームのなかで積極的に取り入れられ，思想界において中心的な役割を担った．[7]

このようなポストモダン哲学の興隆は，その背景となる時代性と密接に結びついている．一言で表現するならば，リオタールも『ポストモダンの条件』のなかで触れているような，脱工業化社会の到来である．モダン社会を特徴づける工業化，すなわちモノを効率的に生産するための大規模な機械制生産を前提とする工業社会から，科学や情報，知識が重要な要素となる脱工業化社会へと移り変わってきた．そのため，機能主義，普遍的原理，合理化，分業などの工業社会と結び付く諸要素について問い直す必要性が主張されるのである．同様に，モダン社会の中心をなす「生産」から「消費」へと重要性が移り変わってきたこと，なかでも文化産業的な付加価値の高い消費財に重点を置く「消費資本主義」が台頭してきたことも，モダン社会の価値観を問い直す契機となったことから，ポストモダン思想が広く受容される背景として機能した[8]．

要するに，ポストモダンの本質を一言で表現するならば，モダンの徹底的な「問い直し」であるといえよう．モダンとして何を措定するかについては論者によってさまざまであるが，「モダン—産業社会—大きな物語」から「ポストモダン—ポスト産業社会—大きな物語の衰退」へという認識図式は共通しているようである[9]．より具体的にいえば，ポストモダンは自明性や客観性，普遍性などの決定論的思考と闘争しつつ，モダン的思想が排除してきた偶然性，創造性，予期せざるもの，といった領域に目を向け，相違点，差異，予測不可能性を積極的に論じようとするのである．そして，意味のズレ，パラドックス，不安定性，多元性，差異，異質性などを肯定的に捉えよ

図表18-1　モダンとポストモダンにおけるキーワード

モダン	大きな物語，統合，統一，同一化，単一性，真面目，オリジナル，生産，産業，理性，西洋，男性
ポストモダン	小さな物語，分裂，多様，差異化，異種混交性，遊び，コピー，消費，情報，感覚，非西洋，女性

出所）岡本裕一朗（2005）『ポストモダンの思想的根拠』ナカニシヤ出版：10

うとするのである．モダンとポストモダンにおけるキーワードは，図表18-1のように表される．

ただし，ポストモダンと一言でいっても，その議論は多岐にわたり，どの範囲をポストモダンとして括るかということはきわめて困難な問題である．たとえポストモダンの範囲を確定できたとしても，そのなかで首尾一貫した主張が行われているとはいえず，しかも，ポストモダニストとしてのレッテルを拒否する論者もいるほどである．

ここで改めて確認しておきたいことは，ポストモダン思想に共通するのは，モダン（近代）に対する「問い直し」であるということだ．このことは，次節以降で検討する，ポストモダンを取り入れた組織論（ポストモダン組織論）にも共通する要素であり，それゆえポストモダン組織論の根幹となる考え方でもある．

18.2 組織論におけるポストモダン

(1) モダン組織の「問い直し」

前節で議論したように，ポストモダンとは，モダンに対する「問い直し」を主張するものであり，ある決まった枠組みの提示を行うわけではない．むしろ，「プログラムや知的枠組みというよりも，気分，つまり時代精神，あるいは『空気に漂う感覚』」とさえ表現されることもあるほどである[10]．このことは，組織論におけるポストモダンの受容の仕方にも少なからぬ影響を与えている．つまり，ポストモダン組織論とは，何か特定の組織構造の誕生を告げる理論であるというよりはむしろ，従来の組織論，すなわちモダン組織論に対する「問い直し」であると考えられるのである．

なぜポストモダン組織論が必要とされるのだろうか．言い換えるならば，なぜ組織論においてポストモダンを議論する必要があるのだろうか．ポストモダン組織論では，ポストモダン哲学と同様に，その答えを脱工業化社会の到来という社会的変化に求める見解が多いようである．

たとえば，ハッチ（Hatch, M. J.）は，脱工業化社会によって物的生産における労働管理をめぐる組織化から知識創造や情報活用をめぐる組織化へと変化してきたことに触れながら，情報通信技術の発達やコンピュータ革命を踏まえて，組織における労働の性質が変化したことを強調している．すなわち，ネットワーク型の組織や戦略的提携，バーチャル組織に代表されるように，組織の境界が曖昧になり，より小さく，流動的で柔軟な組織が現れていることを指摘するのである．そこでは，部門，階層上の職位，業務遂行などの従来の組織で語られてきた要素が，一時的なチームにおける他者との協力関係，迅速な変化に対応するための組織学習などにとって代わられる．したがって，工業社会の組織の特徴であった，安定性，ルーティン，慣習などから，不確実性，契約，パラドックスなどの脱工業化社会の組織を特徴づけるキーワードが立ち現われてくるのである[11]．

以上に述べてきたように，脱工業化社会，高度情報化社会，脱物質社会，高度消費社会という多様なキーワードで表現される新たな社会の出現によって，組織のあり方，ひいては組織における労働のあり方が変化してきた．そのため，これまでの組織論（モダン組織論）の前提を，まさに「問い直す」必要があると，ポストモダン組織論者は主張するのである．実際に，ポストモダン組織論に関する研究が多く発表された時期は，1980年代後半頃から1990年代にかけてである[12]．また，2000年代に入ってからも新たな研究が発表され続けている．このことからも，グローバリゼーションやインターネットの普及などの企業組織を取り巻く環境の劇的な変化が，ポストモダン組織論の必要性を強力に後押ししていると見なすことができるだろう．

(2) モダン組織からポストモダン組織へ

哲学としてのポストモダンの特質がモダンとの対比によって理解できたように，ポストモダン組織論の特質もモダン組織論と対比することによって理解することができる．図表18-2は，モダン組織論とポストモダン組織論に

図表18-2 モダン組織とポストモダン組織の比較

	モダン	ポストモダン
哲　学	普遍性の探求	反基礎付け主義
生産様式	大量組立，工場	脱工業化，情報
組　織	ヴェーバー的ヒエラルヒー	アドホクラシー，権限委譲
典型的な企業組織	公式的官僚制組織	ネットワークと契約
組織原則	管理	参加
価値の源泉	開発	知識
社会関係	ヒエラルヒー	ネットワーク
マネジメント理論	環境依存的な，官僚制的な	制度的に埋め込まれた
主要な傾向	分化を通じたタスク継続性	複合的なセグメンテーションでの脱分化

出所）Clegg, S.（1996）"Postmodern Management," in Palmer, G. and Clegg, S. eds., *Constituting Management: Markets, Meanings, and Identities*, Walter de Gruyter：239 および，Fox, C. J. and Miller, H. T., "Postmodern Philosophy, Postmodernity, and Public Organization Theory," in Lynch T. D. and Cruise P. L. eds.（2006）*Handbook of Organization Theory and Management: The Philosophical Approach*, 2nd ed., Taylor&Francis：655, を基に筆者作成

おけるキーワードの対比である．

　この表からも読み取れるように，個別の議論はさまざまであっても，問い直されるべきモダン組織として頻繁に俎上に載せられるのが，ヴェーバー（Weber, M.）の官僚制組織である．官僚制組織は，合理性，効率性，機能主義という言葉で表現されるように，モダン組織の典型例であると見なされる．

　今田高俊も，近代的な組織論の原形がヴェーバーの官僚制組織にあるとしている．そして，官僚制組織のなかでも，「計算可能な諸原則」による管理がもっとも重要であるとし，そのような管理が経営学の祖であるテイラー（Taylor, F. W.）の科学的管理法にみられることや，その後のホーソン実験やバーナード（Bernard, C. I.）とサイモン（Simon, H. A.）の現代組織論にも機能的な専門分化や管理，組織成員による物的報酬の追求などの前提が通底

していることを指摘する．その一方で，自己組織化，自己実現至上主義，脱分節化（脱分化）などの要素を重視することで，ポストモダン組織における編成の原理として管理から支援を中心とする組織を構想している．[13]

モダン組織の原形としてヴェーバーの官僚制組織を念頭に置く点，そしてモダン組織を貫く機能主義を批判する点では，概ねポストモダン組織論に共通点があるように見受けられるが，実際にどのような組織のあり方を構想するかという個別の論点については，必ずしも一致した見解があるとは言い難い．そこで次節では，ポストモダン組織論が共通して依拠する論理とその組織的特徴についてみていくことにする．

18.3 ポストモダン組織論

(1) ポストモダン組織論の理論的根拠

アルベッソン（Alvesson, M.）とディーズ（Deetz, S. A.）は，既存のポストモダン組織論を概観し，その理論的根拠として，大別して6つの概念が存在することを指摘している．[14] ポストモダン哲学が前提になっているため，馴染みのない者にとってやや難解に思われる用語があるかもしれないが，紙幅の許す範囲で以下に列挙したい．[15]

① ディスコースの中心性

ポストモダン哲学は，「言語論的転回」に基づくことから，言語の社会を構成する側面に注目する．したがって，物事には本質的あるいは客観的な真実・事実があるわけではなく，それらが社会的に構成されるという構成主義的な立場をとることになる．「ディスコースの中心性」とは，このような構成主義的立場から，事実を構成するディスコース（言説）の働きに着目し，現行の言説のなかで人びとの経験や世界観がどのように形成されるかについて問うことである．

② 断片化されたアイデンティティ

ポストモダン哲学は，単一のアイデンティティをもった自律的で自己決定

的な個人という概念を拒絶する．そのような「断片化されたアイデンティティ」という考え方については，「人間」に対する西洋の概念が自民族中心主義に陥った神話でしかないという批判的意見と，現代の歴史的・文化的状況を鑑み，一貫した，統一的で自律的な個人という見方ができなくなったとする意見の2つの見解があるという．この概念が組織論にもたらす含意は，人間主体とその組織化プロセスの不安定化（destabilization）であるという．とくに人的資源管理において，不安定性，多様性，非決定性，流動性などの要素を考慮に入れて議論することが意図される．

③ 現前の形而上学批判

一般的に，言語は現前を言い表すものであると考えられている．すなわち，事物が先に存在し，言語はそれを表象するものであると．しかしながら，ポストモダン哲学ではソシュール（de Saussure, F.）の記号論に基づき，言語が差異のシステムであることを重視する．たとえば，「労働者」という言葉は，その対象（客体）に内在する本質を表現しているのではなく，人びとのなかから労働者を識別したり，労働という区分があることや非労働者（管理者）が存在することを前提としている．そこで，対象や対象の属性に着目するのではなく，人びとの世界観を反映するような，論証的（discursive）で文脈的な「関係性のシステム」に焦点を合わせる．したがって，差異化し，固定化し，ラベリングし，分類し，関係づけるような言説のプロセスや働きを重視することにつながる．ポストモダン組織論においては，以上の考え方に基づき，言語の使用を通じた差異化が，組織内において対象が存在するための必要条件をどのように形成するかが中心的に議論される．

④ 基礎づけ主義および「大きな物語」の喪失

この概念は，本章第1節で取り上げたリオタールの議論と深く関連している．アルベッソンらによれば，基礎づけ主義や「大きな物語」に対する立場として，フェミニズムのように，それらが支配的な見方（たとえば男性中心主義）によって捏造されたものであるとする立場と，リオタールのように，

社会の変化に伴ってそれらに対する「不信感」が高まるようになったとする立場の2つがあるという．組織論においてこの概念は，企業のビジョンや企業文化，あるいは企業が盛んに宣伝する消費主義が，かつての社会全体を包括する物語の代わりになりうるのか否かについて議論する際に使用される．

⑤ 知―権力関係

この概念は，フーコーの理論に基づいている．フーコーによれば，権力とは個人が所有したり獲得したりするものではない．そのような明示された権力は，より根本的な権力関係が現れたものにすぎない．権力は，社会的関係それ自体，したがって社会的関係を維持しようとする言説の境界やシステムに内在すると考えられる．とりわけ組織論において重要な概念は，規律・訓練（discipline）である．このことから，言説のあり方が規範的行動の枠組みを形成する点や，組織における職業訓練や日常業務，自己監督，専門家などの要素がそのような規律・訓練として作用する点を重視するのである．

⑥ ハイパーリアリティ

ハイパーリアリティとは，ボードリヤールの研究に基づく概念であり，現実の反映や模倣ではなく，オリジナルや現実そのものが存在しないコピーの反復・氾濫を意味する．ポストモダン組織論では，モダン組織の想像上の（現実性のない）特徴を強調するような類の組織研究に対して議論する上で有用であるとされる．

(2) ポストモダン組織の特徴

ポストモダン組織論が前提とする理論的根拠については，前項のようにいくつかの共通点が指摘されている．しかし，具体的にどのような組織を構想するかについては，論者によってきわめて多様であるため，ポストモダン組織としてある決まった組織形態を提示することは困難である．そこで，ポストモダン組織に共通する特徴を取り上げた研究を紹介したい．

高橋正泰は，ポストモダン組織論の研究を参考にしながら，ポスト官僚制

組織の必要性を主張する．そのような新しい組織に共通する特徴は，「スピードに対応するための集団やチームを自律単位として，それをサポートするコントロールシステム，信頼と経営理念という価値共有による文化，情報の共有と適切な考課と報酬制度，新しい管理者の役割等」であり，「異なる編成原理を同時にもつということ」であるという[16]．

具体的には，以下の15点をその特徴として挙げている．

① 工場の問題解決集団に代表されるような従業員参加；計画，規律，品質に責任を持つ自己管理型ワークチーム
② 機能組織の壁を打ち破る横断的タスクフォースおよびチーム
③ 時には伝統的官僚制組織全体に機能することもある，マルチレベルのコンセンサスに基づいて動く「水平型組織」のメカニズム
④ 伝統的官僚制組織より緊密なコミュニケーション・ネットワークを容易にする情報技術
⑤ 仲間集団の意思決定能力を構築するための「組織開発」
⑥ 閉鎖的組織から開放的組織：組織間のパートナーシップの形成（アウトソーシングや企業間提携など）
⑦ トップマネジメントに限られていた情報の共有
⑧ 交渉的解決の重要性の認識
⑨ 新しい管理者の役割；タスクフォース・リーダー，チェンジ・エージェント，コーディネーター，境界打破者
⑩ 適正で明確な業績評価と評価基準の公開
⑪ 成果主義による報酬制度
⑫ 明確な経営理念もしくはポリシー，戦略
⑬ 組織の統制と自律性の確保というパラドックス
⑭ 信頼とコンセンサスによる管理
⑮ 価値の共有と参加

18.4 ポストモダン組織論の可能性

これまで,モダンに対する「問い直し」をキーワードに,ポストモダン,ポストモダン哲学,ポストモダン組織論,について検討してきた.

元来,ポストモダン思想自体が,あらゆる人びとが合意するような決定的な枠組みや,因果関係に基づいた「予測可能」なモデルの提示を目指すものではないため,ともすれば抽象的な議論に終始しがちな印象を与えかねない.特に経営組織論においては,特定の経営課題を解決できる組織モデルの構築と相容れない部分が存在する可能性もあるだろう.

しかしながら,今田が指摘するように,組織論においてポストモダンの議論が十分に蓄積されてきたとは到底いえない[17].むしろ,ポストモダン組織論研究は端緒についたばかりである.社会のありようが急激に変化するなかで,求められる組織のあり方も変化してきている.そのとき,現代社会の組織のあり方を「問い直す」ための材料を提供できる可能性を,ポストモダン組織論がもっていると考えられるのではないだろうか.

注)

1) Fox, C. J. and H. T. Miller (2006) "Postmodern, Philosophy, Postmodernity, and Public Organization Theory," in Lynch T. D. and P. L. Cruise eds., *Handbook of Organization Theory and Management: The Philosophical Approach*, 2nd ed., Taylor & Francis: 654.
2) ポストモダン,ポストモダニズム,ポストモダニティなど,指示する内容によって用語を使い分ける文献もある.しかしながら本章では,特別な場合を除き,表題であるポストモダンに統一した.
3) Sim, Stuart ed. (1998=2002: 32-33). また,建築におけるポストモダンについては,同書の第7章が詳しい.
4) 鷲田清一編 (2008)『哲学の歴史12 実存・構造・他者』中央公論新社: 41;厚東洋輔 (2006)『モダニティの社会学』ミネルヴァ書房: 7-8
5) Lyotard, Jean-François (1979=1986: 8-9)
6) 詳しくは,Sim (1998=2002:第1章) を参照されたい.

7) ひとつのエポック・メイキングは，1983年に浅田彰の『構造と力』が出版されたことであったという．日本におけるポストモダンについては，仲正昌樹（2006）『集中講義―日本の現代思想』日本放送出版協会や，本上まもる（2007）『〈ポストモダン〉とは何だったのか』PHP新書などを参照されたい．
8) 仲正昌樹（2006：83）
9) 岡本裕一朗（2005）『ポストモダンの思想的根拠』ナカニシヤ出版：6-7
10) Sim（1998＝2002：277）
11) Hach, M. J.（1997：24-27）
12) Alvesson, M. and S. A. Deetz（2006：256）
13) 今田高俊（2001：76-92）
14) Alvesson, M. and S. A. Deetz（2006：265-271）
15) 既述したように，ポストモダンには統一的見解があるわけではない．したがって，ここで列挙された各概念は，ポストモダンすべてに共通するものというよりはむしろ，部分的に抽出された要素であると考えられる．また，ここでの各概念の説明は，アルヴェッソンたちによる紹介を要約したものであるため，組織論として使えるように解釈されていることにも注意を促しておきたい．
16) 高橋正泰（1999：163）
17) 今田（2001：76）

◆参考文献

Alvesson, M. and S. A. Deetz (2006) "Critical Theory and Postmodernism Approaches to Organizational Studies," in Clegg, S. et al. eds., *The Sage Handbook of Organization Studies,* 2nd ed., Sage：255-283.
Hach, M. J. (1997) *Organization Theory: Modern, Symbolic, and Postmodern Perspectives,* Oxford University Press.
Lyotard, Jean-François (1979) *La condition postmoderne,* Éditions de Minuit. （小林康夫訳，1986，『ポスト・モダンの条件』水声社）
Sim, Stuart ed. (1998) *The Routledge Critical Dictionary of Postmodern Thought: Part I Postmodernism, its History and Cultural Context,* Icon Books.（杉野健太郎他訳，2002，『ポストモダニズムとは何か』松柏社）
今田高俊（2001）「組織変革とポストモダン」経営学史学会編『経営学史学会年報 組織・管理研究の百年』第8輯：73-93
岩内亮一・高橋正泰・村田潔・青木克生（2005）『ポストモダン組織論』同文館出版
高橋正泰（1999）「ポスト官僚制組織論の展開」『明治大学社会学研究所紀要』第38巻1号：155-166

索引

あ行

アージリス，C.　108, 111, 118, 206
アルダーファ，C. P.　215
ERG 理論　125
委員会設置会社　229, 238
意思決定　94, 95
　——の合理性　157
意思決定論　88
ヴェーバー，M.　47, 58, 259
ウォーマン，R. H.　168
ヴルーム，V. H.　129
エクセレント・カンパニー　168, 173
X 理論・Y 理論　126
NPO　245
円環的反応　63
大きな物語　255, 261
オーセンティック・リーダーシップ
　145, 149
オーソリティ　91
大人の学習モデル　209
オハイオ研究　138, 139
オペラント学習　199

か行

会計参与　226
解釈主義的組織文化論　176
介入　186
科学的管理法　202
家産（制的）官僚制　49, 52
価値前提　99, 157
過程論　132
株式会社　226
株式譲渡制限会社　226, 229
株主総会　231
カリスマ　144
カリスマ的支配　55, 57
関係人モデル　62
監査役　234
監査役会　234
監査役設置会社　227, 230
カンパニー制　22

官僚制　49, 55, 57, 58
　——組織　259
　——（的）組織　49, 54
企業倫理　220
期待理論　129, 133
機能主義的組織文化論　170, 178
機能（調整）説　67
機能的統一体　64, 65
客観的合理性　89, 96
協働システム　13, 213
協働体系　77
近代化　4
近代官僚制　49, 53, 55, 59
近代社会　5, 6
クンダ，G.　177
経営人　2, 158
　——モデル　89, 161
経営戦略論　169
経済人
　——仮説　133
　——モデル　2, 89, 161
経路—目標理論　141
ケネディ，A. A.　171
権限受容説　84
現代化　9
現代社会　7
限定された合理性　89
公開会社　226
交換理論　141
後見　13
貢献　91, 93
公式組織　41, 42, 78, 81, 110
構造的意思決定（定型的意思決定）　100
行動科学　106, 107
行動学習理論　205
合法的（依法的）支配　55, 56
交流的リーダーシップ　143
個人主義　2, 5
個人人格　12
コーポレート・ガバナンス　225, 233
コンティンジェンシー理論　169

さ 行

最適化　164
最適化原理　101
サイモン, H. A.　87, 154, 156
CRMシステム　251
CSR型企業　246
事業部制組織　18, 19, 21
事実前提　98, 157
自主管理チーム　190
システム4　115, 117
市民革命　3, 9
シャイン, E. H.　173, 186, 188
社会学習理論　200
社会-技術システム　185, 190
社会人　2
社会的企業　244
自由意志　75, 85
順応　108, 110
状況アプローチ　140
　——の法則　68, 70
照明実験　36
職能別組織　16, 17
職務　189
職務拡大　111
職務満足　131
シンボリック・マネジャー　172
垂直的2者間　141
ステークホルダー　225
制約　158
　——された合理性　95
センゲ, P.　207
全人的モデル　2
戦略事業単位（SBU）　20
戦略的要因　153
相互作用論　63
組織アイデンティティ　218
組織概念　10
組織開発　181
組織学習　207
組織均衡　92
組織人格　12
組織ナルシシズム　218
組織の3要素　11
組織不祥事　212
組織文化　166, 215, 218
ソーシャル・アントレプレナー　252
ソーシャル・ビジネス　243

ソシュール, F.　261

た 行

大規模組織変革　190
体験学習サイクル　209
地域統括本社制　29
地域別事業部制組織　28
調整　66, 69
定型的意思決定　159
ディール, T. E.　171
適応　110
伝統的支配　55, 57
動機づけ・衛生理論　128
統合　63, 64, 108
統合的統一体　64
統制　66
道徳基準　160
特異性クレジット理論　141
独任制　50, 57
取締役会　235

な 行

内容論　132
日本的経営　3, 168
人間観　2
人間関係論　35, 41
認知論的アプローチ　142
能率性　76, 80

は 行

ハイパーリアリティ　262
ハーシィ, P.　140
ハーズバーグ, F.　127
パーソナリティ　108
バーナード, C. I.　71, 74, 89, 152, 156, 170
パワー　137
バンク配線作業観察実験　39, 41
非営利組織　242
PM理論　139
非公開会社　226
非公式（な）組織　41, 42, 80
非構造的意思決定（非定型的意思決定）　100
ピーターズ, T. J.　168
非定型的意思決定　159
フィードラー, F. E.　140
フォレット, M. P.　61

フーコー，M.　262
ブランチャード，K. H.　140
プロセスコンサルテーション　188
プロセス型戦略的マネジメント　204
フロント・バック組織　25
変革的リーダーシップ　143
ポジティブアプローチ　191
ポジティブ組織論　147
ポストモダン　254
　──哲学　260
ホーソン実験　34, 35
ポーター，M. E.　203
本質的特性　112, 113

ま行

マクレガー，D.　126, 183
マズロー，A. H.　118, 122, 124, 193
マーチ，J. G.　160
マーチ＝サイモン理論　161
マトリクス組織　23
マネジリアルグリッド理論　139
満足化　164
満足化原理　101
ミラー，J. G.　106
ミンツバーグ，H.　170
無関心圏　81, 85

面接実験（調査）　38, 39

や行

誘意性　129
誘因　13, 81, 90, 93
有効性　76, 80, 112
ユヌス，M.　241
欲求階層説　118, 125
4つのD　191

ら行

リオタール，J.-F.　255
リーダーシップ　136, 138
リッカート，R.　114, 118
レスリスバーガー，F. J.　41, 43
連結ピン　116
労働の疎外　10
ローシュ，J. W.　169
ロボット化　9
ロマンス論　143
ローレンス，P. R.　169
論理実証主義　107, 154
論理実証的アプローチ　93

わ行

ワイク，W. E.　71, 204

編著者略歴	佐久間信夫	

明治大学大学院商学研究科博士課程修了
現　職　創価大学経営学部教授　経済学博士
専　攻　経営学，企業論
主要著書
『企業集団研究の方法』文眞堂　1996年（共編著），『企業集団と企業結合の国際比較』文眞堂　2000年（共編著），『企業支配と企業統治』白桃書房　2003年，『企業統治構造の国際比較』ミネルヴァ書房　2003年（編著），『経営戦略論』創成社　2004年（編著），『増補版　現代経営用語の基礎知識』学文社　2005年（編集代表），『現代経営戦略論の基礎』学文社　2006年（編著），『CSRとコーポレート・ガバナンスがわかる事典』創成社　2007年，『コーポレート・ガバナンスの国際比較』税務経理協会　2007年（編著），『改訂版　現代経営学』学文社　2008年（共編著），『コーポレート・ガバナンスと企業倫理の国際比較』ミネルヴァ書房　2010年（共編著）　など

	坪井順一	

専修大学大学院経営学研究科博士後期課程修了
現　職　文教大学情報学部教授
専　攻　経営学，経営管理論，消費者教育論
主要著書
『消費者のための経営学』新評論　1991年（共著），『現代の経営組織論』学文社　1994年（共著），『産業と情報化の知識』日本理工出版会　1995年（共著），『現代経営学』学文社，1998年（共著），『現代の経営管理論』学文社　2000年（編著），『現代の経営組織論』学文社　2005年（編著），『消費者と経営学』学文社，2009年（単著）　など

現代経営基礎シリーズ5
現代経営組織論の基礎　　2011年4月25日　第一版第一刷発行

編著者　　佐久間信夫
　　　　　坪井順一

発行所　㈱学文社

発行者　田中千津子

東京都目黒区下目黒 3-6-1　〒153-0064
電話 03(3715)1501　振替 00130-9-98842

落丁，乱丁本は，本社にてお取替えします。
定価は売上カード，カバーに表示してあります。

ISBN 978-4-7620-1575-5　検印省略
印刷／シナノ印刷株式会社